甦れ！日本人のこころ

二十一世紀のリーダー像

池口恵観

法藏館

二十一世紀のリーダー像——甦れ！日本人のこころ

装幀　上田晃郷

一　経世利人の指導者

光に満ちた指導者と経世済民

中国の戦国時代の哲学者で、孔子と並び称される孟子に、「賢者はその昭昭たるをもって人をして昭昭たらしむ。今はその昏昏たるをもって人をして昭昭たらしめんとす」という言葉があります。昭昭は「明るい」という意味で、昏昏は「暗い」という意味です。つまり、孟子は「賢者はまず自分の人格を磨くことによって人民を指導するものだ。しかし、今の為政者は自分の人格を磨かずに、人民を指導しようとしている。自分に光がないのに、人民を輝かせることは無理だ」と言っているのです。

これは私が日頃から、「私たち行者に限らず、何事においても一生懸命努力している人は、御仏の光をいただくことができ、周囲の人を和やかにさせると同時に、その人の周囲に光り輝く人が集まってくるものだ」と言っていることと同じことです。東洋的なリーダーシップの極意は、まず自分を磨くところにあるのです。

現在の日本の政治は決して国民の信頼を得ているとは言えない状況です。バブル崩壊以降、これまでに何回となく景気対策が打たれてきました。しかし、それらは結局、一時的なカンフル注射にはなっても、日本経済の病状を根本的に完治させることはできませんでした。

その原因はいろいろあります。私には国民と政治の間の信頼が欠けていたことも一つの大きな要因だったような気がしてなりません。国民の政治に対する信頼がなければ、政治がいくら景気をよくしようと笛を吹いても、国民は「笛吹けど踊らず」で、景気対策の効果は机上の計算ほどには上がらないと思うのです。

逆に、国民の政治に対する信頼があれば、政治が景気対策を打ち出せば、国民はその効果を信じて明るい気分になり、財布の紐を緩めるでしょう。また、政治が我慢を訴えれば、国民も「臥薪嘗胆」の気持ちになるでしょう。

漢和辞典を調べてみますと、景気の「景」の字は本来「日の光」という意味で、ひいては「慕い仰ぐ」という意味も含まれているようです。例えば「景仰」という言葉は「徳を慕い仰ぐ」という意味です。したがって、景気という言葉には、単に世の中の経済状態をいうだけではなく、「光の気」、すなわち「何か徳に満ちた神々しい光があふれる様子」という意味も込められているような気がします。その意味から言えば、景気をよくするということは、世の中に徳に満ちた光をより多く輝かせるということになります。

私たち真言密教では「南無大師遍照金剛」とお唱えします。「南無」は「帰依します」という意味、「大師」はお大師さま、すなわち弘法大師空海のこと、「遍照」はこの宇宙を遍く照らす存在、すなわち大日如来のことです。「金剛」はダイヤモンドのことで、堅固で貴重なことを意味します。つまり「南無大師遍照金剛」とは、わかりやすく言えば、「堅固で貴重なダイヤモンドのような存在である、光り輝くお大師さまと大日如来に帰依します」という意味です。私たちが「南無大師遍照金剛」とお唱えしているとき、私たちはお大師さま、大日如来と、目に見えない一筋の光で結ばれているのです。そこにはまさに「光の気」が存在していると言っていいでしょう。

何事においても一つの道を極めるような人には、体から光が発しているものです。西洋の言葉で言えば「オーラ」です。多くの人を魅了し、尊敬されるのは、そういう光を発する人なのです。そして、オーラを発する指導者がリーダーシップを取れば、世の中に徳に満ちた光が射し込むという意味で、景気はよくなるのです。

つまり、景気はすぐれて政治の問題であり、立派な政治指導者がまっとうな政治を行い、それを国民が信頼する、という状況がなければ、景気は本質的によくならないのです。したがって、長い目で見れば、日本経済の再生のためには、何よりも政治の信頼回復が大切です。光に包まれた有徳の政治家がリーダーシップを取り、政治が国民の信頼を取り戻せば、日本経済も再び活気を取り戻すはずです。

リーダーにはそうした人々を引きつける光が欠かせないと思います。光を発するリーダーになるためには、政治家なら世界の平和や国家・国民の幸せを願って日々汗をかくことです。経営者なら企業経営を通して社会貢献を果たすために日々努力をすることです。それ以外に光輝くリーダーになる道はないのです。いかにお金持ちになろうとも、いかに弁舌巧みになろうとも、いかに物知りになろうとも、「世のため人のため」という日々の努力を怠れば、光は発しないのです。「日々是道場」という言葉の本質はそこにあります。

国民を魅了する、光輝くリーダーが影をひそめたことと、戦後日本の高度経済成長路線がバブル崩壊を経て破綻したことは、決して無縁ではありません。戦後日本は、外国から「エコノミック・アニマル」と軽蔑されながらも、ひたすら経済成長を追い求めてきました。敗戦の灰燼の中から立ち上がり、経済復興を実現するためには、それは避けて通れない道だったのかもしれません。また、戦後日本の経済社会の底辺で懸命に働き、高度成長を支えてきた人々の努力は尊かったと思います。

しかし、戦後日本のリーダーたちは、日本が経済大国化するにつれて、次第に日本の伝統精神を置き去りにし、カネとモノの走狗に成り果てたのです。汚職事件や不祥事に連座した政治家・官僚・経営者たちには、日本人が伝統的に培ってきた恥を知る心、廉恥心が見事に欠落していました。リーダーたちが恥を知る心を失い、光輝くリーダーがいなくなれば、世の中は麻のように乱れるのです。それが平成日本の実情なのです。

そもそも経済という言葉は、中国の隋の時代の王通という学者が著書『中説』の中で初めて使ったとされており、「経世済民」あるいは「経国済民」と同じ「国を治め人民を救う」という意味を持つ言葉です。つまり「経済イコール政治」なのです。現代では、政治と経済は別のものと考えられており、ひと頃「日本は経済は一流、政治は三流」という言い方がされました。しかし、本来、政治と経済は一体のものであり、政治が三流で経済が一流などということはあり得ないのです。バブル崩壊以後の経済界の不祥事は、経済も三流であったことを証明したといえるでしょう。経済の根本が「国を治め人民を救う」ことであるとすれば、国の経済政策や企業活動の在り方も、おのずから見えてくるというものです。

また、英語で経済のことを「エコノミー」といいます。「エコノミー」という言葉は、その語源のギリシャ語では「節約」を意味するそうです。経済という言葉には「成長」とか「発展」といったイメージがつきまといますが、本来「節約」という意味が含まれているというのは、非常に暗示的です。日本は戦後、高度経済成長を遂げた結果、モノがあふれるほど豊かになり、飽食の時代を迎えました。もはや「もったいない」という言葉は死語になりつつあります。しかし、この状態は節約を旨とする経済の本質からはかけ離れているのです。

江戸時代の儒者で歴史家の頼山陽は、『日本政記』という著書の中で、「民を保んぜんと欲する者は、必ず自ら倹す。特に自ら倹するのみならざるなり。これを以て人を率ゐるは、上下倶に給する所以なり」と書いています。「倹す」は倹約すること、「給する」は充足することで、「政治・経済を行う者は倹約を実践しなければならない。そして、それを民にまで広げれば、上も下も、国全体が平和で安定する」というわけです。

バブルの時代、日本には株や土地の投機によるあぶく銭が氾濫しました。それを日本人は上も下も、「日本は世界一の金持ち国になった」と錯覚し、倹約を忘れ、贅沢に流れたのです。結局、その繁栄は一場の夢にすぎませんでした。頼山陽の言うように、節約こそが国の安定を図る道だとすれば、日本は従来の経済に対する考え方を一八〇度転換しなければなりません。そして、それは確かに、環境問題やゴミ問題の改善にも通じるのです。

上杉鷹山――藩主は民の父母

作家・藤沢周平さんの遺作は『漆の実のみのる国』という作品でした。江戸中期に財政危機に陥った米沢藩を立て直した上杉鷹山という殿様を描いた作品です。この上杉鷹山という人物は江戸時代を代表する名君の一人で、戦前、日本の精神文化を尊重しつつキリスト者として生きた内村鑑三も、外国人向けに英語で書いた『代表的日本人』という名著で、西郷隆盛・二宮尊徳・中江藤樹らとともに、上杉鷹山を代表的日本人の一人として挙げています。

鷹山は号で、本名を治憲《はるのり》といいます。日向高鍋藩の藩主の次男に生まれ、若くして上杉家の養子となり、十七歳の若さで藩主の座に就いています。当時の米沢藩は、かつて百二十万石を誇っていた領地が十五万石にまで減ったにもかかわらず、家臣の数は昔のままで、財政が逼迫していました。今でいえば、財政再建のために役人の大幅な人員削減、つまり行革を必要としていたのです。しかし、代々の藩主は過去の栄光にしがみつき、藩政改革を怠ってきました。その結果、必然的に年貢の取り立てが厳しくなり、農民が相次いで先祖伝来の土地を捨てて逃げ出すありさまでした。そして、領地を幕府に返還することが真剣に論じられる、最悪の状態に陥っていたのです。

そんな危機的状況の中、改革派の家臣たちから、藩政改革の切り札として担ぎ出されたのが上杉鷹山でした。鷹山は藩主に就任早々、大倹約令を発令し、自ら率先して一汁一菜の食事をし、木綿着を着用しました。また、改革意識に燃えた若手家臣を登用し、殖産興業、新田開発などにも取り組みました。そして見事に米沢藩再生の道を開いたのです。

ちなみに藤沢周平さんの小説『漆の実のみのる国』というタイトルは、鷹山の側近として藩政改革を推進した家老の竹俣当綱《たけのまたまさつな》が、藩財政に貢献する名産品に育てようと、百万本の漆の木を植えたことに由来しています。

若き藩主・上杉鷹山が藩政改革にリーダーシップを発揮できたのは、トップに立つリーダーとしての理念、価値観がしっかりと備わっていたからです。十七歳で藩主に就任した際、鷹山は「受け継ぎて国のつかさの身となれば忘るまじきは民の父母」という歌を詠んでいます。藩主は民の父母であり、民の幸せを第一に考えなければならぬ、という藩主の心構えを詠んだ歌です。

鷹山はまた、藩主就任に際して、春日神社の神前に次のような決意を誓っています。

一、学問、武術を怠らぬこと。
一、自分は人民の父母であるという心構えを第一とすべきこと。
一、質素倹約を忘れぬこと。
一、言行の不一致、賞罰の不正、無礼な行為をせぬこと。

鷹山は十七歳にして見事な帝王学を身に付けていたのです。しかし、鷹山が生まれながらにして帝王学を身に付けていたわけではありません。そこにはやはり帝王学を授けてくれた師が存在していました。鷹山が藩主に就任するまでの四年間、細井平洲という儒者が繰り返し繰り返し、次のような帝王学を授けたのです。

「君徳とはどういうことを指すのだろうか。いかに身分が高くとも、国が富もうとも、決して驕ってはならない。君主は万民の父母となり慈しまなければ、天職に違い、祖先から受け継いだ孝道にも背くということを、かたときも忘れてはならない。忠臣の諫言をよく聞き、主に媚びるような佞臣を遠ざけ、先祖の功業を失わず、子孫が栄えるよう心を砕き、年寄りを敬い、幼児をいたわり、親孝行で兄弟仲のよい者を誉め、妻のない男や夫のない女のように孤独な者に情をかけ、役人たちの賢明な者とそうでない者を明確にし、国内での風俗の美をはかり、悪業のはびこるのは自身の不徳の致すところと日夜心にかけ、怠ることがない。それを君徳というのである」

上杉鷹山は師の教えを自らの政治理念に昇華させ、「民の父母」として藩政改革に取り組んだのでした。

鷹山は天明四年（一七八四）の大飢饉により藩内に大きな被害が出たのを機に、翌年、改革の道半ばで藩主の座を後継者の治広《はるひろ》に譲っています。ただ、鷹山は決して大飢饉を傍観したわけではありません。大飢饉に際して、「一人として餓死者を出してはならぬ」と厳命し、姻戚関係にあった尾張藩から三千俵のコメを借用するなど、さまざまな手を打っただけでなく、自ら城内の御堂に籠って、天候回復のために三日間の断食祈願も行っています。藩主が領民のために断食をしてまで神仏に祈願したというのは、空前絶後のことだったといわれています。

　鷹山は治広に家督を譲る際、「伝国《でんこく》の詞《ことば》」と題する訓戒を与えました。そこには次のような藩主の心構え三カ条が簡潔に書かれています。

一、国家は、先祖から子孫に伝える国家であって、自分のものにするものではない。
一、民衆は、国家に所属している民衆であって、自分のものにするものではない。
一、国家や民衆のための君主なのであって、君主のための国家や民衆ではない。

　この「伝国の詞」は孟子に代表される儒教の民本思想を強く反映したもので、ヨーロッパの近代民主主義の思想と比較しても、少しもひけをとらない今日性を備えていると、高く評価されています。実際、今日、これを政治家や公務員などに対する訓戒と読み替えても、いささかも違和感はないのです。

　私は日頃、弟子たちに対して「中心をとれ」と言っています。いかに多忙な毎日を送っていようと、中心をとっていれば、道を間違うことはないのです。上杉鷹山もリーダーとしての理念、価値観が確立されていたからこそ、領民の信頼を得て、藩政改革に邁進することができ、「江戸時代を代表する名君」として後世に語り継がれてきたと言えましょう。

徳川宗春——民とともに世を楽しむ

江戸時代中期、約三十年にわたって将軍の座にあった八代将軍・徳川吉宗は「享保の改革」を断行した「徳川幕府中興の祖」といわれています。吉宗は商品経済の大波に巻き込まれてガタガタになった経済を立て直すため、「倹約令」を発令しました。倹約自体は、江戸末期の経世家・二宮尊徳が「倹約・分度・推譲」と三つの美徳の一つに挙げているように、日常生活の中で欠かせないことです。しかし、吉宗の倹約令は、あまりにも幕府の財政再建を優先し、世間のおカネの流れを無視したものであったために、庶民や諸大名には評判は悪かったのです。

吉宗と同じ時代に、御三家の一つ尾張藩に徳川宗春という藩主がいました。宗春は、吉宗の倹約令では幕府の財政を少しは立て直せても、庶民の生活はいよいよ困窮するばかりであることを洞察していました。宗春は「カネは天下の回りもの。カネがなめらかに天下を回ってこそ、庶民の生活は潤う。倹約、倹約で、人々がカネを使わなくなったら、カネがその役目を果たせないばかりか、世の中がどうにも回らなくなってしまう」と考えていたのです。つまり徳川宗春は貨幣経済、商品経済のわかる政治家でした。

そこで宗春は藩主に就任すると、幕府の倹約令で萎縮していた名古屋の城下で、あえて遊芸・音曲・鳴り物の禁止を解き、かつての賑やかな祭を復活させ、城内に出入りする藩士の服装を華やぎのあるものに替えたり、藩士に芝居見物を奨励したりして、経済の活性化に努め、「民とともに世を楽しむ」政治を推進したのです。当時の名古屋の賑わいは全国に聞こえ、宗春将軍待望論まで出たといいます。現在でも名古屋が「芸どころ」といわれるのは、当時のなごりです。

宗春は「聖人、賢人の好む倹約は、上に立つ者が下からむさぼることなく自ら倹約して、万民の心を安心させることである。上が自ら倹約して、コメや穀物を備蓄しておけば、世の中が困窮したとき、それで民を救うことができる。だからこそ、国家を治める聖人君子の倹約は貴いのである」と言っています。つまり、倹約は第一に国家を治める者が行うものであり、民に押し付けるものではないというのです。これは吉宗の倹約令を真っ向から批判するものであり、吉宗としては公儀を守るためにも、尾張藩の独走を見過ごすことはできません。最後は、幕府の威信をかけて宗春を追い落としたのです。

幕府の経済官僚に囲まれて、財政立て直しのために倹約令に固執し、後ろ向きの経済政策を取り続けた吉宗に対して、一時的であったにせよ、宗春はなぜ「民とともに世を楽しむ」経済政策を実行できたのでしょうか。もちろん宗春自身の政治家としての資質や器量もありましょうが、宗春の政策あるいは思想的背景を無視することはできません。

宗春の政治理念は、尾張藩の内には「慈」と「忍」を、藩の外には「仁」を説くものでした。宗春は藩内の駕籠かきの衣服に「仁」の字を染めさせたといわれています。また、宗春の政治理念を著した『温知政要』という本の巻頭には「慈」という字が、巻末には「忍」という字が大きく書かれていたそうです。この『温知政要』の上梓に深く関わったのが、荻生徂徠に連なる尾張藩の儒者・深田慎斎でした。

『温知政要』には二十一カ条の政治の要諦が書かれていますが、その第六条に次のような言葉があります。

萬の者、何によらずそれぞれの能あり。まず材木にていはば、松は松の用あり、檜は檜の用あり。その用々に随て用ゆれば、はなはだ重宝なることなり。松を用ゆべき所へ檜をつかひ、檜をつかうべき場へ松を用ゆれば、その能力違ひて役に立たず。人の使ひ様、なおもって、同じ理と覚ゆる。

人にはそれぞれ個性があり、その天性の気質を活かした人材の活用法をすべきだという主張です。徳川宗春は慈・忍・仁の君主であったからこそ、人それぞれの持ち味を認め、民の気持ちをつかむ政治ができたのです。

忠臣蔵と政治不信

赤穂浪士による吉良邸討ち入りが行われた元禄時代は、元禄文化が花開く一方で、政治が混乱し政治不信が拡大した時代でした。赤穂浪士の仇討ちが江戸庶民の拍手喝采を浴びた背景には、政治の混迷があったのです。

赤穂藩主・浅野内匠頭が江戸城内・松の廊下で吉良上野介に斬りつけたのは一七〇一年三月、討ち入りは翌一七〇二年十二月のことです。一六〇〇年の関ヶ原の戦いに勝った徳川家康が、江戸に幕府を開いたのが一六〇三年ですから、ほぼ百年後に討ち入りが行われたわけです。徳川幕府が開かれて百年、社会は平和であるがゆえに爛熟、混迷の時代を迎えていました。当時の将軍は第五代・綱吉です。綱吉の治世は二十八年間にも及び、徳川十五代の中でも長い方に入ります。そして綱吉の二大悪政が「生類憐れみの令」と「元禄の金銀改鋳」でした。

「生類憐れみの令」はご存じのように犬を保護する政策で、犬は「お犬さま」と呼ばれ、人間より大事にされました。この政策には動物愛護の理念や、捨て子や病人、お年寄りなど、社会的弱者を大切にするという福祉的な理念が採り入れられていたようですが、綱吉の独善的な政治姿勢によって、犬を大事にする点だけが重視され、庶民を大いに悩ませたのでした。

また、「元禄の金銀改鋳」とは、金貨・銀貨の質を落とし、そこで浮いたお金で幕府の財政難を打開しようとした政策のことです。幕府が質の悪い金貨・銀貨を大量に発行したのは、商品経済の発展に伴う貨幣需要の増大に対応するためでもありました。しかし、これによって通貨の発行量は増えたものの、コメをはじめとする物価も急騰し、庶民は生活苦に喘ぐことになったのです。

こうした綱吉の悪政によって、庶民の幕府に対する信頼が薄らいでいる最中に、赤穂浪士の討ち入りが起きたのです。浪人たちが徒党を組んで政府高官の屋敷に押し入り、主君の仇討ちをするなどということは、天下のご政道に異議を唱える行動であり、許されるはずのないことです。しかし、江戸庶民は赤穂浪士を「義士」と賞賛し、拍手喝采で迎えました。実際、赤穂浪士たちが仇討ちを終えて、主君の墓のある泉岳寺に到着した頃には、寺の周りは見物人であふれ返ったということです。これは庶民が赤穂浪士の行動に「義」を感じ取っていたということであり、いかに天下のご政道が乱れていたかを物語っています。

赤穂浪士の行動を是としたのは、江戸庶民だけではありません。幕府の中にも是認する意見が少なくなかったようです。例えば、後に『赤穂義人録』という本を残した儒者の室鳩巣は、「忠義を重んじる武士道の典型的行動だ」と賞賛しています。また、綱吉側近の儒者だった林大学頭信篤は、「礼記には、君臣父子の仇はともに天を戴かずとある。このたびの仇討ちは、衆人に忠義の大切さを教えるとともに、君は臣を信じることを知り、臣は君に忠でなければならないことを学んだ」と言っています。

前年に、刃傷事件を起こした浅野内匠頭に対して、切腹・お家断絶の裁決を下した綱吉自身、仇討ちの直後は、「あっぱれ忠義の者」と誉めたということです。

しかし、幕府の側用人・柳沢吉保の政治顧問的立場にあった荻生徂徠は、赤穂浪士の仇討ちを政治的に認めれば、幕藩体制の動揺に拍車がかかると危惧し、「主君の仇を討つのは義にかなっているが、結局それは私ごとであり、私ごとで幕府の大法を犯してはならない」と主張しました。そして最終的には、綱吉も徂徠の主張を採り入れ、同情を感じながら赤穂浪士たちに切腹を命じたのです。いずれにしても、赤穂浪士の仇討ちに対する共感は政治不信の現れであると同時に、忠義の衰退の裏返しでもありました。

新井白石の「正徳の治」

そこで、綱吉の後に六代将軍の座に就いた徳川家宣のブレーンだった儒者の新井白石は、「生類憐れみの令」や「金銀改鋳」政策を改善するなど、政治不信を解消するために「正徳の治」と呼ばれる改革に取り組みました。白石は政治の根本は礼楽の振興にあるという考え方の持ち主でした。礼楽とは「行いを慎ませる礼儀と、心を和らげる音楽」のことで、儒教では昔から、礼儀と音楽は社会の秩序を保ち、人心を感化する働きをするものとして尊重されているのです。

ひるがえって現代の日本を見ますと、礼節はすたれ、真の音楽は奏でられていません。私が真の音楽というのは、宇宙のリズムと共鳴する音楽のことです。音楽の中には何百年も生き残る歌や曲がありますが、それらは宇宙のリズムと共鳴するからこそ永遠性を持っているのです。私たちが日頃、行の中でお唱えしているお経や真言にも宇宙のリズムがあります。礼節を失い、宇宙のリズムを忘れて、快楽的なサウンドに酔っている現代の日本にも、白石の言う「礼楽の振興」が必要ではないでしょうか。

白石は「徳を積むこと百年にして礼楽おこる」と言い、徳川幕府成立後百年を経た今こそ、礼楽を振興すべきときだと主張しました。白石には、礼楽を興すことが奢侈と風俗の乱れを抑え、武士の経済的窮乏を解消し、幕藩体制の秩序を維持することにつながるという確信があったのです。そしてそれは、綱吉時代の強権政治から脱却した王道政治の復活を目指したものであり、政治の信頼回復を狙ったものでした。

元禄の金銀改鋳を批判し、改めて良質の貨幣に戻すことにした際、白石は五つの基本理念を示しています。その中に「下の利を奪うべからざる事」「誠信を失うべからざる事」という言葉があります。つまり、貨幣改鋳に当たって、庶民の不利になるようなことはしてはならない、誠実さと信義を失ってはならない、と政治を担当する幕府側を戒めているのです。これは昨今の金融政策、経済政策にも当てはまるような気がします。

白石の政治理念は、家宣の治世が三年半足らずという短命に終わったために、実現するまでには至らなかったようですが、その志は今も生きています。

ところで、赤穂浪士の忠義を後世に伝えるために書かれた本の中に、片島武矩という兵学者の手になる『赤城義臣伝』という本があります。この本は当時全国的に人気を呼び、多くの人が筆写して読み回されたといわれています。

薩摩藩では、毎年十二月十四日、すなわち赤穂浪士の討ち入りの日に、『赤城《せきじょう》義臣伝』の輪読会が徹夜で行われていたそうです。薩摩藩では、地域ごとに世話人を決め、年長者が若者に人間教育を施す郷中《ごじゅう》という青少年教育の場がありましたが、そこで『赤城義臣伝』の輪読会が行われていたのです。二歳《にせ》と呼ばれた少年たちも輪読会に参加し、夜中に世話人が用意した鶏汁や豆腐汁をすすりながら、忠義の大切さを学んだといいます。中には、暗記してしまう少年もいたようです。

明治四十一年、旧暦の十二月十四日に当たる一月十七日、那覇市で赤穂義士記念会が開かれた折、鹿児島出身の奈良原繁沖縄県知事が、千人以上の参列者を前に約一時間にわたり『赤城義臣伝』を暗誦朗読して聴衆を驚かせたというエピソードが、鹿児島県教育委員会が編纂した『鹿児島県教育史』という本に出ています。奈良原知事は子供の頃、毎年『赤城義臣伝』の輪読会に参加していたに違いありません。

幕府は赤穂浪士に関する多くの本を禁書に指定していたようですが、薩摩ではそれを青少年教育に使っていたわけです。つまり、薩摩藩は独自の教育を実践していたということです。薩摩藩が明治維新の担い手になった一つの要因が、そのあたりにもあるような気がします。

領民に慕われた島津義弘

薩摩藩の話が出たついでに、池宮彰一郎さんが書かれた歴史小説『島津奔る』の主人公、薩摩藩第十七代藩主・島津義弘公を取り上げておきます。「島津に暗君なし」といわれたように、島津家は代々名君を生んできましたが、義弘公は重豪《しげひで》公・斉彬《なりあきら》公に並ぶ名君の一人です。義弘公は豊臣秀吉・徳川家康と同時代に生きた人で、関ヶ原の合戦にも参加しています。『島津奔る』では、薩摩藩は関ヶ原の合戦に西軍、すなわち石田三成陣営で戦い敗れたのに、なぜ領国を維持できたのかという謎が、義弘公という名君の存在をキーワードに解き明かされています。

『島津奔る』は秀吉が行った二度目の朝鮮出兵の場面から始まっています。朝鮮軍の執拗な抵抗と明の大軍の介入により日本軍が難渋しているところに、秀吉の死の知らせが入り、日本軍は撤退の準備に入りますが、下手に退却すると明・朝鮮軍の反撃を受け、日本への帰還も困難になります。

その危機的状況の中で、義弘公が率いる島津軍は撤退する日本軍の最後尾を受け持ち、大胆な戦略と勇猛な戦闘により追撃してくる敵を撃破して、日本軍の無事帰還に大きな貢献を果たしたのです。朝鮮における島津軍の勇猛果敢な戦いぶりは、朝鮮の住民にも鮮烈な印象を残し、その後数百年にわたり、「石曼子《シーマンズ》（島津）が来るぞ」と言えば、泣く子も黙ると語り継がれたといいます。

義弘公があえて朝鮮撤退のしんがりを務め、少ない軍勢で明・朝鮮の大軍を撃破することに知恵と勇気をふりしぼった背景には、秀吉亡き後の日本の政治状況に対する深い洞察がありました。義弘公は遠からず権力争いが起きることを予測し、戦力も財力も足りない薩摩藩をその権力争いの埒外に置き、領民を苦しませないようにしなければならない、と考えたのです。小説の中で、義弘公は側近にこう洩らしています。「薩摩は強悍、よく三十倍の敵を破る。その威名が知れわたれば、容易に島津勢には手を出さんだろう……この昏迷の世に備えるため、あえてわれらは他を頼まず、惜しい将士を多く死なせたのだ」と。

深い洞察力を持った義弘公の存在に大いに注意を払ったのが、徳川家康です。家康は義弘公を敵に回すと恐いと考え、いったんは義弘公に接近します。義弘公も薩摩藩の安全保障上、家康と連携した方がベターだと判断し、家康との連携を決断しますが、家康が生来の気の小ささから疑心暗鬼に陥り、二人は結局離反し、東軍と西軍に分かれて関ヶ原の合戦を戦うことになります。

当時、義弘公は薩摩藩の内政を兄の義久公に任せ、少数の家臣とともに上方の薩摩屋敷に滞在し、いわゆる外交に当たっていました。関ヶ原の合戦が始まろうとしたとき、義久公は内政上の懸案もあって、援軍を派遣することは難しいと拒否します。義弘公はやむなく少数の軍を率いて、関ヶ原に向かおうとします。そのとき、義弘公の緊急事態を聞きつけた薩摩の何百人という家臣・領民たちが、義久公の了解も得ないまま、取るものもとりあえず陸路を奔って上方に馳せ参じたのです。義弘公がいかに家臣・領民の信望を集めていたかを物語るエピソードです。

そして、関ヶ原では島津軍は前線に陣取り、陣地内に入ってくる敵は撃退するものの、陣地から一歩も出なかったといいます。西軍が総崩れする中、島津軍は関ヶ原の真ん中に取り残され、東軍に包囲される形となります。しかし、義弘公に率いられた島津軍は一糸乱れず家康のいる陣地に向かって進撃し、家康の顔が確認できる距離まで接近します。勇猛果敢な島津軍をもってすれば、家康を討ち取ることが可能だったに違いない、と池宮さんは書いています。しかし、島津軍は家康を横目でにらみながら、撤退の道を進んでいったのです。

義弘公の関ヶ原からの撤退の道は、苦難の連続でした。故江藤淳さんが『南洲残影』に書かれた、西南戦争のときの西郷隆盛の熊本から城山までの撤退劇を彷彿させます。これでもか、これでもかと追ってくる敵を泥濘の山中で撃退するのですが、その過程では義弘公の影武者となった側近が相次いで戦死します。随行の家臣たちは、義弘公を無事に薩摩へ連れ戻さなければ、薩摩藩が危急存亡の時を迎えるという思いから、必死に義弘公を守ったのです。そこまで家臣から敬愛された義弘公は政治リーダーの鑑といっていいでしょう。

苦難の末、鹿児島にたどりついた義弘公は、家康に対して毅然とした態度を取り続け、関ヶ原の戦いで西軍に与したにもかかわらず、領国を減らされることなく、薩摩藩の独立を守り抜いたのです。徳川家康も「島津征伐すべし」の声がある中で、義弘公には一目も二目も置き、手出しができなかったわけです。

『島津奔る』に描かれた義弘公は、まさに為政者と民衆の間に信頼を築き上げた名君です。混迷の時代を迎えている日本に必要なのは、島津義弘公のような深い洞察力と智慧と戦略を持った、国民から信望を集めるリーダーなのです。

補佐役のリーダー観

一国を治めるリーダーが国家・国民のために正しく責務を果たしていくために、有能な補佐役が必要であることは、昔も今も同じです。昔からさまざまな書物で「理想の補佐役」として描かれてきたのが、豊臣秀吉における竹中半兵衛重治・黒田官兵衛孝高の二人です。

竹中半兵衛重治は、秀吉がまだ木下藤吉郎を名乗っていた頃の軍師です。『名将言行録』という本には、「重治は敵の首を取ったり、敵を捕虜にする功労はなかったが、秀吉を助け軍務に参画し、敵を制するために神のような働きをした。それで秀吉は重治を腹心とし、何事も重治に諮問した。重治はますます秀吉と心を通じて助け合い、秀吉は多くの軍功を上げることができた。秀吉が信長のいちばんの部下となれたのは、重治に負うところが大きい」と書かれています。

竹中半兵衛は見かけは女性のような優男で、鎧兜を付けて戦場に向かうときも物静かだったといいますが、彼が戦場に姿を現すと、兵士たちはそれだけで勝ったも同然と奮い立ったそうです。よほど兵士たちから信頼されていたのでしょう。また、秀吉も彼の死後、「半兵衛が存命中は、世の中に難しいことがあると思ったことはなかった」と述懐したといいますから、秀吉の信頼も絶大でした。有能な補佐役はリーダーはもちろん、その部下たちからも大きな信頼を得なければならないのです。

秀吉が半兵衛を腹心として重用したのは、軍師としてのずば抜けた才能はもちろんですが、半兵衛がリーダーになろうという野心を少しも持っていなかったからでもあります。権力欲を持たず、仕事ではリーダーを補佐して卓越した能力を発揮し、周囲からは信頼を集める。竹中半兵衛からはそうした理想の補佐役像が浮かび上がってきます。

黒田官兵衛は秀吉の補佐役になる前に、九死に一生を得る体験をしています。官兵衛は現在の兵庫県・播州の小大名・小寺氏の家老の家に生まれ、若い頃から小寺氏の補佐役の立場に就いています。そして、持ち前の先見力で織田信長の日の出の勢いをいち早く察知し、小寺氏を織田方につけます。

ところが、近隣の摂津・伊丹のキリシタン大名・荒木村重が信長に対して謀反を起こします。官兵衛はその反逆を翻意させようと伊丹城に説得交渉に向かい、そのまま牢に幽閉されてしまいます。その伊丹行きは、実は主君・小寺氏が荒木村重に官兵衛を殺害させようとした謀略でした。しかし、官兵衛は敢然と敵の城に乗り込み、毅然たる態度で説得に当たったのです。幸いなことに村重がキリシタンだったために、殺されずに済んだといわれます。伊丹落城とともに救出されたとき、官兵衛は生死の境をさまよう状態でした。

その体験が官兵衛の評価を高めるとともに、補佐役としての資質を一段と磨いたのです。その後、官兵衛は信長の代理として中国攻め向かった秀吉に随行し、各地で窮地に陥った相手側を説得する仕事に従事しています。官兵衛の説得工作により、何千という相手側の兵士が無駄死にから救われました。

備中・高松城を攻略している最中、秀吉軍に本能寺の変の報せが入ります。高松城の背後には中国地方随一の毛利氏が控えており、最悪の場合、秀吉軍は明智軍と毛利軍の挟み撃ちにあいかねないピンチに立たされました。そのとき、官兵衛は毛利側に信長暗殺の知らせが届く前に交渉をまとめなければならないと考え、深夜、毛利側の交渉役だった安国寺恵瓊《えけい》に特使を送り、急転直下、交渉を成立させたのです。その後、秀吉軍は急きょ京都に引き返し、山崎の合戦で明智光秀を討ち、秀吉の天下取りが実現するわけです。

その後、秀吉軍が四国征伐・九州征伐に向かったときにも、官兵衛は常にその前線に位置し、相手側との交渉に卓越した戦略性を発揮しています。黒田官兵衛という有能な補佐役がいなかったら、秀吉の天下取りも実現しなかったかもしれません。直接戦闘で功労を上げるわけではなく、その背後にいて智謀を発揮することで多大の貢献を果たすという点で、官兵衛も半兵衛と同じタイプでした。そこが補佐役の補佐役たるゆえんです。

豊臣秀吉の天下が確立した頃、秀吉子飼いのある武将が官兵衛に、「貴殿の名前は有名だが、敵将の首を取ったり、軍旗を奪ったという功名話を聞いたことがない。これはどういうことか」と単刀直入に尋ねたところ、官兵衛は少しも動ぜず、「人には得手と不得手がある。自分は若い頃から、槍を振るって敵陣に駆け込んだり、刀を持って敵と渡り合うのは不得手だった。しかし、采配をとって一度に多くの敵を討ち取るのは得手だった」と言い、その武将を感服させたそうです。要するに、補佐役の要件は腕力より智力だということです。

智謀の人だった黒田官兵衛は、補佐役に徹しましたが、当然のことながら、確固たるリーダー観も持ち合わせていました。官兵衛のリーダー観は次のようなものです。

《大将たる者は、威厳がなくては万人を制することはできない。しかし、無理に威厳のあるように振る舞うのも、かえってマイナスである。人々に恐れられるようになるのが威厳だと心得違いをして、必要以上に目をいからせ、言葉を荒々しくし、諫言を聞き入れなかったり、自分に非があっても言い繕ってわが意を押し通そうとすれば、人々は恐れるばかりで、みんな己の保身だけを考えて奉公し、忠義を尽くす者はいなくなる。高慢な態度で人をないがしろにすると、臣下万民は主君を疎むようになり、結局、お家は亡ぶことになる。真の威厳というものは、まず自分の行儀を正しくし、理非や賞罰を明確にすれば、強いて人を叱ったりしなくても、臣下万民は敬い畏怖して、上を侮ったり、法を軽んじる者はいなくなるものだ。》

晩年の黒田官兵衛は一国一城の主として、五十九歳の天寿を全うしていますが、子孫に七カ条の訓戒を残しています。その中で有名なのが、次の二カ条です。

一、神の罰より、主君の罰おそるべし。主君の罰より、臣下、万民の罰おそるべし。

一、政道に私なく、その上、我が身の行儀作法を乱さずして、万民の手本となるべし。

為政者は家臣や民衆の支持を得なければならない、また家臣や民衆の手本にならなければならないというわけですが、そこには現実主義者たらざるを得なかった補佐役の心の叫びが表されているような気がします。

現代は日進月歩どころか、秒進分歩の時代といわれます。こういう時代のリーダーは、政治リーダーにしろ、財界リーダーにしろ、以前にもまして有能な補佐役が必要です。リーダーに勝るとも劣らない智力・決断力・洞察力・戦略性を持ちながら、補佐役に徹して表には出てこない。そういう補佐役を使いこなす度量を持ったリーダーが、混迷の時代をリードできるのではないでしょうか。

政財官癒着に挑んだ松平定信

最近、借金を帳消しにする債権放棄という言葉が流行っていますが、鎌倉時代にはそれに似た徳政令が出されました。その後、室町時代・戦国時代を経て天下が統一されると、徳政令はなくなります。しかし、江戸時代も中期以降になると、商品経済の発展、商業資本の台頭により、武士階級の困窮が進み、徳政令に似た棄捐《きえん》令という命令が出されています。

棄捐令は、土地の無償返還が主な目的だった徳政令とは違い、武士が札差と呼ばれた金融商人から借りた借金の帳消しが目的でした。この棄捐令は札差に大きな損害を与えたため、札差が武士に金を貸さなくなり、武士の困窮に拍車がかかって、結果的に幕藩体制の崩壊を助長した面もあったということです。

棄捐令における武士階級を企業に、札差を銀行に置き換えると、棄捐令は現在の債権放棄策に似ています。しかし、現在の銀行が国から公的資金による支援を受けながら債権放棄を行っているのに対して、札差は幕府から一方的に債権放棄を命令されたわけですから、武士に対する融資をやめたのは当然でしょう。棄捐令は札差にとって非常に厳しい命令だったわけです。

江戸時代に棄捐令を最初に出したのは、十八世紀末に「寛政の改革」を断行した老中・松平定信です。松平定信が老中の職にあったのはわずか六年間にすぎませんが、その間、改革者として辣腕を振るっています。

松平定信は老中になる前までは、東北・白河藩の藩主でした。天明三年（一七八三）に東北地方を襲った大飢饉の際、定信は領民の救済に奔走し、上杉鷹山の米沢藩と並んで領内で一人の餓死者も出さなかったことが高く評価されました。そして、三十歳の若さで大きな期待を担って老中に抜擢されたのです。

定信の前の老中は賄賂を横行させたことで有名な田沼意次《おきつぐ》でした。最近では、田沼意次はそれほど私利私欲の人ではなく、有能な政治家だったと評価する声もあるようですが、田沼意次が商業資本を積極的に育成しようとしたことが、結果的に豪商と幕府官僚の癒着を生んだのは確かなようです。

商業資本と一部の幕府官僚が潤う一方、一般武士や農民は困窮していたところへ、浅間山の大噴火や天明の大飢饉が襲い、米の買い占め・売り惜しみが起きたために、大衆の怒りが爆発し、各地で暴動が頻発して、田沼意次は退陣に追い込まれたわけです。

いまでいう「政官財の癒着構造」を改革するために登場したのが松平定信でした。そこで定信が採った政策は、商品経済の拡大や商業資本の育成より、むしろ荒廃した農村を立て直し、都市の下層民を救済する政策でした。その政策の一環として、札差に債権を放棄させる棄捐令を打ち出したわけです。定信には、商業資本が幕府財政を圧迫し、武士や農民を困窮させた張本人と映っていたはずです。ただ、定信は札差の債権約百二十万両を踏み倒す一方で、貸金会所を設立し、札差に資金を貸し付ける配慮を行っています。思い切った改革を進めるためには、きめ細かい配慮も欠かさなかったのです。

定信は老中に就任した翌年、江戸の霊巌島・吉祥院の歓喜天に、「物価が安定し、庶民の暮らしが豊かになり、幕府の財政が潤うよう、自分の一命はもとより妻子の命にかけてお願い致します。もし天下の政治が改まらなければ、このまま死んでしまった方がましです」という内容の願文を奉納しています。定信は不退転の決意で改革に取り組んだのです。昨今の政治家が神社・仏閣にこのような激烈な覚悟を奉納したという話は、聞いたことがありません。

定信は財政を立て直すために質素倹約の政策を推進しています。そして自ら晒《さらし》の染帷子《かたびら》、麻織りの肩衣《かたぎぬ》、木綿の袴という質素な服装をし、麦飯におかずは胡麻味噌だけという粗末な弁当を持参するなど、質素倹約を率先垂範してみせました。このあたりの生き方は、江戸時代を代表する名君といわれる上杉鷹山と似ています。実際、定信は上杉鷹山を「三百諸侯中、随一の名君」と、高く評価していたようです。

理想主義者で清潔な政治を目指した定信は、在任中に百件近い不正・腐敗事件を摘発し、毎年数十人の役人を処罰する一方、聖域視されていた大奥にもメスを入れました。また、朱子学以外の学問を排除する「寛政異学の禁」を実施したり、人気作家だった山東京伝や版元の蔦屋重三郎を処罰するなど、風俗・言論・出版面などでも厳しい統制政策を推進しました。そうした定信の厳しい政策は知らず知らずのうちに敵をつくり、庶民にも息苦しさを感じさせるようになりました。

松平定信が老中に就任した当時、「田や沼によごれた御代を改めて清くすむるは白川の水」という落首が詠まれました。「田や沼によごれた御代」が汚職が横行した田沼意次の時代を指し、「清くすむ白川の水」が白河藩出身の定信を指すことはいうまでもありません。こんな落首が詠まれるほど、定信に対する期待は大きかったのです。それが、定信の厳しい改革政策が推進されるにつれ、世間の定信に対する風当たりは強まり、定信が失脚する頃になると、こんな落首が詠まれています。

「白河の清きに魚も棲みかねて元のにごりの田沼恋しき」。厳しい引き締め政策を推進した定信に対して、江戸庶民は田沼時代の一種のバブルを懐かしむようになっていたのです。

結局、定信の農村復興と都市の秩序回復を柱とした政治は六年で挫折しました。江戸時代中期以降の江戸や大坂などの大都市は、もはや商品経済の大きな渦に巻き込まれており、定信の改革でもその流れを変えることはできなかったのです。しかし、松平定信の改革のバックボーンとなった指導理念には、二百年後の現代にも通用するものがあります。

松平定信が老中就任の翌年に書いた『白川政語』という書物があります。政語というのは「国を治めるための言葉」という意味です。そこには、儒教的教養を背景に、指導者のあり方、政治の要諦がわかりやすく説かれています。

定信はまず世の中が贅沢になったことを、次のように嘆いています。「贅沢をするから、借金をすることになり、借金が返せないから、いろいろ嘘偽りを言ったり、悪だくみをして人を欺くことになる。そして、風俗は乱れ、争いごとは増え、もはや民衆は廉恥心を失ってしまった。それは大名や重臣も同じで、贅沢に耽るから財政が逼迫し、民衆から過酷な税を取ることになる。それでも足りないから、豪商から借金をし、商人たちに憐れみを乞うことになる。誠に品性下劣である」と。バブル時代に株投機や土地投機に走り、バブル崩壊後、人心が乱れ、不良債権問題で四苦八苦している日本社会の現状を指弾しているような分析です。

贅沢が世の中を乱す原因だとした定信は、そういう世の中を糺すには、「根本を改めてから、仁政を行うしかない」と言っています。そして、根本を糺すのは誠心誠意さえあれば簡単であるとし、

「誠の心が質素倹約を旨とし、民を慈しむ誠心誠意から出ていれば、その他のことは自然に解決されていく。国を豊かにし、太平の世を開くには、それ以外に方法はない」と断言するのです。

定信はまた、質素倹約を守った古代中国の名君を紹介しながら、「国が栄えるか滅びるかは、質素倹約を守るかどうかにかかっている」と力説し、「たとえたびたび洗濯をした衣服を着、食膳に一品しか載っていなくても、倹約のしすぎということはない。衣食は国の基本であり、すべての質素倹約もそこに基準がある。先祖を大事にし、子孫の繁栄を望む君主がいて、質素倹約を実践したら、家臣から人民に至るまで、限りなく幸せだろう」と書いています。

さらに定信は、「人は物を食べなければ生きていけないから、農業こそ政治の基本だ」と言い、士農工商の四民のうちいちばん辛く苦しいのは、朝早くから夜遅くまで働いている農民だとして、農民をいたわり慈しむ政治の必要性を訴えています。

戦後の日本は先進工業国の仲間入りをし、技術立国を志向する国になっています。その過程で減反政策が推進されるなど、農業が置き去りにされ、日本の農業は未来が見えない状況だといわれます。そういう現代から見ると、松平定信の農業重視の政治思想は、一見現実離れしているように見えます。しかし、「人間は食べなければ生きていけない」というのは昔も今も同じであり、農業を軽視してはならないという意味で、定信の政治思想は意外に今日性を備えているようにも思います。

いずれにしても、松平定信の農業重視の政治の根底にある「人民の心配事を君主が自分のことのように心配すれば、人民も君主の心配事を自分たちのことのように心配する。また、人民の楽しみを君主が自分のことのように楽しめば、人民も君主の楽しみを自分たちのことのように喜ぶものだ」という考え方は、時代を超えて通用するリーダーの心得です。

財政改革の鬼——恩田木工

小泉総理は、痛みを伴う構造改革に国民も耐えなければならないというメッセージを込めて、長岡藩の「米百俵の精神」のエピソードを紹介されましたが、長岡藩の隣の信州・松代藩にも、江戸中期に不退転の決意で財政改革に取り組んだ家老がいました。その名を恩田木工《もく》といい、その改革への取り組みは『日暮硯《ひぐらしすずり》』という本に残され、岩波文庫にもなっています。

松代藩の財政改革の責任者に指名された恩田木工は、国許に帰ると、まず妻子・家来を集め、妻には「離婚するから親元へ帰るがよい」、子供には「勘当するから、どこへでも行くがよい」、家来には「全員解雇するから、どこへでも新しい奉公先に行くがよい」と言い渡します。一同が「何か不届きがあって、追い出されるのでしょうか」と尋ねると、「何も不届きはないが、財政改革の役目を果たすのに邪魔になるからだ。他に理由はない」と答えます。

そこで妻が、「どういう理由で邪魔になるのでしょうか。得心させて下されば、お暇をいただきます」と言いますと、恩田木工は、「自分は今後、決して嘘は言わない。ふだんは御飯と汁以外は食べない。衣服は木綿以外は着ない。そう決めた。そうしないと、財政改革の役目は果たせないからだ。お前たちは今までのように、嘘も言いたいだろうし、野菜も食べたいだろう。また、木綿以外の衣類も着たいだろう。だから、お前たちと縁を切るのだ」と答えたのです。恩田木工の財政改革にかける覚悟のほどが伝わってくる場面です。

この恩田木工の不退転の決意に対して、妻子や親類や家来たちはどう反応したのでしょうか。ここが江戸時代の人たちの偉いところです。一同、「私たちも嘘は言いません。御飯と汁以外は食べません。木綿以外は着ません。ですから、今までどおりお側に置いて下さい」と言うのです。江戸より帰国すると、まず第一に、家族・親類・家来たちの気持ちを一つに固めた恩田木工を、『日暮硯』の作者は「前代未聞の賢人なり」と絶賛しています。

恩田木工はまた、領民に対して、「自分は今後一切嘘はつかないし、言ったことは守る。だから、万事心をゆるして相談してくれ。また、贈り物は一切受け取らない。賄賂も受け取らない。足軽を派遣して年貢を強引に取り立てることはやめる。労役を課すことはやめる。年貢の一年分・二年分の前払い制度はやめる。御用金は今後一切申し付けない」といった約束をします。この約束に領民は安堵し、「誠に闇の夜に月の出でたる心地、胸の曇りも晴れて、これより行末安楽になるべし」と、喜び勇まぬ者はなかったと『日暮硯』は書いています。

さらに恩田木工は領民に対して、「家業に油断なく精を出せ。家業をおろそかにする者は天下の大罪人だ。家業に精を出し、余力があれば浄瑠璃・三味線など分相応に楽しむがよい。博打も慰みでやる分にはよい。また、神仏を信仰する心を持たない者は災難が多いものだ。神仏をよく信仰し、現世と来世の平安を祈ることが大切だ」と説いています。

領民に対する過重な負担を解消してやる気を起こさせた恩田木工は、神仏に対する敬虔な心の持ち主でもありました。恩田木工が率先垂範して質素な生活をし、子弟に武芸や学問をさせ、神仏を信仰したために、当時、松代藩では、子供たちが朝の六時から馬に乗り、朝食をとった後には手習い・剣術・弓・鉄砲の稽古をし、書物を読み、昼の休息をとった後、さらに囲碁・将棋を楽しみ、槍の稽古をし、夕食後は算盤や謡に励んだ、ということです。したがって、「無用な物入りがなくなり、ありがたいことだ」と『日暮硯』は書いています。

『日暮硯』は最後の部分で、恩田木工のことを次のように賞賛しています。「木工殿は国の政道に心を用いるのみならず、信心を第一にして、公にも勧め、自身にもなおもって神仏を信仰して、平日帰依僧を招き供養して、先祖の追福厚く祈り、自身にも日課念仏を勤め、後生菩提のみを願うこと、目前希代の賢仁なり」と。

つまり、『日暮硯』の作者は、恩田木工は信心を第一にする信仰の人であったからこそ、慈悲深い心で領民を善導し、財政の立て直しをやり遂げることができたのだ、と言っています。私はかねてより、リーダーの大切な資質の一つに神仏に対する敬虔な気持ちを挙げていますが、恩田木工はまさにその資質を備えた人でした。

財政再建の鬼——河合道臣

江戸時代に藩の財政再建を成し遂げたリーダーとしては米沢藩の上杉鷹山が有名ですが、鷹山とほぼ同時代の人物で、姫路藩の財政再建を成し遂げた家老・河合道臣がいます。河合道臣については、真言宗の僧籍を持つ作家の寺林峻さんが、『姫路城　凍って寒からず』という小説を出しておられます。

明治維新まであと六十年という幕末期の姫路藩は、藩の総収入の七倍の七十三万両という莫大な借金を抱えて、財政破綻の危機に陥っていました。そして、万策尽きた姫路藩主が財政担当の勝手向きに起用したのが、二十一歳で家督を継いで以来、二十年以上も家老を務めていた河合道臣でした。河合道臣は文人派の家老で、財政の手腕は未知数でしたが、旧来の手法を排して新しい発想で財政再建に取り組み、見事に成功させたのです。

藩主のたっての願いを受け入れて、勝手向きに就任することを決断したとき、河合道臣は自分の手腕を疑問視する家老たちに対し、「私は国の行く先を思う一念で、姫路藩の勝手向きを勤めるのだ」と言います。この場合の国は姫路藩のことではなく、日本のことです。幕末ともなると商品経済が大きくなり、どの藩も財政が厳しくなっていました。それは幕藩体制の危機でもありました。河合道臣は幕藩体制の改革をも展望しながら、姫路藩の財政改革に取り組もうとしたのです。この視野の広い洞察力は、文人派ならではです。

領民は新しい勝手向きの温情に期待しますが、姫路藩の中枢はまさに守旧派、抵抗勢力であり、河合道臣の財政改革に協力しようとしません。そんな守旧派の抵抗にあって落ち込みそうになったとき、河合道臣を励ました言葉が、朱子学の祖、南宋の朱子の「凍って寒からず」という言葉でした。「身辺は凍てつくように寒くても、気持ちを熱く保っていれば、心中まで凍てついてしまうことはない」という意味です。

河合道臣は抵抗を乗り超えて財政改革・藩政改革に邁進します。飢饉などの非常時に領民に貸し出す穀物を貯蔵する義倉「固寧倉《こねいそう》」を設置していますが、この「固寧」という倉の名前は、中国の五経の一つ、『書経』の「民はこれ邦のもと、もと固ければ邦寧し」という文章から、「固」と「寧」の二文字をとって命名したものであります。これは藩主が儒者の助言で命名したものですが、「藩は藩主のものではない。領民のための藩主であるべきだ」という河合道臣の理念を投影したものでもありました。

上杉鷹山が「藩主は民の父母」と言い、領民のための藩政改革を断行したことはよく知られていますが、河合道臣も領民の安寧を第一に考えるリーダーでした。現実に河合道臣は勝手向きに就任直後、「元来、藩主と領民とは一体のものにして、領民貧しき時は藩主も貧しく、領民富める時は藩主も富める道にて候」「上も下も志を一にすれば、いかなる飢饉凶年にも、飢え凍えて身をうしなうこと無きに候」などと書かれたお触れを出しています。

姫路藩は倹約・リストラ・新田開発といった従来の改革路線はとらず、河合道臣のリーダーシップのもとにユニークな金融システムを藩内に設けたり、民間活力を生かして木綿や白なめし革などの特産品の販売網を江戸にまで拡張するなどして、二十七年がかりで財政再建を成し遂げました。

時の流れがゆったりとしていて人生五十年の江戸時代ですから、二十七年がかりというのは大変な歳月をかけて財政再建を成し遂げたことになります。この姫路藩の財政再建は、国の基本をしっかりとわきまえたリーダーが長期的展望と洞察力を持って改革に取り組めば、いかに困難な改革もやがて成し遂げられるということを、如実に物語っています。

私が河合道臣の改革で忘れてはならないと思うことは、厳しい財政再建の過程でも人材育成の予算はカットしなかったということです。当時、姫路藩では、藩校と寺子屋の中間的な学校である「郷学」を開校する計画が進んでおり、河合道臣らは運営費の半額は藩が負担することを認めたのです。そして、河合道臣はその郷学を「申義堂《しんぎどう》」と命名しています。申は「明らかにする」という意味で、義は「人の道」を意味しています。申義堂には、「人の道を明らかにする学校」という河合道臣の切なる願いが込められていたのです。

河合道臣は開講式の祝辞で、「古来、多くを問う者は多くを学ぶといわれておる。身の周りのことにも疑問を持ちながら学び、ゆがんだところは勇気を持って改めるように願いたい」と、将来、姫路藩を背負って立つ子どもたちを激励しています。

河合道臣はまた、後に藩主から与えられた山に、藩の援助を受けて「仁寿山黌《じんじゆさんこう》」という私学を開き、儒者の頼山陽を講師に迎えています。当時、姫路藩には好古堂という藩校があり、財政再建の折、なぜ藩の金を使って私学を作るのかという批判もあったようですが、河合道臣は「好古堂は藩に役立つ人材を登用する、いわばお花畑ですが、わが仁寿山黌はその花畑へ届ける苗を育てる苗床の役割を果たすものです」と説いたそうです。この仁寿山黌には薬草園もあり、医学教育も視野に入っていたようです。

仁寿山黌では自由闊達な教育が行われ、常に百数十人の生徒が籍を置いていたといいます。そして、その中から藩の将来はいうまでもなく、国の将来を考える人材が巣立っていき、幕末には徳川将軍家に近かった姫路藩から勤王の志士も生まれたのです。

河合道臣の教育にかける熱意の背後に、四書五経などの儒学の古典に関する深い教養と、藩や国に対する限りない愛情が感じられます。そして、そのバックボーンがあったからこそ、河合道臣は財政には門外漢でしたが、人格的な影響力を駆使して姫路藩の財政再建・藩政改革を成し遂げることができたのです。

『姫路城　凍って寒からず』の中に、次のような場面があります。河合道臣が頼山陽に、「二度と負債を生まぬ世づくりを思うております。そのために幕府二百年の間に生じたひずみがあれば、それを改めようと目を輝かせる若者を、ここにて育てたいのです」と言うと、頼山陽は「経世済民をつづめて経済と申すも、財でもって身辺を経める部分ばかり強まって、世を治めて苦しむ民を済う面がとかく落ちて行きまするもので」と応じている場面です。

まさに平成の構造改革も、二百年前の河合道臣の財政改革と同じく、経世済民を実現するものでなくてはならないのです。

二　一身を抛ったリーダー

身口意を駆使する指導者

私は日頃から、密教でいう「身口意」を働かせることの重要性を説いています。密教では行の基本を「三密」といいます。手でいろんな印を結び精神を集中させることを「身密」、口で真言を唱えることを「口密」、御仏との一体化を念じて瞑想することを「意密」といい、行においてこの身口意の三密を働かせることが重要だとされているのですが、それは行のときだけに限らないのです。

私たちの日常生活においても、身口意を働かせることは大切です。特に国民をリードする立場にあるリーダーたちには、身口意をフル回転させてリーダーシップを発揮することが求められています。しかし、昨今のリーダーたちからは必死に身口意を働かせている姿勢が見えないのです。

リーダーが身口意を働かせるとは、具体的にどういう姿を指すのでしょうか。私のイメージする身口意を働かせるリーダー像は、国民の中に入り込んで必死に行動し、国民に自らの魂からほとばしり出る言葉で訴え、常に国家・国民のことを考えるリーダーです。重要なことは、それが単なるパフォーマンスとして行われるのではなく、全人格を伴う言動として自然に行われ、それが国民に受け入れられ、敬愛されるということです。

これは並大抵のことではなく、一朝一夕に身につくものではありません。まさにリーダーとして、日頃の心身両面における厳しい行が必要になります。この場合の行は、私たちの密教の行ではなく、リーダーとして身口意を働かせることに日々努める行です。

何事においても、全身全霊をもって努力している人には、御仏の智慧が授けられ、自然にその身体から光が発せられます。私たちは時折、会っただけで心をぐっと引き寄せられる人に巡り会うことがありますが、そういう人はいかなる分野の人であろうと、その分野で日々、一所懸命努力している人です。一心不乱に努力していると、自然にその人の身体から欧米でいうオーラがたちこめ、その光が他の人々を引きつけてやまないのです。指導者はそうした光に包まれなければ、真のリーダーシップを発揮することはできないのです。

仏教にはまた「和顔愛語」の教えもあります。これは穏やかな表情、愛情のこもった言葉がいかに人々の心を和ませるかという教えであり、慈悲の心に通じる教えです。日本を取り巻く環境が内外ともに厳しい折、政治リーダーが国民に対して優しい顔をして甘い言葉を言っている場合ではないという見方もありましょう。しかし、こういう時代だからこそ、厳しさは内に秘め、国民に対しては和顔愛語を実践してくれる政治リーダーがいたら、国民はどれほど救われることでしょう。また、そういう政治リーダーであれば、国難の折、国民は多少の厳しさを要求されてもついていくと思うのです。

第二次世界大戦中、イギリスの首相だったチャーチルが、類い稀な弁舌でイギリス国民を鼓舞し続けたことはよく知られています。そのチャーチルについて、ニクソン元アメリカ大統領は『指導者とは』という著書の中でこう書いています。

「稀代の雄弁家だったチャーチルは、会場にあふれる数千人を、またマイクロフォンを通じて何百万人という人を、魔法のように感電させることができた。言葉を完全に使いこなすと同時に、一流の役者にも負けないショーマンシップを備えていた。だが、もっと大切な事実がある。彼の演説が人々を奮起させたのは、ほかならぬ彼自身が、みずから語る理想を闘いとるために奮起したことだった」

つまり、チャーチルは政治家として明確な理想を持ち、その理想を勝ち取るために自らに鞭打ち、その真摯な思いを自らの心の奥底からほとばしり出た言葉として、国民にぶつけたのです。だからこそイギリス国民はチャーチルのもとに一丸となり、ナチスドイツの脅威を跳ね返すことができたわけです。まさにチャーチルは身口意を駆使して国民をリードした政治リーダーでした。

ノンフィクション作家の塩田潮さんは、バブル崩壊後、金融危機・景気低迷という迷路に迷い込んで立ち往生する現代日本の不幸は、「平成の高橋是清」「平成の浜口雄幸《おさち》」がいないことだと指摘しています。

高橋是清は大正から昭和初期にかけて、日本銀行総裁・総理大臣・大蔵大臣などを務めた人です。特に大蔵大臣は首相兼任を含めて合計七回も務めており、政界の第一線を退いてからも経済が混迷するたびに大蔵大臣に起用され、国民からは「だるま蔵相」というニックネームで親しまれ、信頼されました。しかし最後は、軍に厳しい緊縮予算を組んだために軍部に敵視され、昭和十一年（一九三六）、二・二六事件の凶弾に斃れました。

浜口雄幸もまた、大正末期から昭和初期にかけて、大蔵大臣を三回務めた後、総理大臣になった人です。浜口内閣の時代は時あたかも昭和恐慌の最中で、浜口首相は金解禁・財政緊縮・産業合理化などを断行し、国民に負担を求めながら日本経済の構造改革に取り組みました。そして国民は親しみを込めて浜口首相を「ライオン宰相」と呼び、国難の時をともに歩こうとしました。しかし、浜口首相も昭和五年（一九三〇）、東京駅で右翼青年に狙撃され、翌年亡くなっています。

高橋是清と浜口雄幸の共通点は、国民から「だるま蔵相」「ライオン宰相」と親しまれ、国難の折に国民の輿望を担って政治の最前線に幾たびも登場して、最後は悲劇的な死を遂げていることです。二人は国家・国民のために生命を賭して政治を行った身口意のリーダーでした。要するに、政治リーダーには国家・国民のために命をなげうつ覚悟が欠かせないのです。

大衆に向けた雄弁――中野正剛

一九九〇年代以降、海部俊樹さん・故小渕恵三さん・森喜朗さんと、三人の早稲田大学雄弁会出身の総理大臣が出ましたが、残念ながらいずれも志半ばにして総理の椅子を降りられました。この三人の総理の雄弁は、どこまで国民の心に届いていたのでしょうか。身口意を駆使し、魂から発する言葉で訴えかければ、国民の心はつかめるものです。

早稲田出身の政治家には、魂から発する演説で国民を魅了し鼓舞した人が少なくありません。例えば、戦前、中野正剛という政治家がいました。福岡出身の人です。早稲田大学を卒業後、朝日新聞に入り、人物評論や論文で健筆を振るいました。「明治民権史論」という連載では、「西郷隆盛が明治十年に城山に倒れて以来、皇室を尊び、国民を憐れむ尊王憐民の考え方は否定され、長州閥が跋扈する俗っぽい世の中になった」と、西郷を惜しむ論文を書いています。

その後、政治家に転じた中野正剛は、朝鮮と満州を視察し、「満鮮には、やつれ果てたる大和民族の影が映っている。……賊は山中にあるのではなくて、我が同胞の心中に潜む」と、大正九年の時点で日本の大陸政策を鋭く批判しています。「敬天愛人」思想の西郷に連なる自由民権的な思想の持ち主だったからこそ、日本の大陸政策の誤りが見えたのです。

そして、中野正剛は軍閥政治と真っ向から対決し、最後は東条内閣を徹底的に批判しました。中野正剛の批判の仕方は、大聴衆を前に魂から発する言葉で大演説をぶつ、というやり方でした。その中野正剛が大政翼賛会を脱会した直後の昭和十六年五月に両国国技館で開いた演説会には、十万人を超す聴衆が集まり、国技館周辺は空前の混雑だったといわれます。国民がいかに大政翼賛会を脱会した中野正剛に喝采を送り、中野正剛の言葉を聴きたがっていたかを物語っています。

敗色が濃厚になってきた昭和十七年の暮、中野正剛は共立講堂・早稲田大学大隈講堂・日比谷公会堂で、相次いで東条内閣を徹底的に批判する大演説を行っています。日比谷公会堂で行われた演説会には、戦時中にもかかわらず、定員四千人のところへ一万二千人もの聴衆が集まったそうです。母校の早稲田大学で学生に対して行った演説は、中野正剛の「遺言演説」といわれていますが、その中で彼は学生にこう訴えかけています。

「戦争は容易ならざる段階に入った。諸君は大学生だ。一念殉国の誠を尽そうではないか。誠なれば通ずる。誠なれば明らかである。誠にして明らかに、理を窮め、性を尽し、気を盛んならしめよ。理気一元の体当たりをやろうじゃないか。天下ことごとく眠っているなら、諸君、起きようじゃないか。誰かが真剣に起ち上がれば、天下はその人に率いられる。諸君みな起てば、諸君は日本の正気を分担するものである。

諸君は由緒あり、歴史ある早稲田の大学生である。便乗はよしなさい。役人、准役人になりなさるな。歴史の動向と取り組みなさい。天下一人を以て興る。諸君みな一人を以て興ろうじゃないか。天下一人を以て興る。興らざるは努力せざるによる。日本の巨船は怒濤の中に漂っている。便乗主義者を満載していては危険である。諸君は自己に目覚めよ。天下一人を以て興れ。私の親愛なる同学諸君に切望する」

中野正剛は学生に向かって、この国難を乗り切るには、誠を大事にし、物事の理非を峻別し、気持ちを奮い立たせ、一人ひとりが起ち上がる必要がある、と説いたのです。この演説を聴いた早稲田の学生は感涙にむせんだといわれます。経済危機に直面する現在の日本も、国難の時といわれます。しかし、政治リーダーから国民に向けて、このような魂の叫びが発せられたことは一度としてないのです。平成日本という大きな船もまた、中野正剛のいう便乗主義者を満載しているのでしょうか。

東条内閣は中野正剛のたび重なる批判演説に音を上げ、演説会を禁止しました。すると、中野正剛は昭和十八年元旦の朝日新聞に「戦時宰相論」という論文を発表し、中国『三国志』の英雄、諸葛孔明などを例に引きながら、「難局日本の名宰相は絶対に強くなければならぬ。強からんがためには、誠忠に、謹慎に、廉潔に、而して、気宇壮大でなければならぬ」と、さらに東条首相を批判しました。この論文は東条首相の怒りを買い、その日の朝日新聞は発禁処分となっています。

演説もペンも禁止された中野正剛は、倒閣のため重臣工作を展開します。いわば天皇陛下への直訴を考えたわけですが、これは不成功に終わりました。この工作に参画した一人に、東海大学を創立した故松前重義さんがいました。松前さんは東条首相の怒りを買い、一兵卒として南方の最前線に送られたといいます。

結局、中野正剛は昭和十八年十月に反軍罪で検挙され、一週間後、一時帰宅を許された自宅で、割腹自殺を遂げています。その傍らには彼が愛読した『西郷南洲全集』が置かれていたそうです。中野正剛の自決を知った東久邇宮殿下は、日記に「彼は日本の現状がこのようになったのは、軍部だけの責任ではなく、自分たち代議士にも責任があると言っていた。……自己責任を痛感したあまり、死を決したと私は推測する」と書き残されています。

要するに、中野正剛は命懸けで国民に訴え、軍閥政治に異議を唱えたのです。最近、日本は「第二の敗戦」を迎えたという見方がなされています。実際、政治・経済の混迷、社会不安の増大など、日本の現状は「第二の敗戦」といってもおかしくない状況です。しかし、この状況に自己責任を感じている政治家が何人いるでしょうか。中野正剛が平成日本に生きていたら、おそらく全国各地で大演説会を催し、政治家として国難の時を招いた不明を詫びながら、「日本病」克服の処方箋と、二十一世紀の新しい日本の将来像を明示することによって、国民を奮い立たせていたに違いありません。

国会本会議での大演説――斎藤隆夫

戦前から戦後にかけて国会議員を務め、議場での演説で勇名をとどろかせた政治家に、斎藤隆夫という人がいます。この人は兵庫県に生まれ、早稲田大学の前身の東京専門学校を出ています。斎藤隆夫については、昨年亡くなられた評論家の草柳大蔵さんが書かれた『斎藤隆夫かく戦えり』という名著があります。

斎藤隆夫は、先年亡くなった芸術家・岡本太郎さんのお父さんである、漫画家の岡本一平から「ねずみの殿様」というニックネームをつけられたように、風采の上がらない政治家だったようです。そして普段は話し下手で、徒党を組まない、資金集めをしない、選挙区のために働かない、酒もタバコもやらないという、昨今の政治家からは想像もできない堅物政治家でした。しかし、ひとたび議場に立つと、問題の本質を衝いた滔々たる演説で政治家のみならず国民を感動させたのです。

草柳さんは、世の中の論者には「言いたいことをいう」論者と、「言うべきことをいう」論者の二種類があるが、斎藤隆夫は「言うべきことをいう正論家」だったと書いています。

斎藤隆夫が国会で行った演説の中で最も有名なものは、昭和十一年、二・二六事件の直後の五月に開かれた国会で行った、いわゆる「粛軍演説」です。その内容は、政治の領域にまで踏み込んできた軍部を鋭く批判すると同時に、それを許した政治家をも指弾するものでした。演説の中で斎藤はこう言っています。

「いやしくも立憲政治家たる者は、国民を背景として正々堂々と民衆の前に立って、国家のために公明正大なるところの政治上の争いをなすべきである。裏面に策動して不穏の陰謀を企てる如きは、立憲政治家として許すべからざることである。いわんや、政治圏外にあるところの軍部の一角と通牒して自己の野心を遂げんとするに至っては、これは政治家の恥辱であり堕落であり、また実に卑怯千万の振舞であるのである」

斎藤隆夫のこの粛軍演説は、あまりにも核心を衝いたものであったために、軍部の一部から斎藤邸を襲撃するべきだという意見が出たほどだったといいます。軍部に対してモノが言えない時代状況の中で、斎藤は正々堂々、命懸けで言うべきことを言ったわけです。

翌日の報知新聞は、「斎藤君が起った。決死の咆哮一時間二十五分——非常時を缶詰にした議事堂はゆらいだ。……民政も政友も無産も野党もない。煮えくり返る場内から拍手の連続だ。……傍聴人も身を乗り出して聴覚を尖らしている。……斎藤さんは壇を降りた。後方の議席に帰る途中、両側の議員は手を差し伸べて斎藤さんと握手した。声もない。沈黙、感激の拍手の連続だ」と、その感動の場面を報じています。

昨今の国会本会議の演説で、党派を超えて感動の拍手が起きたなどという話は、聞いたことがありません。政治家の演説がいかに空疎な、うわべだけのものになっているかということでしょう。質問者がおざなりな質問演説でお茶を濁し、大臣が官僚の書いた原稿を棒読みしていたのでは、政治はますます国民から見放されます。

斎藤隆夫は昭和十五年（一九四〇）二月の国会でも、大演説を行っています。これは長引く支那事変の処理問題について質問したものです。

ここでも斎藤隆夫は、「一体、支那事変はどうなるものであるか。何時済むのであるか。何時まで続くものであるか。政府は支那事変を処理すると声明して居るが、如何にこれを処理せんとするのであるか。国民は聴かんと欲して聴くことができず、この議会を通じて聴くことができうると期待せない者はおそらく一人もないであろう」と疑問を呈しつつ、「遠くは海を越えて彼の地に転戦するところの百万二百万の将兵諸士をはじめとして、近くはこれを後援するところの国民が払いたる生命、自由、財産その他一切の犠牲は、この壇上におきまして如何なる人の口舌を以てするも、その万分の一をも尽くすことはできないのであります」と国民の犠牲に思いを馳せ、「唯いたずらに聖戦の美名にかくれて、国民的犠牲を閑却し、曰く道義外交、曰く共存共栄、曰く世界の平和、かくの如き雲を摑むような文字をならべ立てて、そうして千載一遇の機会を逸し、国家百年の大計を誤るようなことがありましたならば、……現在の政治家は死してもその罪を滅ぼすことはできない」と、支那事変の泥沼化に適切な歯止めのかけられない政府の無為無策を、軍部の目を恐れることなく、厳しく指弾したのです。

この演説によって、斎藤隆夫は軍部の圧力と軍部に媚びる政治家たちにより議員除名に追い込まれ、議席を失っています。まさに斎藤は政治生命をかけて対中国政策の誤りを批判する大演説を行ったわけです。斎藤が除名された直後、支那事変を始めたときの近衛首相が復活し、第二次近衛内閣が発足します。そして、政党は相次いで解体、政治家は大政翼賛会に収斂され、日本は完全に戦時体制に突入したのです。

中野正剛、斎藤隆夫と、二人の早稲田出身の大演説で名を馳せた政治家を見てきましたが、二人に共通するのは、国家・国民のために命をかける政治家としての強烈な覚悟と使命感、権力に屈しないで正々堂々と持論を述べる胆力などです。

最近、早稲田大学の凋落が著しいと週刊誌などでたびたび話題になりますが、早稲田から中野正剛や斎藤隆夫のような気骨ある政治家が生まれなくなったところにも、その一因があるのではないでしょうか。それはただ一早稲田大学の問題ではなく、日本全体の問題です。言葉を大切にし、国民に魂から発する生きた言葉で語りかける政治家、使命感を持った政治家がいなくなれば、政治は国民から遊離して低迷し、国は衰退するのです。

日本が国難の時を乗り切るためには、国民を鼓舞できるだけの強力なリーダーシップを備えた政治リーダーが必要です。強力な政治リーダーのもとで、政治家、経済人、そして国民一人ひとりが「天下一人を以て興る」の気概を持てば、日本はタイタニック号にならずにすむのです。

ジャーナリストの矜持

森政権の末期、総理がマスコミの集中砲火を浴びていた当時、私は『新潮45』の四月号に、「『炎の行者』の果てなき修行」という手記を載せていただきましたが、同じ号に後藤田正晴さんの「『総理の資質』とは何か」というインタビュー記事が出ていました。その中で後藤田さんは、マスコミに対して次のような言葉で自重を求めておられます。

「森総理ほどマスコミの批判の的になる政治家も少ない。しかし、マスコミもよくない。今は政治も経済も教育も乱れているが、みんな多少、おっかなびっくりしている。それはマスコミの批判を受けるからだ。しかし、マスコミは批判を受けない。これが良くない。一方に流れすぎる。マスコミは、一国の代表者に対しては、それなりの敬意を表しながら、厳しい批判をするということでなければならない。しかし、片言隻句を捉えて、一から十まで批判するのは、マスコミの正しい態度ではない。それでは物を言えない。言いたくなくなる。」

後藤田さんはマスコミにも一定の節度を求めておられるのです。マスコミが世論の形成に大きな役割を果たしているのは、否定できない事実です。特に政治に関してはマスコミの報道が世論を左右する傾向が強く、報道姿勢に良識と節度が求められますが、日本のマスコミは時の政権を批判することに精力を注いでいるような感じが否めません。

本来、時の政権を批判するならば、他のどのような政権を求めるのか、態度を明らかにすることが必要です。しかし、日本のマスコミは不偏不党を建て前としていますから、それは明らかにせず、政権批判に終始しています。戦後の日本の政治はほとんど自民党政権が担ってきましたから、マスコミが時の政権批判に終始してきたということは、自民党批判に終始してきたということです。しかも、最近のマスコミは、読売新聞の渡邊恒雄社長など一部を除いて、経営者の顔がほとんど見えなくなっており、マスコミの責任の所在がはっきりしないままに、連日のように政権批判が行われているわけです。

その一方で、マスコミは各省庁に記者クラブを作ったり、有力政治家に番記者を付けたりして、同じ情報を提供してもらい、似たような紙面やニュース番組を作っているのです。一方では政権を批判しながら、一方では情報を提供してもらうというのでは、整合性の取れた紙面作りはできないのではないかと思います。

明治時代の新聞・雑誌のように、政党色を明確にして言論活動を行うなら問題はありませんが、不偏不党を建て前にして政治の問題や歴史認識の問題を報道することは、非常に難しいことです。本来、ジャーナリズムは旗幟を鮮明にして報道し、その評価を読者に仰ぐというのが正しいあり方です。その意味では、日本の大手の新聞社は多くの読者をかかえて、旗幟を鮮明にできないほど巨大になりすぎた、といえるのかもしれません。私は、国民の多くが政治的に無党派層になりつつある一つの原因は、日本のマスコミのあり方にも求められるのではないかと感じています。

いずれにしても、後藤田さんが指摘されたように、マスコミにも一定の節度を求めたいと思うと同時に、マスコミの指導的立場にある人から一介の記者まで、ジャーナリストとしての矜持を持って、身口意をフル回転させて仕事をしてほしいと思います。

戦前から戦中にかけて、朝日新聞の主筆として活躍し、戦後は吉田内閣の副総理を務め、自由党総裁として保守合同に尽力した、緒方竹虎というジャーナリスト出身の政治家がいます。緒方竹虎は編集局長時代から、社長の代わりに右翼の応対に出て、殴られて重傷を負っても筆を曲げなかったという、腹の座った人だったようです。

その緒方主筆が「朝日に緒方あり」と称賛されたのは、二・二六事件の際の青年将校に対する態度でした。朝日新聞本社を取り囲んで、ピストルを手に「代表者を出せ。国賊朝日新聞を叩き壊す」と血気にはやる青年将校を前に、緒方は自ら進み出て堂々と応対しました。他の決起将校に襲われた新聞社では、社長・主筆クラスは応対に出ず、総務部長が応対したということです。

二・二六事件後、朝日新聞は東京と大阪の両本社に置いていた主筆を一本化し、緒方は全朝日の主筆に任命されています。緒方は当時すでに、朝日新聞もいずれ軍部に屈服し、戦争を煽る日が来ることを予想していたようです。緒方は戦後に書かれた文章で、当時のことを、「朝日新聞の看板を次の世代まで通用させるには、この時代の責任を私一人でとる以外にない。もし、朝日新聞の戦争責任が問われる日がくれば、九〇パーセント私がその責に当たるべきだと考えた。だから、戦後、戦犯になったことも、追放になったことも、少しも悔いはなかった」と振り返っています。

緒方はまた、「いかなる国内情勢があったにせよ、日本国中一つの新聞すらも、腹に戦争反対をだきながら、筆に反対を唱えなかったのは、そもそもいかなる悲惨事であったか。それは誰に向かって言うのでもない。日本一の新聞の主筆であっただけに、自分は自分を責めねばならぬのである」とも書いています。

現在は言論の自由が保証され、ほとんど何を書いても問題にはなりませんが、言論の自由がなく、しかも軍部の圧力が増す中で、朝日新聞の将来を洞察し、朝日新聞の戦争責任を一身に背負おうとした覚悟と、そして戦後の深い反省はさすがだと思います。緒方のような先輩がいたおかげで、現在の朝日新聞が存在するのです。

緒方は戦後、七年間の浪人生活を経て、吉田茂に請われる形で政界入りし、吉田内閣の副総理に就任しています。吉田の後を継いで自由党の総裁となってからは、戦後日本に健全な保守政治を根づかせるために保守合同に執念を燃やし、実現させました。そして、自由民主党の初代総裁として総理になった鳩山一郎の後継者として最有力視されていましたが、保守合同の二カ月後に心臓発作で志半ばにして斃れました。

ジャーナリストとして腹を据えてペンで権力を追及する一方、新聞社の戦争責任には全責任を負い、新聞社を守った緒方は、戦後、日本再建のために命とひきかえに自由民主党を作ったのです。その自民党が、いま朝日新聞をはじめとするマスコミの集中砲火を浴びているわけです。自民党も朝日新聞も、緒方竹虎が自民党を立党したときの大いなる志を、いま一度想起すべきではないかと思うのです。

三　仏教精神の体現

お釈迦さまの悩み

仏教の開祖であるお釈迦さまは、いまから二千五百年ほど前、インド北部のシャカ族の王子として生まれています。王家に生まれたということは、為政者としての生涯を運命づけられていたといってもいいでしょう。お釈迦さまの生涯を描いた『仏所行讃』という叙事詩には、お釈迦さまの誕生がこう書かれています。

父王生まれたる子を見るに、奇特にして未曾有なり。素性安重なりと雖も、驚駭して常容を改め、二息は交《こもご》も胸に起こりぬ。一は喜びにて、復た一は懼れなり。

つまり、お釈迦さまの父・浄飯王《じょうぼんのお》は、お釈迦さまが生まれたとき、その子の醸し出すあまりの器量の大きさに驚き、喜ぶと同時に懼れを抱いたというのです。また、宮殿内の林の中に起居していた、人相を見る能力に長けた修行僧は、生まれたばかりのお釈迦さまの人相を見て、「いま、王が得られた子は、王の希望をすべて満足させる逸材です。成長のあかつきには、世間を救う立派な人になられるでしょう」と、感嘆の声を上げたといいます。

浄飯王はお釈迦さまを立派な王に育てるべく、あらゆる手を尽くします。聡明なお釈迦さまが世の中の苦しみや儚さを知って出家の道を選ぶことのないよう、王は宮殿内に雨季・乾季・熱季それぞれの季節に適応した三つの離宮を造営し、そこでお釈迦さまに快適な暮らしをさせました。浄飯王はお釈迦さまを後継ぎとして純粋培養しようとしたのです。これを現代の政治家に当てはめれば、後継ぎの息子を東京の大学に通わせ、一流企業を経験させた後、秘書として政治家見習いをさせるようなものです。

お釈迦さまが父・浄飯王の言うがままに宮殿内の生活に満足していたら、おそらく庶民の暮らしを知らない平凡な王様として生涯を送ったことでしょう。しかし、お釈迦さまの持って生まれた器量が、宮殿内の何一つ不自由のない暮らしに満足することを許さなかったのです。そして、お釈迦さまは宮殿の外の世界を見てみたいと思うのです。

ここで有名な「四門出遊」の逸話が生まれます。「四門出遊」とは、「四つの門から出て遊ぶ」と書きますが、お釈迦さまが宮殿の東西南北にある四つの門から出て遊んだわけではありません。お釈迦さまは門の外へ出て、この世における人間の苦しみを目の当たりにしたのです。つまり、最初は老人を見て老いることの苦しみを知り、次に病人を見て病気になる苦しみを知り、その次には死人を見て死の恐怖を知り、最後は沙門すなわち出家者に会い修行によってこの世の苦しみを超越し、衆生を救う道があることを知ったのです。沙門に出会って修行の道に進むというのは、弘法大師空海が一人の沙門に会い、官吏への道を捨て出家の道に進んだ、というエピソードとそっくりです。『仏所行讃』の中の「四門出遊」のエピソードを描いた場面に、次のような一節があります。

> 路傍の耕人《こうにん》の壌《つち》を墾《たがや》し諸虫を殺すを見て、其の心に悲惻《ひそく》生じ、痛は心の刺貫《しかん》されしに踰《こ》えたり。又、彼の農夫を見るに、勤苦《こんく》して形《ぎょう》枯《こ》悴《そう》し、蓬髪にして流汗《るかん》し、塵土は其の身を坌《けが》せり。耕牛も亦た疲困し、舌を吐いて急喘《きゅうぜん》せり。太子は性慈悲深く、極めて憐愍心《れんみんしん》を生ぜり。概然として長嘆を興し、身を降して地に委ねて坐せり

ここでいう「太子」とは王子時代のお釈迦さまのことです。太子は路傍で土を耕す農夫の鋤で多くの虫が殺されているを見て、惻隠の情を起こされ、自分の心臓を突き刺されたように虫の痛みを自分の痛みとされた。また、その農夫自身、きびしい農作業で形相は疲れ果て、髪は乱れ、汗がしたたり落ち、土ぼこりで身体は真っ黒になっている。畑を耕す牛も疲労困憊し、舌を出して喘いでいる。慈悲深い性格の太子はそうした光景を目の当たりにされ、きわめて深い憐れみの心を持たれた。そして、生きていく矛盾に大きく嘆息され、その場に座り込んでしまわれた。そういう一節です。

ここには、為政者の子として生まれたお釈迦さまの、まさに為政者としての仏心が表現されてい

ます。政治家の仏心とは、民衆の苦しみや痛みを自分のものとするところから生じるのです。不況で国民が苦しんでいるのに、ずさんな融資で膨大な不良債権を作った金融機関の都合を優先させ、国民のために思い切った景気対策を打たない政治は、路傍で疲労困憊している農夫や牛を見過ごすようなものであり、決して仏心のある政治とはいえません。

いずれにしても、「四門出遊」でこの世の苦悩や矛盾を知ったお釈迦さまは、為政者としての後継ぎの道を捨て、出家の道、修行の道に入られたわけです。政治家の子弟が真の政治家を目指すには、まずこのお釈迦さまの「四門出遊」の逸話に込められた意味をよく噛みしめる必要があるのではないでしょうか。

仏教学者の故中村元先生が訳された『ブッダのことば』という本があります。お釈迦さまが説かれた人間の生き方に関する言葉が紹介されている本ですが、その中に「犀《さい》の角《つの》」という箇所があります。そこには三十ほどの生き方が説かれていますが、一部を紹介します。

貪ることなく、詐《いつわ》ることなく、渇望することなく、見せかけで覆うことなく、濁りと迷妄とを除き去り、全世界において妄執のないものとなって、犀の角のようにただ独り歩め。

世の中の遊戯や娯楽や快楽に、満足を感ずることなく、心ひかれることなく、身の装飾を離れて、真実を語り、犀の角のようにただ独り歩め。

最高の目的を達成するために努力策励し、心が怯《ひる》むことなく、行いに怠ることなく、堅固な活動をなし、体力と智力とを具《そな》え、犀の角のようにただ独り歩め。
貪欲と嫌悪と迷妄を捨て、……命を失うのを恐れることなく、犀の角のようにただ独り歩め。

これらの言葉は必ずしも政治リーダーに向けたものではありませんが、政治家の生き方の指針としても通用します。こうした心の持ち方こそが、仏心ある政治を可能にするのです。「犀の角のように」というのは、犀の角が一つしかないように、求道者は他人からの毀誉褒貶に煩わされることなく、ただ一人でも自分の確信にしたがって暮らすべきだ、という意味が込められています。現在の政治家に「犀の角のように」毅然とした生き方をしている人が何人いるでしょう。「犀の角のようにただ独り歩め」というお釈迦さまの言葉は、政治家のみならず、自らの信じる道を歩いている各界のリーダーたちに痛切な響きをもって迫ってくると同時に、一つの勇気を与えるのではないでしょうか。

いずれにしても、仏心のある政治とは、国民の苦しみや悲しみを自分のものとする「同悲の心」を持って、毅然とした態度で政治を行うことなのです。

聖徳太子の心

仏心に基づいた政治といえば、私たちは聖徳太子の政治を想起します。最近は聖徳太子の思想が見直される趨勢にあるようで、歌手の三波春夫さんも亡くなる直前に聖徳太子を礼賛する著書を出されました。

聖徳太子の理想が示されたのが「聖徳太子憲法十七条」であることはいうまでもありません。一般的には第一条の「和を以て貴しと為す」という部分が有名で、それ以外はあまり知られていないようですが、第二条には「篤く三宝を敬へ。三宝とは、仏・法・僧なり」と書かれています。「仏」とは仏像、「法」とは仏の教え、「僧」とは僧侶のことです。聖徳太子は「十七条憲法」の第二条で、仏像と仏教と僧侶を国の三つの宝として敬えと説かれているのです。

そして、その言葉に続いて、「三宝は全人類の魂の終局的なよりどころであり、あらゆる国の最高の宗教である。いつの時代であれ、どこの国の人であれ、この仏法を貴んでいる。誰であれ、心の底から悪人であるというものは少ない。よく教え導けば、それに従うものだ。ゆえに三宝に帰依しなければ、どうしてまがった者を正すことができようか」と説かれています。

この「十七条憲法」の第二条は、聖徳太子が仏教を国教とすることを宣言したものだと解釈されていますが、聖徳太子は当時まだ新思想であった仏教の中に政治の基本理念が含まれていることに気づかれ、仏心に基づく政治を実践する決意を示されたと見ることもできます。

第一条の「和を以て貴しと為す」は、聖徳太子が日本を中央集権国家とするために「和」の原理を重んじたものだといわれていますが、仏教的思想も反映されているのではないかと思います。ひと頃、日本の経済社会の談合体質は聖徳太子の「十七条憲法」以来の伝統だという議論が行われたことがあります。しかし、聖徳太子が説かれた「和」は、談合のような底の浅い利己的なものではありません。聖徳太子は「和を以て貴しと為す」の後に続く文章の中で、「上和らぎ下睦びて事を論《あげつら》ふに諧《かな》ふときは、則ち事理自づから通ふ。何事か成らざらむ」と書かれています。つまり、上に立つ者が柔和な心を持ち、下の者が調和して議論すれば、物事の道理は自然と通じるもので、成し遂げられないことはない、と説かれているのです。

要するに、聖徳太子は為政者と民衆の間の意思の疎通の大切さを指摘されているのです。この考え方の背景には、「山川草木悉皆成仏」、つまり人間も自然もすべて共生していかなければならないという、仏教の基本的な思想が流れているような気がします。ここにも仏心に基づく政治の何たるかが示されています。

また、「十七条憲法」の第四条では、「群卿《ぐんけい》百寮、礼を以て本と為《せ》よ」と説かれています。「群卿百寮」とは「すべての官僚」のことで、役人は礼節を基本にしなければならないという意味です。そして太子は、「上の者に礼がなければ、下の者もまとまらない。下の者に礼がなければ、必ず犯罪が起きる。それゆえに、すべての官僚に礼があれば、階級の序列も乱れることはないし、人民に礼があれば、国家も自然と治まるものだ」と言われるのです。昨今の日本の政治家や官僚によく噛みしめてほしい言葉です。

いずれにしても、聖徳太子の「十七条憲法」には現代にも適用できる政治の要諦が示されています。物事が行き詰まったときには原点に帰れといわれますが、混迷の時代を迎えている日本は、今いちど、聖徳太子の原点に立ち還る必要があります。

聖徳太子といえば、かつて一万円札に使用されていた肖像画のイメージが強く、非常に物静かな人であったような印象がありますが、もう二十年以上前に上原和・成城大学教授が書かれた『斑鳩の白い道の上に』という聖徳太子論には、飛鳥の白い道を愛馬に乗って颯爽と駆けてくる精悍な聖徳太子の姿が描かれていました。聖徳太子は新しい仏教思想を政治に採り入れ、為政者と人民が共存共栄できる理想の政治を実現しようとした、新進気鋭の皇子だったのです。おそらく当時の斑鳩の里の人々は、聖徳太子が馬で疾駆する姿を眺め、太子の政治への期待から、御仏を拝むような気持ちになったのではないでしょうか。

「義戦の聖将」上杉謙信

聖徳太子以来、日本の為政者は仏教精神を心の拠り所として政治を行ってきました。戦国武将でその代表的な人物を挙げるとすれば、やはり上杉謙信です。

武田信玄との宿命の対決で知られる上杉謙信は、その生涯において一貫して情実に篤く、信義を重んじ、他国への進軍も常に依頼を受けての援護出兵に限り、決して侵略することはなかったために、後年「義戦の聖将」と称され、私利私欲のない名将と讃えられました。

同時代の有力大名だった北条氏康は、「信玄・信長は表裏反覆にして頼むに足らず。独り謙信のみは受け合いたる上は、骨になるまでも義理を違えざるものなれば、謙信の肌着を分けて、若き武将の守袋にさせたく思うなり」と、言動に裏表のある信玄・信長と比較して、信義に篤い謙信を絶賛しています。

謙信には二人の心の師がいました。一人は謙信が幼少の頃に預けられた曹洞宗永平寺系の林泉寺住職・天室光育であり、もう一人は天室和尚の後に林泉寺住職となった益翁宗謙です。謙信は七歳から十四歳までの七年間を林泉寺で過ごし、天室和尚の厳しい教育のもとで人格を形成しました。ちなみに、今川義元・武田信玄・伊達政宗といった当時の武将は、いずれも禅僧を師として成長しています。

天室和尚は謙信の心身を鍛えるために、「修養十徳」という十の徳目を課しました。いたずらに惰眠をむさぼるな、坐禅で生き方を会得せよ、仏祖の恩徳に思いをいたせ、信心をますます深めよ、怨み憎しみを持つな、愛欲の情にとらわれるな、遊興や娯楽に流されるな、むさぼり欲張る心を遠ざけよ、未熟さを反省し目覚めよ、物事の加減を知れ――。天室和尚からこの十の徳目を徹底的に叩き込まれた謙信は、信義仁愛を貫く武将として成長していきます。暇さえあれば天室和尚から授けられた五寸足らずの毘沙門天像と対座し、坐禅を組み、無心の時を過ごしました。

そして謙信は、中国で八本の刀を持つ刀八《とうばつ》毘沙門像を悪魔から身を守る守護神として祀っていることにならい、「刀八毘沙門」の文字を軍旗の大旗に、毘沙門天の「毘」の文字を小旗に採用したのです。これは、欲得を離れた無私の戦いが仏法を守る毘沙門天の使命であり、自分が毘沙門天に成り代わって仏法の信義に立つ戦いを行う、という謙信の決意であると同時に、自分たちの戦いが聖戦であることを一兵卒にまで徹底させるものでもあったのです。

成長してからの謙信が師事したのが益翁宗謙という禅僧です。天室和尚と同じく永平寺で修行し、林泉寺に入ったといわれていますが、一説によると、その間に全国を托鉢乞食して回ったともいわれます。謙信が宗謙のために開いた妙照寺というお寺の縁起には、宗謙の人となりが「道徳堅固にして、持戒の光は昏晴に輝き、護念の力はおのずから黎庶を済《すく》う。かつ武教に通徹し、武教を論ずるに至っては、よく活発に妙要を論ず」と書かれています。要するに、宗謙は人格高潔で、宗教的な力を持ち、庶民を救済できるばかりか、武士の教えに明るく、戦争の用兵にも詳しい人だったようです。謙信の「謙」はこの宗謙の「謙」をもらったということですから、謙信がいかに宗謙を高く評価し、信頼していたかがうかがえます。

臨済宗で重視される中国の仏書『碧巌録』の中に「達磨不識」という有名な公案があります。公案というのは、禅宗で道を悟らせるために与えて工夫させる問題のことです。中国は梁の時代、仏教に深く帰依し、教養人、文化人としても一流の人物だった武帝は、インドからはるばるやってきた達磨大師に自信満々、「わしは多くの寺院をつくり、経文を写し、僧侶を供養してきた。これにはどのような功徳があるか」と問いかけました。達磨大師は答えました。「功徳など少しもありません」と。以下、次のような問答が続きます。

武帝「なぜ、わしの行為に功徳がないのか」

達磨「この世の行為は、迷いの世界の因果と同じく、影が形に付き添っているようなもの。実際には何もありはしないのです」

武帝「では、いったい真の功徳とは何か」

達磨「悟りの浄らかな智慧は、完全無欠の空です。真の功徳は世俗の規範でつかめるものではありません」

達磨大師は武帝の思い上がりを戒めたわけです。すると武帝は達磨大師の力量を確かめようと、仏教の根本原理を問うのです。

武帝「聖諦《しょうたい》第一義とは何か」

聖諦第一義とは仏教の最高原理という意味です。

達磨「廓然《かくねん》無《む》聖《しょう》」

廓然無聖とは『広辞苑』にも出ていますが、「からりと開けた悟りの境地においては、捨てるべき凡も求むべき聖《しょう》もない」という意味で、達磨大師は「最高の真理も最低の真理もない」と答えたのです。しかし、武帝にはその意味がわかりません。武帝が続けて「わしに対面しているお前は、いったい何者か」と問うと、達磨大師は一言、「不識」とのみ答え、武帝が理解しないと見ると、さっさと梁の国を後にしたのです。

これが「達磨不識」の逸話です。達磨大師が「不識」と答えたのは、「私は知りません」と言ったのではなく、武帝の内にある「最高か、最低か」「聖人か、俗人か」「有るか、無いか」といった二元論的な考え方を戒め、物事を二元論的にとらえている限り悟りの境地に達することも、自分を活かすこともできないことを示唆したのです。

益翁宗謙が林泉寺の住職に就いたとき、謙信はすでに信義仁愛を貫く武将として自他ともに認める存在になっていました。自信をみなぎらせる謙信に対して、宗謙が問いかけたのが「達磨不識」の公案でした。そのときの立場は、まさに謙信が武帝で、宗謙が達磨大師でした。謙信は「達磨不識」の本意を一言も答えることができず、宗謙に「この公案を会得せんとするには、すべからく大死一番して参究せられよ」、つまり、まだまだ禅学の勉強が足りない、死んだつもりで勉強してこの公案を会得せよ、と一喝されました。

それ以後、謙信はことあるごとに宗謙のもとに参禅し、城内にいるときも家臣を次の間に控えさせて、一人部屋に籠もって坐禅を組み、「達磨不識」の公案と対峙したといわれます。そして、その公案を会得した暁には、毘沙門堂の傍らに「不識庵」と名づけた庵を結び、自らも不識庵と号するようになったのです。

謙信は晩年、「宝在心」と題する次のような心得を家訓として残しています。

心に物なき時は、心広く体泰《ゆたか》なり。心に我儘なき時は、愛敬失わず。心に欲なき時は、義理を行う。心に私なき時は、疑うことなし。心に驕りなき時は、人を敬う。心に誤りなき時は、人を畏れず。心に邪見なき時は、人を育つる。心に貪りなき時は、人に諂《へつら》うことなし。心に怒りなき時は、言葉和かなり。心に堪忍ある時は、事を調《ととの》う。心に曇りなき時は、心静かなり。心に勇ある時は、悔むことなし。心賤しからざる時は、願好まず。心に孝行ある時は、忠節厚し。心に自慢なき時は、人の善を知る。心に迷いなき時は、人を咎めず。

まさに上杉謙信の人格の高さ、道徳心の深さがしのばれる心得です。謙信は天室光育、益翁宗謙という二人の禅僧を師とし、精神的支柱とすることによって悟りの道を開き、「義戦の聖将」と称される戦国時代を代表する名将になったのです。

北条早雲二十一箇条

戦国武将の精神的規範が典型的にあらわれているのが、家訓と呼ばれるものです。当時は家が絶対の権威を持っていた時代であり、家訓では、その家のリーダーの心構えや家を発展させる指導理念が真剣に追求されていました。そして、それはその家の領国支配の根本精神となり、家臣や領民の生活の基本原理となりました。

現代で戦国大名の家訓に相当するものといえば、企業の社訓があります。多くの企業が立派な社訓を持っていますが、それがどこまで経営者や従業員の規範となり、企業活動のバックボーンとして生きているかは疑問です。堅実で知られた旧住友銀行でさえ、バブルの時代に江戸時代以来の住友精神の基本だった「浮利を追わず」の戒めを忘れ、多くの不良債権を残しました。

戦国武将は常に死と隣り合わせの緊張感の中にいながら、リーダーとしての矜持を持って日本の伝統精神を体現し、家臣や領民に手本を示そうとしていました。

北条早雲という武将がいます。西暦一五〇〇年頃の人で、小田原を本拠地に現在の関東南部に君臨した武将です。この北条早雲の家訓と言われるのが『北条早雲二十一箇条』です。その第一箇条には、「第一仏神を信じ申すべき事」と書かれています。

早雲は自ら入道すなわち仏門に入った人だけに、仏神を信じることを第一に挙げたのは当然といえば当然ですが、それが武家社会の根本原理であったことも確かです。鎌倉時代に制定された最初の武家法である御成敗式目以来、仏神を信ずることは武士の基本だったのです。

同じ『北条早雲二十一箇条』の中に、「拝みをする事、身のおこない也。只こころを直にやわらかに持ち、正直憲法にして上たるをば敬い、下たるをばあわれみ、あるをばあるとし、なきをばなきとし、ありのままなる心持ち、仏意冥慮にもかなうと見えたり」という言葉もあります。「神仏を拝むことは人のつとめである。それには、ただ真っ直ぐで穏やかな心を保ち、正直一途に上を敬い、下を憐れみ、すべてをありのままに認めて、あるものをあるとし、ないものはないとする心構えでいることが、神仏の御心にかなうものといえよう」という意味です。

北条早雲の家訓には、その他、「朝は早起きをせよ」「夜更かしは慎め」「刀や衣服は見苦しくさえなければいい」「家にいるときも無精はするな」「他人を立てよ」「暇があれば本を読め」「嘘をつくな」といった戒めが書かれていますが、その底流に流れるのは神仏への深い帰依の気持ちです。神仏を信じ、神仏に恥ずかしくない振る舞いをするところに、北条早雲のリーダーシップの源泉があったわけです。

武田信繁の九十九箇条

武田信玄の弟の信繁が、『論語』など中国の古典を引用しながら、息子や長老たちに与えた『古典厩より子息長老へ異見九十九箇条の事』という家訓があります。ちなみに「古典厩」とは信繁の通称です。その家訓には、「仏神を信ずべき事」という一項目が掲げられており、「御仏の心にかなえば何かにつけて御加護を受けるが、邪悪な心によって人に勝った者は、やがて当然の報いとして滅び去る」とか、「神はよこしまな願いは聞き届けられない」といった中国古典の言葉が紹介されています。

兄の武田信玄に比べて弟の信繁はそれほど知られていませんが、信玄が勇猛な武将であったのに対して、信繁は穏やかな人徳の人だったようです。二人の父・武田信虎は粗暴な信玄を嫌う一方、温厚で人徳のある信繁を寵愛し、家督を信繁に譲ろうとしますが、逆に信玄が信虎を追放し、武田家の実権を掌握します。普通ならここで家臣を巻き込んだ兄弟の権力闘争が起きて不思議のないところですが、信繁は兄・信玄を盛り立て、武田家の黄金時代を築いたのです。信玄の統率力もあったと思いますが、信繁の人望も信玄がリーダーシップを発揮する上で大きな力になったに違いありません。

信繁の『九十九箇条』には、他に次のような戒めが記されています。

油断なく行儀たしなむべき事。史記に云う、その身正しくば、すなわち令せざれども行わる、その身正しからざれば、すなわち令すといえども従わず。

つまり「日頃の行動に油断なく注意せよ。『史記』には、上に立つ者が行動を正しくすれば、下の者は命令が出されなくても正しい行いをする。ところが、上の者が正しくない行いをすれば、どんな命令を出そうと、下の者たちは従わなくなる」という意味です。

百姓に対し、定所務《じょうしょむ》のほか、非分を為すべからざる事。軍識に曰く、上虐を行えば、すなわち下急刻し、賦斂数を重ぬるば、刑罰極まりなく、民、相残賊す。

これは「農民に対しては、定められた役務の他に、臨時の負担を課してはならない。『軍識』という中国の古典にも、『支配者が残忍な政治を行えば、人民の生活は破綻し、搾取を厳しくすれば、犯罪が続発して、人民はお互いに殺し合うに至る』とある」という意味です。

九十九箇条すべての戒めに中国古典からの引用文を付けているところに、信繁の深い学識とリーダーとしての使命感が強く感じられます。信玄と信繁はお互いが放つ光を受け止めることによって、お互いの輝きを一層増す関係にあったと思います。現在の日本のリーダーたちの周辺に、はたして信繁的な深い学識と人徳を併せ持ったサブリーダーはいるのでしょうか。

いずれにしても、戦国時代のリーダーたちは、神仏を崇敬しながら自らを厳しく律し、家臣や領民の手本となる生き方を実践していたのです。その生き方は戦前までは日本の社会の中に色濃く残っていたのですが、戦後半世紀以上経った今日、そうしたリーダーは影をひそめた感じがします。

毛利元就の書状

毛利元就の家臣だった玉置吉保という武将が、『身自鏡《みのかがみ》』という自伝を残しています。それによると、吉保は十三歳で元服するとすぐに真言宗の寺に入り、住職から「いろは」を習い、「先心経」「観音経」を暗誦しています。また、室町時代からの教科書だった『庭訓往来』『童子教』『実語教』も読んでいます。これらの書は、人間が生きていく上で欠かせない道徳的な規範が書かれていました。

それが一年目で、二年目には早くも『四書』『五経』をはじめ、『六韜』『三略』といった中国の兵書や『和漢朗詠集』を読んでいます。さらに三年目になると、『古今集』『万葉集』『伊勢物語』といった日本の古典を読み、十八歳の頃には連歌まで習っています。

まず最初に道徳的な基本を学び、次に中国の古典を読み、さらに日本の伝統的な詩歌を学ぶというカリキュラムは、教育崩壊が深刻化している現代にも参考になるような気がします。

玉置吉保は二十歳前後で学問を修めた形になっていますが、偉いのはその後も持続して学問に挑戦していることです。四十代には日本の歴史や地理を勉強し、茶の湯まで修めています。さらに五十代になると、医学の道を志しています。つまり、吉保は今でいう「生涯学習」の実践者だったわけです。

吉保は毛利家の家臣で、リーダーだったわけではありません。しかし、毛利家の家臣として、また玉置家の長として、恥ずかしくない武士でありたいと終生勉学を怠らなかったのです。これは吉保自身の資質もあったでしょうが、毛利家のリーダーたちの生きざまの反映でもあったと思うのです。

毛利元就が還暦のとき、三人の息子に書き送ったといわれる「毛利元就書状」という史料があります。そこには「毛利の名を末代まで残すよう心掛けよ」「兄弟間のいさかいは滅亡のもとだ」「本家の兄には従え」といった願いや戒めが書かれていますが、こんな意味のことも記されています。

「自分は多くの人々の命を奪ってきた。お前たちにその報いがなくてはすむまいと、気の毒に思っている。それゆえに、お前たちもこのことを念頭におき、十分身を慎むことが大切である。これまで他国から絶え間ない侵略の圧力があったが、自分がその危機を乗り超えてこれたのは不思議な思いがする。自分は武勇にすぐれているわけでも、大力無双というわけでも、知恵才覚がすぐれているわけでも、正直一途で神仏のご加護を受けているわけでもないにもかかわらず、危機をくぐりぬけてくることができたのは、自分でもまったく不思議である。」

この毛利元就の述懐には、中国地方を制圧した戦国武将の勇猛な面影はなく、自らの生涯を冷静に分析し、自分を超越した大きな力に対してへりくだる気持ちがうかがえます。元就のその気持ちの背景が、「書状」の最後の部分に述べられています。

「自分が十一歳の頃、一人の旅の僧が来て、念仏の法を説いた。それ以来、家中の者がその法を毎朝行ってきた。その法とは、朝日を拝み、念仏を十遍ずつ唱えることだ。このことが我が身を守るよすがとなっているのではないかと思う。お前たちも、この法を毎朝行うがいいだろう。」

そして元就は最後に、地元・厳島神社に対する信仰をますます深めることが肝心だ、と書いています。戦国時代の卓越したリーダーの一人であった毛利元就も、神仏に対する敬虔な心の持ち主だったのです。

戦国時代の天下取りレースの最終勝利者だった徳川家康に、「人の一生は重き荷を負うて遠き道を行くが如し、急ぐべからず」という有名な言葉があります。この言葉を、戦国武将の多くが神仏に対して敬虔な心を持っていたことと照らし合わせて読むと、家康が神仏の前で自分自身に言い聞かせている言葉のような感じがしてきます。私は、古今東西、リーダーシップの本質はそれほど大きくは違わないと考えています。そして、神仏に対する敬虔な心こそ、リーダーに欠かせない資質の一つだと確信しています。

布施の心とカーネギー精神

お釈迦さまは、人間が生きていく上で布施の心ほど大事なものはないと説かれました。菩薩が涅槃の境地に入るために修めなくてはならない六つの行を「六波羅蜜」といいますが、お釈迦さまはその第一に「布施」を挙げています。また、お釈迦さまは菩薩が衆生を導くための四つの徳目として「四摂事《ししょうじ》」を説いていますが、ここでもその第一に「布施」を挙げているのです。「布施の心」は人間が生きていく上での基本であり、経済においても必要な心なのです。

布施というと、一般的に僧に差し上げる「お布施」のことをいいますが、それは布施のほんの一部にすぎません。仏教で説く「布施」には、お金や物資を与える「財施」、教えを説き智慧を授ける「法施」、怖れを取り除いてやる「無畏施」の三つがあります。要するに、苦しんでいる人や困っている人を手助けしてあげる、物事を知らない人に智慧を授けてあげる、これが布施の本質です。お釈迦さまは布施を行の一つだと説いていますが、それは、人間は布施の心を忘れると我欲に固まったエゴイストになり、人間として間違った行いをしたり、社会の調和を乱すことになるからです。だからこそ、布施の心は常に持ち続けなければならないのです。これは何も個人に限ったことではありません。国の経済活動にしても、企業の活動にしても、布施の心が求められているのです。国や企業がその心を忘れると国や企業は乱れ、世界の平和、社会の安寧を危うくすることになりかねません。

バブルが全盛だった頃、企業のフィランソロピー、メセナということが盛んにいわれました。フィランソロピーは「慈善」「人類愛」といった意味で、企業が慈善活動・奉仕活動に直接参加したり、財団を通じて間接的に参加することです。また、メセナは企業が文化・芸術活動を支援することです。一時期、たしかに日本企業がフィランソロピーやメセナに力を入れた時期がありましたが、バブル崩壊後の不況でいつしか下火になった感があります。しかし、企業は儲かったからそうした活動をする、儲からなかったからしないというのではなく、また宣伝活動の一環としてではなく、社会への貢献・奉仕を企業理念として持つべきです。

現在の国連本部ビルはロックフェラー財団の寄付によってできたものだそうです。また、世界のアーチストがその舞台に立つことを夢見るカーネギーホールは、鉄鋼王のカーネギー財団がメセナの一環としてつくったものです。さらにアメリカの大学の研究所は企業からの寄付によって建てられたものが少なくないといわれます。アメリカではこうした企業による社会貢献は二十世紀初めから盛んに行われ、カーネギー財団・ロックフェラー財団・フォード財団、ブルッキングス研究所などは、すべて一九一〇年代から三〇年代にかけて設立されています。

アメリカでは、こうした企業の寄付については税制上優遇されており、企業も決算書に寄付金を明記して、社会貢献度を積極的にアピールしているようです。日本では寄付についての税制上の優遇措置はまだなく、それが投資につながる寄付を阻害しているという面もあるようです。日本企業が常に利益の一部を社会貢献に回すという「布施」の気持ちを持って活動するようになれば、日本経済の姿も随分変わってくるのではないでしょうか。

日本の経済界に社会貢献の伝統がまったくなかったわけではありません。明治以降、多くの経済人が大学に講堂を寄贈したり、美術館を造ったりして社会貢献を実践してきました。その点、サラリーマン経営者が増え、収益確保が第一になった戦後の方が、経済人の社会貢献に対する意識は後退したといえるかもしれません。

アメリカの経営コンサルタントのバーン・ヘンダーソンという人が、数年前に『有徳企業の条件』という本を出しています。「有徳企業」とは「徳のある企業」という意味で、二十一世紀に生き残れるのは、しっかりした企業倫理を持った企業だと主張しています。そしてこの本では、企業経営者の倫理にも触れており、理想的な有徳経営者の一人として挙げられているのが、カーネギー・ホールで有名な鉄鋼王アンドルー・カーネギーです。

カーネギーは一八三五年、スコットランドの織物業者の家に生まれました。産業革命の影響で家業が没落し、一八四八年、一家でアメリカのピッツバーグに移住しました。カーネギーはさまざまな職種を経て、日本の明治維新の直前に起きた南北戦争の後、鉄鋼業の仕事に専念します。そして、一八九九年には、ピッツバーグ周辺の八つの鋼鉄会社を合併してカーネギー・スチール株式会社を設立し、全米の鉄鋼生産の四分の一を占める鉄鋼王国を築きました。

カーネギーが偉かったのは、その後の彼の生き方です。彼はカーネギー・スチールを設立した二年後、同社をUSスチールに譲渡し、あっさりと経営の第一線から退きました。そしてその後、彼は私財を投じて、カーネギー工科大学・カーネギー研究所・カーネギー教育振興財団・カーネギー国際平和基金などを相次いで設立する一方、アメリカや故郷のスコットランドの研究機関や教育事業に多額の寄付をしました。カーネギーから図書館を寄贈された市や町は、全米で二千五百カ所以上にのぼったといわれます。

カーネギーは、「社会貢献は富を持つ者の義務であり、裕福なまま死ぬのは道徳上の最大の罪だ」という信念を持っていました。また、「受けるより与える方が幸せであり、受けるより与える方がやさしい。与える者は、幸せと力強さを感じることができる。与えることは、人間の精神を高める」という考え方の持ち主でした。どこか仏教でいう「利他の精神」を彷彿させる考え方です。こうしてカーネギーは惜しげもなく社会貢献に私財を投じ、「資本家の聖人」と尊敬されるようになったのです。

バーン・ヘンダーソンは、カーネギーを「自分の富を、手元に残す額よりも与える額で測った人だった」と評価しながら、その後の世界は豊かにはなったが、社会貢献の精神は痩せ細ったと指摘し、「現代の金持ち階級にとっての課題は、何も条件をつけない気前のよさというカーネギーの伝統の復活である」と説いています。

日本資本主義の育ての親・渋沢栄一

日本最初の銀行は明治六年（一八七三）に創設された第一国立銀行ですが、国立銀行条例を策定し、第一国立銀行の頭取を務めたのが、「日本資本主義の育ての親」といわれる渋沢栄一です。最近、書店に渋沢栄一に関する本が何冊も出ています。これは昨今の日本の金融界の腐敗・堕落が、渋沢栄一という偉人に改めて光を当てることになったのだと思います。

渋沢栄一は江戸時代末期の天保十一年（一八四〇年）、現在の埼玉県深谷市の農家に生まれました。一八四〇年といえば中国でアヘン戦争が起きた年で、欧米列強がいよいよ日本に進出してこようという激動前夜の時代です。渋沢の父・市郎右衛門は勤勉家で義侠心に富み、村人の信望が厚く、名主見習いを勤めた村の名士です。母・お栄は近所のハンセン病の女性の面倒を見るような、慈悲深い人だったようです。

渋沢は少年時代、渋沢より十歳年上のいとこ・尾高新五郎が隣村で開いていた私塾に通い、四書五経や陽明学を学んでいます。ちなみに渋沢の妻・千代は新五郎の妹です。新五郎は尊王攘夷派のリーダーだった水戸藩主・徳川斉昭に心酔する、徹底した開国反対論者で、渋沢は後に「新五郎の悲憤慷慨がなかったら、自分は一生百姓で終わったかもしれない」と振り返っています。

新五郎や渋沢は、倒幕運動を起こすためにまず高崎城を乗っ取るクーデター計画を立てますが、新五郎の弟で京都の情勢を見てきたばかりの長七郎の「無謀極まる。犬死にするだけだ」という諫言で、結局自重します。そして、渋沢は一橋慶喜（徳川慶喜）の側近・平岡円四郎の計らいで一橋家に仕官することになります。

そのとき渋沢と行動をともにしたのが、いとこの渋沢喜作です。渋沢喜作はその後、江戸開城のとき官軍に抵抗した彰義隊に参加したのち、榎本武揚に同行して函館の五稜郭で行われた函館戦争で官軍と戦っています。そして、官軍に抵抗した罪で入獄したのち、渋沢のコネで大蔵省に入りますが性に合わず退官、その後、実業家として活躍し、最後は東京商品取引所の理事長を務めています。

いずれにしても、青年時代の渋沢の周辺には、時代の激流にもまれながらも血気にあふれた青年たちが集まっていたわけです。一橋家に仕官した渋沢は、明治維新の前年、十五代将軍になった徳川慶喜の弟・徳川昭武に随行してパリで開かれた万国博覧会に列席し、ヨーロッパ各地を視察しています。一行が一年半のヨーロッパ歴訪の旅に出ている間に徳川の世は終わり、明治維新が到来します。もし渋沢が日本に残っていたら、喜作と同じように官軍に抵抗する行動をとっていたに違いありません。そうすれば、渋沢栄一が「日本資本主義の育ての親」になることはなかったでしょう。

渋沢は訪欧の旅の途中、当時フランス企業によって工事が進められていたスエズ運河を視察し、「西洋人が事業を起こすのは、ただ一身一個のためにするのではなく、その多くは全国全州の大益をはかるものであり、その規模の遠大で目標の宏壮なことは感ずべきことである」と感心しています。そして、パリで大衆から零細な資金を集めて巨大事業を実現する「株式会社」というシステムを学び、スエズ運河もそのシステムによって建設されていることを知って、日本にも株式会社制度を導入すべきだと考えたのです。

日本に帰った渋沢は、静岡で謹慎していた徳川慶喜に帰朝の挨拶をしたのち、静岡に残り、明治二年に「商法会所」という会社を設立しています。この会社は渋沢が考案した「合本法」すなわち株式会社システムに基づく会社で、静岡の商人たちから資本を集めて作った商社でした。株式会社という名称こそ付いていませんが、この商法会所が事実上、日本で最初の株式会社だといわれています。

この渋沢の先見の明に目を付けたのが、大蔵省の事務次官の地位にあった大隈重信で、大隈は渋沢を大蔵省にスカウトします。そしてその後、渋沢は大蔵卿・大久保利通のもとで事務次官を務めた井上馨の側近となり、大蔵省の実務を取り仕切るのです。渋沢が国立銀行条例を立案したのは、この頃のことです。

明治六年、大久保利通と気が合わなかった井上馨と渋沢は、同時に大蔵省を辞任します。そして、野に下った渋沢は御用商人だった三井組や小野組の出資を得て、第一国立銀行を設立し、総監役つまり頭取に就任し、事実上「日本資本主義の育ての親」としての第一歩を踏み出したのです。

『論語と算盤』

渋沢栄一が大蔵省を辞し、第一国立銀行の頭取に就いた当時、「才能があり大臣になれるかもしれないのに大蔵省を辞めるのは、やはり地位や名誉より金が欲しいからか」と批判する声がありました。それに対して渋沢はこう反論しています。

「私に能力があるとみてくださることは誠にありがたいが、もし能力があるとすれば、なおさら官界を去らなければなりません。もし人材がみな官界に集まり、才能なき者ばかりが民業にたずさわるとしたら、どうして一国の健全な発展が望めましょう。はばかりながら言わせてもらえば、官吏は凡庸の者でも務まりますが、商工業者は相当に才覚のある者でなければ務まりません。ところが、今日の商工業者にいまだ力のある者がそうはいない。士農工商という階級思想の名残りで、官にあることは光栄に思うが、民にあることは屈辱に感じる。この誤った考えを一掃することが急務です。それにはまず商工業者の実力を養い、その地位と品位を向上させることが第一です。彼らを社会の上位に位させ、徳義を具現する者こそ商工業者だ、という域にまでもっていかなければなりません。この大目的のために精進するのは、いわば男子の本懐です。」

この渋沢の言葉の中で注目すべきは、商工業者は官吏より上位に位置づけされるべきものであり、それを実現するためには、商工業者は徳義を具現する者でなければならない、とした点です。

日本社会の官尊民卑の傾向は、江戸時代の士農工商を引き継いで、明治以来長い時間をかけて構築されたものであり、現在もなおそれは色濃く残っているのですが、渋沢はすでに明治のはじめに官尊民卑の弊害を鋭く指摘していたのです。そして、民が官の上位に位置するには徳義を商工業者が身に付けなければならない、と説いたのです。

私は渋沢のこの言葉に接して、日本の大手銀行が大蔵省や日銀のエリートを接待したのは、日本社会に流れる官尊民卑の悪弊に自ら漬かり、徳義の実践を忘れたからだと思いました。そして、平成日本の経済社会は「日本資本主義の育ての親」の理念からはるかに後退していると感じざるを得ません。

渋沢栄一は昭和六年に九十一歳で亡くなるまでに、第一国立銀行をはじめ日本興業銀行・朝日生命保険・東京海上火災保険・東京ガス・清水建設・王子製紙・新日本製鐵など五百あまりの企業を興し、東京商工会議所・東京証券取引所などを開設したほか、東京都養育院・結核予防会・盲人福祉協会・聖路加病院・一橋大学・日本女子大学・東京女学館などを創立し、社会福祉・医療・教育事業でも多大の貢献をしています。

渋沢が偉かったのは、これらの事業に名誉職的な立場で関わるのではなく、すべてに心血を注ぎ、惜しみなく私財を投じたことです。渋沢が晩年訪米したとき、現地の新聞記者から「あなたは日本のカーネギーだそうですね」と言われたというエピソードが残っています。

新日鐵会長・日本商工会議所会頭を務め、戦後の財界で大きな力を発揮した故永野重雄さんは、生前、「渋沢さんの本当のすごさは私心のなかったことです。自分の生涯を世のため、人のために使い切ったことです」と語っていたそうです。私は「日本資本主義の育ての親」といわれる渋沢栄一が、仏教でいう「利他の精神」の実践者であった点に深い共感を覚えます。

では、「利他の経営者」渋沢栄一の精神的バックボーンは何だったのでしょうか。両親から勤勉さや人望の厚さ、慈悲深さを受け継いでいたことは間違いありません。渋沢が少年時代、いとこの尾高新五郎が開いていた私塾で四書五経や陽明学を学んでいたことは前述しましたが、渋沢が処世哲学の根幹に据えていたのが、孔子の『論語』でした。永野重雄さんは「聖人君子になるためのバイブルともいうべき『論語』を、そのまま忠実に実行しようと挑戦し続けたところが、渋沢さんの人間業とは思えないところだ」と脱帽していたそうです。

渋沢の晩年、昭和三年に、明治から昭和にかけて渋沢が行った講演録をまとめた一冊の本が刊行されています。その本の題名が『論語と算盤』です。その冒頭に「論語と算盤は甚だ遠くして甚だ近いもの」という一文があります。その中で渋沢は、「国の富を成す根源は仁義道徳であり、正しい道理にかなった富でなければ、その富は完全に永続することはできない。したがって、論語と算盤というかけ離れたものを一致させることが、今日の急務である」と主張しています。バブルに踊り、バブル崩壊に泣いた昨今の日本社会にとって、この渋沢の主張は痛切な響きをもって迫ってきます。

明治・大正時代にもバブル期のような拝金主義が横行した時期がありましたが、渋沢は「眼中に、国家もなく社会もなく、事業の前途も考慮せず、ただ現在儲かりさえすればよいというような思案に基づいた泡沫経営は嘆かわしいかぎりである」と、「泡沫経営」という言葉を使って金儲け一辺倒の経営を批判しています。

『論語』と算盤、すなわち道徳と経営は一致しなければならないというのが、渋沢栄一の基本的な理念でした。そして渋沢は「余りあるをもって人を救わんとすれば人を救う時なし」という『論語』の言葉を実践し、経済活動で得た莫大な富を社会還元したのです。

のちに渋沢は息子たちに「わしがもし一身一家の富むことばかりを考えたら、三井や岩崎（三菱）にも負けなかったろうよ。これは負け惜しみではないぞ」と語ったといいます。実際、渋沢が起こした企業の多くが現在も日本を代表する企業として活動していることを考えると、その言葉に決して嘘はないと思います。また、そうした企業を財閥化しなかったところに、渋沢の一流の経済人としての見識を見る思いがします。

原三渓と布施の精神

戦前の経済人の中で「布施の心」を実践した一人として、原三渓という人を忘れてはなりません。横浜市に「東の桂離宮」といわれる三渓園という庭園があります。これを造営したのが原三渓、本名を原富太郎といいます。戦前、横浜で世界を相手に大々的に生糸商を営む大富豪でした。

原三渓が絶頂だったのは、明治三十年代の半ばから大正時代末までの約二十五年間です。その間、約十五年かけて三渓園を造営しています。そして、造営を始めて五、六年後には、庭園を一般公開しています。そもそも原三渓が庭園を着想したのは、当時は新開地で文化的薫りに乏しかった横浜に、日本の伝統的な文化の薫りを持ち込みたいと考えたからです。したがって、全体が完成する前から市民に憩いの場所として開放したのです。

当時、原三渓は『横浜貿易新報』という新聞で、こんなことを語っています。「たしかに三渓園の土地の所有者は私だが、その風光明媚な景色は造物主の手によるもので、私のものではない。その慈愛に満ちた造物主が用意した風景を独り占めすることは、清らかなる月の光を遮る浮き雲の邪《よこし》まな心と同じであり、公開するのは当然の義務である」と。

原三渓は生涯を通じて地元・横浜にとことん奉仕しています。第一次大戦後の不況の際には、経営破綻した横浜市の七十四銀行の整理と再建に当たって、知事から「これは義挙です」と感謝されています。また、関東大震災のときには三渓園で炊き出しを行ったほか、横浜貿易復興会会長・横浜市復興会会長を引き受け、モンペに草履姿で奔走しています。そして特筆すべきは、原はそれらのために莫大な私財をなげうったことです。

原三渓はまた、岡倉天心の要請を受け入れて、日本画家のパトロンにもなっています。下村観山・横山大観・前田青邨・安田靫彦・小林古径・速水御舟といった日本画壇の大家たちはみな、原三渓の支援を受けていています。原三渓は決してパトロン風を吹かせることなく、淡々と支援したといいます。自らが一級の芸術家で、芸術を理解し、芸術を愛していたから、まさに欲得抜きの「布施の心」で若き日本画家たちを支援したのです。

バブルの頃、日本のバブル紳士たちが海外で多くの名画を法外な値段で買い漁り、顰蹙を買いました。彼らは名画を投資の対象としたのです。しかし、バブル崩壊によって名画は彼らの手を離れ、一部は海外に還流し、一部は担保として銀行の倉庫に眠っています。原三渓の「布施の心」は日本画家の名画とともに永遠に残り、バブル期に海外の名画を買い漁った人たちの欲望はバブルとともに海の藻屑と消えたのです。

原三渓の生涯は、故白崎秀雄さんがバブルの最中の昭和六十三年に出された『三渓　原富太郎』という本に詳しく書かれています。その本の中で白崎さんは、「想うに、日本は今や経済大国となり、円の強さにも世界中が一目置いているかに見えるが、真に世界の尊敬を得ているであろうか。日本が第一級の経済大国であるとすれば、第一級の経済人がいなくてはなるまい。果たしているだろうか」と疑問を呈しながら、「原こそは、第一級の大実業家ではなかったか」と書いています。

原三渓の晩年は、生糸の凋落とともに非常につつましいものだったようです。しかし、昭和十四年に原三溪が七十二歳で亡くなったときには、横浜市議会が緊急に開かれ、満場一致で「市政の君に負うところ頗《すこぶ》る多く、市民の信頼世の常を絶す」と書かれた感謝文が贈られたそうです。そして、三溪園は現在もなお風光明媚な憩いの場所として、横浜市民に親しまれています。原の無私の精神は、三溪園の緑とともに今も息づいているのです。

よく「企業は人なり」といわれます。この言葉は、いい人材が集まれば企業は発展するという意味です。しかし私は「いい経営者に導かれる企業は発展する」という意味で、「企業は人なり」ということもできると思います。原三溪は確かに無私の人でした。「布施の心」を持った経済人でした。しかしまったく無欲であったかといえば、それは違います。原三溪には、横浜市のため、蚕糸業界のため、日本の美術界のために貢献するという大欲がありました。まさに原は経世済民の人だったのです。

士魂の経営者——大倉喜八郎

日本経済新聞が二十世紀最後の二年間に連載した「二十世紀 日本の経済人」が、日経ビジネス人文庫として単行本になっていますが、その冒頭に、戦前、大倉財閥を築き、その名を「ホテルオークラ」に残す大倉喜八郎という人が紹介されています。

大倉喜八郎は幕末に近い一八三七年、現在の新潟県新発田市の名主の家に生まれています。十七歳で江戸に出て、かつお節店の店員、乾物屋の店主を経て、明治維新の前年の一八六七年に大倉屋という鉄砲店を開業し、戊辰戦争で大儲けをしました。その後、外国貿易を目指して明治五年に欧米旅行に出ますが、ロンドンやローマで「岩倉使節団」に随行していた大久保利通・木戸孝允・伊藤博文らと親しくなり、帰国後、その人脈を活かして実業家としてのし上がっていきます。

大倉喜八郎が設立した大倉組は現在の大成建設の前身ですが、当時、建設・土木の実績がほとんどなく、薩長の藩閥とも無縁でした。しかし、台湾出兵や西南戦争で命懸けで軍用物資を調達したことが大久保利通に認められて、相次いで今でいう公共工事を受注しました。あのダンスで有名な鹿鳴館も、大倉組が建設したものです。

また、帝国ホテル・日本銀行・歌舞伎座・碓氷トンネルなどの建設工事にも関わっています。帝国ホテルの建設の際は、周囲の反対を押し切ってアメリカ人のライトに設計を依頼し、ライトには一切口出ししなかったといいます。ちなみにライトが設計し、大倉組が建設に携わった旧帝国ホテルの建物は、現在、愛知県の「明治村」に移築され、保存されています。

その後、大倉喜八郎は三井・三菱が二の足を踏んだ日清・日露の両戦争に関わる仕事にも積極的に応じて、莫大な利益を上げ、それを機に大陸への進出を積極化していきます。また、そのときの利益を元手に日清製油・サッポロビールなど、数多くの企業の設立に関わっています。

さまざまな事業に乗り出した大倉喜八郎が一つだけ経営に乗り出さなかった事業が、銀行業でした。大倉喜八郎は「借金をして仕事をしながら、その一方で金貸しをすることができるか。銀行などまっぴらだ」と言ったといいます。それに対して高橋是清は、「借りた金ゆえ事業にも熱が入り、やり方も堅実にならざるを得ない。非常な見識だ」と称えたそうです。

大倉喜八郎という人は、軍需や官需に積極的に応じた経営者だったからでしょうが、「政商」「死の商人」と批判される一方、「木にたとえれば四千年の大樹」「稀に見る士魂の持ち主」と絶賛されることもありました。

大倉喜八郎が伝統的な商道徳を実践していた点を挙げるとすれば、巨額の慈善事業を行ったことです。「日本のカーネギー」といわれた渋沢栄一や原三渓もそうですが、明治から戦前にかけての実業家の中には、慈善事業に力を注いだ人が少なくありません。私はそこに仏教的な布施の精神の浸透を見るのです。

大倉喜八郎が行った慈善活動でよく知られているのが、社会福祉法人・恩賜財団済生会に対する百万円の寄付です。これは現在のお金に換算すると、百億円に相当します。また、大倉商業学校（現在の東京経済大学）の設立にポンと五十万円投じていますが、「金を金庫に封じて子孫に残しても、いたずらに怠慢の助けになるばかりだ。公益に供用して商業が盛んになるために生かした方がいい」と語ったといいます。西郷隆盛の「子孫に美田を残さず」という言葉に通じる話です。

さらに中国で義和団事件が発生したとき、中国の美術品を満載したロシア船が長崎に入港し、「日本で買い手がなければ、アメリカに持っていく」と言われたとき、大倉喜八郎は文化財の散逸を心配し、すべてを買い取ったそうです。その美術品は現在、ホテルオークラの隣の大倉集古館に収蔵されています。日本経済の再生には、大倉喜八郎のような腹の据わった、天下国家のために行動できる経済人が必要です。

石原慎太郎都知事の本質

私は以前から、今の日本に決定的に欠けているのはリーダーシップだと言ってきました。政治家にリーダーシップがないから、政治が混迷し、官僚が腐敗します。財界人にリーダーシップがないから、企業が商道徳を逸脱して金儲けに走り、企業経営者が堕落します。現在の日本の亡国現象の原因の一つは、明らかにリーダーシップの欠如にあります。

現在の日本で卓越したリーダーシップを備えているように見えるのが、東京都知事の石原慎太郎さんです。石原さんはかつて、「今太閤」といわれ日の出の勢いだった田中角栄さんに異議を唱えたり、ソニーの盛田昭夫さんと共著で『「ＮＯ」と言える日本』という本を出し、アメリカに対して「ＮＯ」と言う必要性を主張するなど、どんな権威に対しても言うべきことは言うという政治スタイルを貫いてきました。

最近も、アメリカが日本経済に対して要求してきているグローバル・スタンダードというのはアメリカに都合のいい世界標準であり、日本がいちいちそれを受け入れていたら日本経済はアメリカに占領されてしまう、という意味の警鐘を鳴らしています。石原さんが書かれた『国家なる幻影』という本の中にも、「アメリカの世界金融戦略下の日本は、世界第二の経済大国ながら、巧妙に一方的に搾取されつづける彼らの金融奴隷でしかない」と書かれています。

言うべきことを自分の言葉できちんと言うということは、リーダーの欠かせない資質の一つです。平成十一年の都知事選で、石原さんが自民党推薦候補ではなかったにもかかわらず、自民党支持者の四〇パーセント以上の票を集め、無党派層からも広い支持を得て圧勝できたのは、その点に対する期待が大きかったからです。

ある週刊誌がアメリカのアマコスト元駐日大使に、反米色の濃い石原都知事誕生についてインタビューしていました。そこでアマコストさんは小沢一郎さんを引き合いに出しながら、石原さんは親米的な小沢さんと考え方は違うが、「イエス」「ノー」がはっきりしており、「本音で語り合える政治家」という点で小沢さんと共通している、と評価しています。さらにアマコストさんはこう語っています。

「本音で語り合える政治家ということは、アメリカが日本の政治家に対して、半世紀にわたって強く望み続けてきたことだ。石原氏は選挙戦を通じて、自分の意見を強く主張すると同時に、その結果に対しても厳しく責任を持つリーダーであることを窺わせた。……二十一世紀を見据えた長い目で見れば、イエス、ノーをはっきりさせる石原氏の都知事就任は、よりよい日米関係の構築という意味で、アメリカとしてはむしろ前向きに評価すべきものだ。」

アマコストさんは湾岸戦争当時の駐日大使です。当時、自民党幹事長だった小沢さんの決断により、日本は百三十億ドルを拠出しています。したがって、アマコストさんが小沢さんを評価するのは当然ですが、反米色の濃い石原さんを評価するのは、少し奇異な感じもします。しかし、アメリカではリーダーシップのある政治家が高く評価されていると見れば、アマコストさんの石原さんに対する評価にも納得がいきます。要するに、日本の政治家にリーダーシップ・決断力・責任感を求めるのは、日本国民もアメリカも共通しているのです。

石原さんは都知事に当選直後、「日本の政党はもう国民に見離され、機能していない」と言い、都知事の立場から国政にも積極的に発言していく姿勢を示唆しました。そのために、マスコミの一部には、石原都知事の誕生が国政にも大きな影響を及ぼすのではないかという観測が流れました。かつて美濃部都知事の誕生が全国に多くの革新自治体を誕生させたように、石原都知事の誕生は多かれ少なかれ日本の政治に影響を及ぼすに違いありません。私は政治家のリーダーシップという面で、石原さんは大きな変革をもたらしつつあるような気がしています。

石原さんは「国家」あるいは「国家のアイデンティティ」というものを大事に考える人です。その発言は時として「右寄りだ」「国家主義的だ」と批判されてきました。しかし私は、自分の祖国・故郷・家族・祖先に思いが至らない人には、国家の安全、世界の平和は成し得ないと考えています。

昭和四十八年、自民党の若手議員が中心になって「青嵐会」という派閥横断の議員グループが結成されました。参加者全員が血判を押したことで話題になりましたが、その会の幹事長を務めたのが石原さんです。先に紹介した『国家なる幻影』に青嵐会の趣意が載っていますので、ここに挙げておきます。

一、自由社会を守り、外交は自由主義国家群との緊密なる連繋を堅持する。
二、国民道義の高揚を図るため、物質万能の風潮を改め、教育の正常化を断行する。
三、勤労を尊び、恵まれぬ人々をいたわり、新しい社会正義を確立するために、富の偏在を是正し、不労所得を排除する。
四、平和国家建設のため、平和は自ら備えることによってのみ獲ち得られるとの自覚にのっとり、国民に国防と治安の必要性を訴え、この問題と積極的に取り組む。
五、新しい歴史における日本民族の真の自由、安全、繁栄を期するために自主独立の憲法を制定する。
六、党の運営は安易な妥協、官僚化、日和見化等の旧来の弊習を打破する。

この趣意書ができてから三十年がすぎています。その間、東西冷戦構造が崩壊するなど国際情勢が変化しましたから、若干、現在の状況にそぐわない部分もありますが、全体として平成の日本にも通用する趣意書です。特に、バブル狂乱と政界・経済界の堕落、教育現場の荒廃、社会正義の衰退などを体験してきた平成の日本人にとって、この趣意書はむしろ新鮮にすら感じられるのではないでしょうか。

私が石原さんに関心を抱いているのは、リーダーシップの観点からだけではありません。意外に思われるかもしれませんが、石原さんには仏教に対する敬虔な気持ちがあるのです。石原さんには

『法華経を生きる』という著書があります。石原さんはこの本の中で、自らの仏教体験ともいうべきエピソードをいろいろまじえながら、仏教の教え、『法華経』の教えの素晴らしさを説いていきます。

例えば、石原さんは子供の頃、夏の庭で夜空の星を仰ぎ、自分がひたされている時間と空間の不思議さ、その中に今こうして身を置いている自分なるものの存在の不思議さに神秘を感じるとともに、一緒に庭の椅子に座って談笑している家族たちとの関わりが、ほんのわずかの間だけの時間と存在の重なり合いだけではないと強く感じたといいます。そして、石原さんは『法華経』に出会ってから、その子供の頃の直観の意味を理解し、自分は『法華経』に出会う前から『法華経』を生きていたのだと実感した、というのです。

さらに石原さんは、「日本では当たり前の、年に何度かのお墓まいりや、お盆、お彼岸の供養というのは、世間一般の形かも知らないが、それをするとしないではまさに大違いで、そうした儀式、行事の中で初めて保たれ広がっていくものが必ずあるのです」と言い、「あのお盆の迎え火や送り火、死者の乗り物としての茄子やキュウリの馬を供えるしきたりの優雅さと懐かしさは、死者もなお我々とともに生きているという、我々の存在にとって死者は死んでしまいはしてもなお、欠かすことの出来ぬ存在なのだということを明かしている」と書いています。

私は仏教者の一人として、日頃から先祖を大切にする意味を説いていますが、まさに石原さんはその意味を十分会得されています。先祖を大事にし、家族を大事にし、故郷を大事にし、国を大事にする政治家でなければ、世界の平和に貢献できないのです。その意味で、仏教に対する敬虔な気持ちを持ち、宇宙と人間のつながりの中で先祖とのつながりを認識できる石原さんに、私は大いに注目しているのです。

石原さんの『法華経を生きる』といい、五木寛之さんの『大河の一滴』といい、最近、戦後の文壇をリードしてきた作家が仏教の教えを借りて平成の世に警鐘を鳴らす本を相次いで出し、それがベストセラーになったことは注目に値します。これは二十一世紀初頭のこの国が病み、国民が救いを求めている証拠なのです。

新大久保駅事故と「捨身飼虎図」

亡国現象ともいうべき気持ちが塞ぐような社会状況の下で、痛ましい事故ではありましたが、唯一心を救われる思いがしたのが、東京の新大久保駅で、線路に落ちた人を助けようとして、韓国人留学生と日本人カメラマンの男性が相次いで線路に飛び降り、命を失ったという出来事でした。この荒廃した現代の日本社会にも、まだ自らの命も顧みないで人の命を救おうとした人がいたことは、多くの人に感銘を与えました。

亡くなった韓国人の若者は、韓国の大学をわざわざ休学して日本語を学ぶために日本に来ていた青年でした。彼は将来、韓国と日本の架け橋となる仕事に就くために、日本語と日本文化を学ぼうとしていたということです。そういう前途有為の韓国青年を失ったことは日韓にとって大きな痛手でありますが、彼と日本人カメラマンのとった行動は日韓両国民の心を激しく揺さぶると同時に、両国民のDNAの中に受け継がれているであろう、東洋的な大切な心を思い出させました。

法隆寺が所蔵する国宝に「玉虫厨子」があります。その厨子の側面に「捨身飼虎図」という有名な絵が描かれています。谷底に餓死しかけている母虎と七匹の虎の子がおり、その虎たちを救うために、薩埵王子が身を投げ、自らの肉を食らわせるという図です。これは布施の究極の形を表したものですが、仏教では自らの命をなげうって他者を救う行為を、御仏の心にかなった尊い行為として是認しているのです。

今回の韓国人青年と日本人カメラマンの行為は、「捨身飼虎図」の意味する仏教的精神と、どこか深いところでつながっているような気がします。だからこそ、日韓両国民の心が激しく揺さぶられたのです。二人は誠に気の毒でしたが、二十一世紀がスタートしたばかりのこの時期に、また日韓共催のサッカーのワールドカップを控えて、日韓両国民が底流で同じ精神、すなわち仏教的な心を共有していることを感じることができたことは、一つの僥倖であったと思います。その意味でも、二人の死を無駄にしないことが大切です。

同時多発テロと仏教の教え

二〇〇一年九月十一日、アメリカで同時多発テロ事件が起き、その後、アフガン戦争が勃発しました。イスラム過激派を容認していたアフガニスタンのタリバン政権は崩壊し、新しい国づくりが始まっていますが、これで問題が解決したわけではありません。今後の推移によっては、事件直後に懸念された、欧米社会とイスラム社会の衝突に発展する可能性も皆無ではないということです。

イスラエル・パレスチナ問題などを背景とした、イスラム原理主義者によるテロはこれまでにもありましたが、今回の同時多発テロはハイジャックした旅客機でアメリカの政治・経済の中枢に突っ込み、数千人の犠牲者を出したうえに、一時的にせよ世界の政治・経済を混乱に落とし入れたという点で、従来のテロと同一視することはできないという見方が多かったようです。多くのアメリカ国民が今回のテロを「戦争行為」と受け止め、報復的な軍事行動を支持したのも、無理からぬところです。

しかし、人類が自然との共生を図りながら世界平和を実現していくはずだった二十一世紀のスタートの年に、いかなる歴史的な経緯があるにせよ、あのような悲劇を伴って新しい形の戦争が始まったことは残念というほかはなく、暗澹たる気持ちにならざるを得ませんでした。人類の叡智というのは「砂の器」にすぎないのでしょうか。

私はあの日、テレビの画面で超高層ビルに相次いで旅客機が激突していく衝撃シーンを見、さらに二棟の高層ビルが炎上しながら崩落していく映像を見て、「戦争の世紀」といわれた二十世紀を超えて、二十一世紀は人間同士の共生はもちろんのこと、人間と自然の共生を目指す「環境の世紀」にしなければならない、といった新世紀の年頭の誓いが非常に空しいものに思われてきました。アメリカ国民の九〇パーセントが同時多発テロを「戦争行為」だと受け止め、その後現実にアフガン戦争が起きましたが、二十一世紀最初の年に新しい形の戦争が始まったというのでは、あまりにも愚かなことだといわざるを得ません。

二十世紀の後半の半世紀、世界はイデオロギーの対立を軸にした「冷戦」を戦ってきました。そして、二十世紀最後の十年を迎えたところで冷戦構造は崩壊し、世界の人々は新たな平和の時代が訪れると希望を抱きました。ところが冷戦が終わっても、世界に真の平和は訪れなかったのです。湾岸戦争・旧ユーゴスラビアの民族紛争・チェチェン紛争・イスラエルとパレスチナの紛争等々、冷戦終焉後も世界各地で戦いが繰り返されてきました。

冷戦後の多くの地域紛争は、民族すなわち宗教の違いが原因で起きています。イデオロギー対立をめぐる冷戦は米ソという超大国の戦いであり、核の抑止力が働いていたために冷戦が熱戦にエスカレートすることはありませんでした。冷戦後の民族・宗教紛争は核の抑止力が働かないだけに、血で血を洗う悲惨な熱戦になっています。

今回の同時多発テロ事件はテロリスト対アメリカの戦いという図式で、冷戦後に起きている地域紛争とは若干様相を異にするといわれますが、背後に湾岸戦争やイスラエルとパレスチナの紛争に連なる、宗教的・民族的な要因もあるようです。

私は、冷戦後の世界平和は、冷戦時代のような先進諸国の話し合いという枠組みだけでは維持できないのではないかと思っています。先頃イタリアで行われた先進国首脳サミットは、サミットに反対するデモ隊が会場周辺を取り囲み、厳戒体制の中で行われました。これは先進国主導で世界をリードしていくことに対して、異議を唱える声が高まってきたことを物語っています。

つまり、「戦争の世紀」が終わった後の二十一世紀は、皮肉なことに世界の政治大国・経済大国・軍事大国だけでは世界平和は維持できない時代になったのです。では、「環境の世紀」に世界平和を築くためには、どういう視点が欠かせないのでしょうか。私に言わせていただければ、キーワードは「宗教」であります。宗教が血で血を洗う紛争の根本原因になっているのであれば、それを解決するには宗教的アプローチが欠かせないと思うのです。

今から六、七年前、旧ユーゴスラビアにおけるボスニア・ヘルツェゴビナ紛争が激しかった頃、ベルギーのブリュッセルで世界から政治家や宗教家が集まって、「ボスニア・ヘルツェゴビナに平和を」の世界大会が開かれました。私はたまたま議長を仰せつかり、議事進行役を務めましたが、そこでは民族・宗教の違いを超えて、ボスニア・ヘルツェゴビナに平和をもたらすことが決議されました。それがあの紛争の終結にどこまで貢献したかは何とも言えませんが、少なくとも私は、世界の政治家・宗教家が一堂に会して世界平和を求めることの意味は、決して小さくはないと感じたのです。

私は毎日、世界平和と衆生の安寧を願って厳しい護摩行を勤めておりますが、政治家も宗教家も究極のところ、目指すのは世界平和と民衆の安寧です。日本では政教分離といわれまして、政治と宗教が行動をともにすることは忌避されていますが、私は本質的に政治も宗教も目的は同じだと思います。政治家と宗教家が心を一つにして世界平和に邁進する。そこから二十一世紀の世界平和が開かれてくる、と私は確信しています。

真言密教の開祖である弘法大師空海は、「国家は生きとし生けるものの拠り所であり、父母も国王も衆生も仏教者も精妙な因果の糸で結ばれている」と教えています。だからこそ『秘密曼荼羅十住心論』の中で、「王が非法を行えば、国は衰え弱る。たとえ正しい理法で王になっても、正しい理法を行わなければ、人民はみな破滅する。それは象が蓮池を踏むようなものだ。国土が飢饉に襲われるというのは、国王が理法を捨てたためだ。そうなれば、王位は安定せず、諸天はみな怒り恨む。諸天が怒りを抱けば、その国は破れ、滅亡するだろう」、と為政者を戒めたのであります。「宇宙船地球号」という概念が一般化している現代において、このお大師さまの戒めは普遍的な響きを持ってくると思います。

お大師さまはまた、「阿字の子が　阿字のふるさと　たちいでてまたたち帰る　阿字のふるさと」という有名な歌に象徴されるように、人間も動物も植物もすべての生命は大宇宙・大生命体である大日如来から生み出され、また大日如来のもとに帰っていくのだ、と説いています。これはすべての生命には仏性が隠されているという考え方にも連なっていくわけですが、私はこの空海イズムは「環境の世紀」二十一世紀の指導理念になり得ると考えています。

世界的に自然との共生を理念とする仏教が見直される傾向がある中で、仏教的な精神をＤＮＡの中に持っている日本の政治家・宗教家が、二十一世紀に「環境の世紀」の実現と新たな世界平和の構築に役割を果たす余地は少なくないと思うのです。

同時多発テロの現場で慰霊して

私は同時多発テロ事件直後の九月下旬、ハーバード大学で講演を行った折、ニューヨークの世界貿易センタービルの倒壊現場を訪れ、慰霊を行いました。現代文明の象徴的存在として屹立していたビルが無残な瓦礫の山と化した現場を目の当たりにして、非業の死を遂げられた犠牲者の無念を思いつつ、誠心誠意、慰霊を行ったのですが、同時に私は「諸行無常」という言葉を想起せざるを得なかったのです。

諸行無常という言葉は『平家物語』の冒頭の「祇園精舎の鐘の声、諸行無常の響きあり」という一節で有名ですが、本来「万物は常に流転し、変化・消滅がたえない」という意味で、仏教の一つの根本思想を表す言葉です。それが転じて、人生の儚さをいうときにも使われる言葉です。

誤解を恐れずに言えば、私は廃墟と化した世界貿易センタービルの倒壊現場に立ったとき、私たち人間は今回のテロの犠牲者やその家族の苦しみと悲しみ、そしてテロを実行した側の人間の憎しみや怒りを乗り超え、なおかつ「諸行無常」という仏教的諦観の先に、世界平和実現への努力を継続していかなければならない、との思いを新たにしたのです。

「諸行無常」は仏教の教理の四つの特徴、すなわち四法印の一つです。残る三つは、一切の事物は我ならざるものであるという意味の「諸法無我」、一切の形成されたものは苦であるという意味の「一切皆苦」、そして迷いの消えた悟りの境地は静かな安らぎであるという意味の「涅槃寂静」です。これらはいずれも、「執着するなかれ」ということを説く教えです。

お釈迦さまは、この四法印こそ人間が苦しみから遠ざかるための智慧であり、それを悟ることが清浄な生き方につながると説いています。そして、「無執着」を根本思想とする仏教の教えにかなった生き方を説く、「七仏通誡偈」という次のような詩句があります。

諸悪莫作
衆善奉行
自浄其意
是諸仏教

これは、「すべての悪しきことをなさず、善いことを行い、自己の心を浄めること――これがもろもろの仏の教えである」という意味です。要するに、「無執着」の智慧をわきまえ、「七仏通誡偈」を実践すれば、御仏の教えにかなった生き方ができるというわけです。私は、今回の戦いも含めて、人間が過去に行ってきた戦争はすべて、広い意味でこのお釈迦さまの教えを逸脱したところに発生しているような気がするのです。

お釈迦さまはまた、「究極の理想に通じた人が、平安の境地に達してなすべきこと」として、次のように説かれています。

能力があり、まっすぐで、正しく、言葉やさしく、柔和で、思い上がることのない者であらねばならない。また、足ることを知り、わずかの食物で暮らし、雑務少なく、生活も簡素であり、感情が静かで、聡明で、高ぶることなく、人の家で貪ることがない。さらに、他の識者の非難を受けるような下劣な行いをしてはならない。一切の生きとし生けるものを慈しみ、危害を加えてはならない。何ぴとも他人を欺いてはならないし、軽んじてはならない。他人に怒りの想いを抱いて苦痛を与えることを望んではならない。あたかも、母が自分の子を命がけで守るように、一切の生きとし生けるものに対しても、無量の慈しみの心を持つべし。また、全世界に対しても、無量の慈しみの心を持つべし。立ちつつも、歩みつつも、坐しつつも、臥しつつも、眠らないでいる限りは、この慈しみの心づかいをしっかりと保て。この世では、この状態を崇高な境地と呼ぶ。

こうしたお釈迦さまの教えを改めて噛みしめると、この二十一世紀の初頭に始まった新しい戦争を根本的に解決するためには、政治的・軍事的なアプローチだけでなく、やはり宗教的・哲学的なアプローチが必要だと思うのです。世界の行動する宗教家が真の世界平和の実現に向けて立ち上がるときが来た——私はその思いを強くしています。

仏教精神への回帰

諫早湾の潮受け堤防が閉め切られた当時、哲学者であり宗教学者である梅原猛先生が、朝日新聞に「諫早湾に思う」という随想を寄せておられました。梅原先生は潮受け堤防が閉め切られた諫早湾を視察し、累々たる貝の死骸が横たわる干潟を目の当たりにして、「ここは殺生戒の罪の現場なのである。貝やカニやムツゴロウが殺され、またこの干潟を中継地としている渡り鳥も死ぬにちがいない。しかもその殺害には確たる目的もなく、それを犯した人たちにはまったく罪の意識もない。貝の霊を弔った古代人のあのやさしい魂はどこへいってしまったのか。それでも日本人は仏教徒といえるのであろうかと」と慨嘆され、さらにこう書かれました。

私はすべての日本人に勧める。一度諫早湾へ行って、世にも珍しい累積された貝の屍の風景を見てほしい。それはおそらく戦後日本人の心の風景である。宗教も信じず、道徳も重んじず、自分の金もうけのためには平気で殺生をし、何の罪も感じない心の姿である。大人がこのような心であるからには、少年の心が荒れるのは当然である。

日本人は戦後、「世界に冠たる経済大国」というキャッチフレーズを手に入れる代わりに、日本人本来の美徳をことごとく失ってきました。そして今や、「世界に冠たる経済大国」の看板も返上しなければならない瀬戸際に立たされています。しかし、こういうときこそ覚悟を決めて、心の眼で物事の本質を見極めることが大事です。そういう眼で世の中の流れを見ると、社会不安が高まる一方で、日本人本来の生き方を真剣に見つめる動きが、ささやかながら出てきていることがわかります。

数年前、作家の五木寛之さんが書かれた『大河の一滴』という本がベストセラーになりました。五木さんが、親鸞の『歎異抄』の「地獄は一定《いちじょう》」という言葉をモチーフにして、不安と混迷の時代の生き方を提言した本です。五木さんは「地獄は一定」という言葉を、「死んだらまちがいなく地獄に堕ちるこの身」と解釈しないで、「救いがたい愚かな自己。欲望と執着を断つことのできぬ自分。その怪物のような妄執にさいなまれつつ生きるいま現在の日々。それを地獄という」と解釈し、「人が生きるということは苦しみの連続なのだ」と覚悟するところから出発する生き方が、今の時代には必要ではないかと訴えています。

そして、五木さんは「人間はちっぽけな存在である」と考え直すことの必要性を説きつつ、「空から降った雨水は樹々の葉に注ぎ、一滴の露は森の湿った地面に吸いこまれる。そして地下の水脈は地上に出て小さな流れをつくる。やがて渓流は川となり、平野を抜けて大河に合流する。その流れに身をあずけて海へと注ぐ大河の一滴が私たちの命だ」と言い、親鸞の「自然法爾《じねんほうに》」も夏目漱石の「則天去私」も、そういう感覚を意味していると書いています。

要するに、五木さんは日本人がこの不安と混迷の時代を生きていくには、仏教的な人間観・自然観・生命観を土台に置く必要がある、と説いているのです。五木さんの「人間は大河の一滴」という考え方と、バブル末期に作家の中野孝次さんが提起された「清貧の思想」は、日本人の深層心理の中で通底しています。

四　弘法大師空海に学ぶ

この宇宙の奥深さ

日本の国立天文台がハワイ島のマウナケア山頂に設置した、口径八メートルの巨大望遠鏡「すばる」が最先端技術を駆使して、銀河がいかにして形成され、進化してきたかや、太陽系以外の惑星などの観測に威力を発揮しています。新聞やテレビで「すばる」がとらえた宇宙の映像を見ましたが、赤あり青あり、緑ありオレンジありと、その美しさに感動すら覚えます。そして、それらの美しい輝きが何億光年もかけてもたらされた光だと聞きますと、この宇宙の奥深さに畏敬の念すら覚えます。

私たち人間は、宇宙の光に照らしながら自分を見つめることが大切です。近代の西洋的な文明史観では、人類の進化と人類が作り出した物質文化の発展に重点が置かれてきました。つまり、人類は有史以来一貫して進歩を遂げ、現代文明に辿り着いたという考え方です。ところが最近になって、地球や宇宙の成り立ち、発展過程が解明されてくるにつれて、そうした文明史観に疑問が呈されるようになっています。

例えば、グラハム・ハンコックというイギリスのジャーナリストは、『神々の指紋』というベストセラーの中で、今から一万二千年ほど前に地球上に現代を上回る文明が存在していたのではないかという仮説を打ち出しています。従来の教科書では、地球に文明が発祥したのは、今から五千年ほど前のエジプト・メソポタミア・インド・中国だと教えられてきました。しかしハンコックは、エジプトのピラミッドやスフィンクスは五千年前の古代エジプト文明の遺跡ではなく、一万二千年ほど前に栄えた高度文明の「指紋」、すなわち証拠だと言っています。

ピラミッドは現代の建築工学をもってしても到達できないほどの精巧さで作られているといわれていますが、ハンコックはギゼーの三大ピラミッドの並び方は、一万二千年ほど前のオリオン座の三ツ星の位置を正確に映したものだと指摘しています。

ピラミッドやスフィンクスが、ハンコックの言うように一万二千年も前の建造物であるとするならば、従来の教科書的な文明史観は覆されることになります。つまり、地球には私たちが知らない高度な文明が存在したことがあり、その文明が何らかの理由でいったん消滅した後に現代文明につながる新たな文明が発祥した、ということになります。

ハンコックはまた、ベストセラー『惑星の暗号』の中で、火星に高度な文明が存在した可能性を探っています。火星探査機が写した火星の表面の写真に、人の顔の形をした巨大な建造物や、ピラミッドのような形の建造物のほか、大洪水によって作られたと見られる大渓谷が映っていることを指摘しながら、ハンコックは火星には生物が生存し、高度な文明を築いていた可能性があると主張しています。そして、火星の文明は他の天体の大衝突によって滅亡したのではないかと推論しているのです。

もし、かつて火星に知能を持った生命体が存在し、高度な文明を築いていたとすれば、人類はどこからやってきたのかというテーマに関しても大きな軌道修正が迫られるかもしれません。現実に、『ミッション・トゥー・マーズ』というアメリカ映画は、かつて火星に文明が存在し、他の天体の衝突によってその文明が滅びる際、文明を築いていた生命体が大挙して火星を脱出し、その一部が地球に到達したという仮説をテーマにしていました。

要するに、地球や宇宙の探査や研究が進むにつれて、従来見えていなかったものが次第に見えるようになり、これまでの定説が覆される傾向にあります。そして、宇宙の危ういバランスの上に成り立っているこの地球という天体のありがたさ、また宇宙の底知れぬ奥深さに、私たちは怖れおののくとまでは言わないまでも、畏敬の念を持たざるを得ないのです。

縄文人のＤＮＡ

数年前、産経新聞社から『国民の歴史』という七百七十ページを超える分厚い本が出版され、この種の歴史書としては大ベストセラーとなったことは記憶に新しいところです。著者は電気通信大学教授だった西尾幹二さんですが、この本がベストセラーになったのは、西尾さんが「新しい歴史教科書をつくる会」の会長を務めておられることと無縁ではありません。「新しい歴史教科書をつくる会」は、従来の日本の歴史教科書が自国のことを悪く書く、いわゆる自虐史観に基づいていると批判し、新しい歴史教科書を作るためにスタートした会です。西尾さんは、この会のメンバーの協力を得ながら『国民の歴史』を書き上げられたのです。

『国民の歴史』は従来の日本史の定説をくつがえしつつ、日本の歴史をダイナミックかつ肯定的にとらえ直しています。従来の歴史教科書では侵略の歴史ととらえられていた明治以降の歴史も、国際的な視点を加えながら、必ずしも侵略一辺倒ではなかったという書き方がされています。ひと昔前までなら、おそらく『国民の歴史』は歴史を歪める反動的な書として非難にさらされ、ベストセラーになることはなかったでしょう。しかし、戦後五十年以上がすぎ、新しいミレニアムに合わせるように刊行され、読者の共感を呼び、ベストセラーになったのです。

私は、その背景には、バブル崩壊を経て顕在化してきた人心の荒廃、経済敗戦という国難の状況に立ち尽くす日本人が、戦後日本のあり方に対する反省を含めて、日本の歴史を冷静に見直そうという気分になっていることがあるような気がします。それは、戦後日本が否定してきた日本古来の伝統的な精神や道徳に対する回帰と言ってもいいでしょう。

『国民の歴史』に一貫しているのは、日本は外国文化を採り入れながら発展してきたことは確かだが、外国文化に盲目的に屈従してきたのではなく、巧みに取捨選択しながら日本風にアレンジして採り入れてきたという視点です。そして、それが可能だったのは、古来、日本が独自の文化を構築していたからだというのです。

その観点から西尾さんが注目しているのが、縄文時代の一万年です。西尾さんは、日本の縄文時代は古代においてエジプト文明と並んで長期にわたって変動しなかった有力文明の一つであり、森の生態系を核とする生活のもとで、縄文人は独自の自然観・世界観を熟成し、その後の独特な日本文明進展の根幹を形成した、という最近の学説を紹介しながらこう問題提起されています。

「縄文時代はそれ自体を研究することの必要はもとよりとしても、われわれの知っている歴史を理解するために、常にその背後にあるものとして意識されるべき時代である。……その大いなる〝母なる母胎〟、歴史を背後から支えているものとしての縄文文化——それこそが日本史の単なる前史なのではなく、いわば基盤をなす土台として、考えられなければならない世界ではないだろうか」と。

つまり、日本列島に一万年以上にわたって続いた縄文文化こそ、その後の日本文明の母胎になっているというわけです。そして、縄文以来の独自の文化があったからこそ、日本は外国文化を採り入れながらも、決して外国に従属することはなかったのだ、と西尾さんは主張されているのです。

この西尾さんの主張から、私は真言密教にもどこか縄文の血が流れているような気がしてならないのです。詩人の宗左近さんは、縄文の神さまは大自然、なかでも山だったと推測されています。日本人が山に代表される大自然を畏敬するのは、縄文以来の伝統的な意識なのです。そして、それは全国各地に受け継がれる山岳信仰にも連なっていると思います。

西尾さんの主張に則して言えば、お大師さまは縄文以来の日本文化の伝統を尊重しつつ、密教という新しい外来文化を日本の土壌に合うように採り入れたということです。私は、二十一世紀の日本を考える場合、日本人に欠かせないのは、そうした日本社会の土台にある縄文以来の文化を大切にすることだと思います。

最近、日本各地で次々に新しい縄文遺跡が発掘され、縄文時代にも高度な文明を持つ共同体生活が営まれていたことが明らかになりつつあります。そして縄文時代がエジプトと並ぶ長期無変動文明であり、そこでは自然と共生する文明が実現されていたとすれば、まさに縄文時代こそ二十一世紀の指針となり得る時代だということになるのです。

私は、現在の日本の文明の中に縄文時代のＤＮＡが受け継がれているならば、その本質を抽出して再評価し、それを日本人の新たなアイデンティティに結実させるとともに、それを二十一世紀の国際社会に発信していくのも、日本のリーダーの重要な役割の一つだと思うのです。

宮沢賢治と縄文の心

子供の頃、文学少年だった故小渕総理が、施政方針演説の「むすび」で、若い世代に向けて、宮沢賢治の『銀河鉄道の夜』から次の言葉を贈ったことがありました。

《ほんとうにどんなつらいことでもそれがただしいみちを進む中でのできごとなら峠の上りも下りもみんなほんとうの幸福に近づく一あしずつです》

私は、小渕総理が施政方針演説で宮沢賢治を取り上げたことを知ったとき、とっさに詩人の宗左近さんの宮沢賢治論、縄文文化論を想い起こしました。宗さんは、縄文文化こそ日本人の心のふるさとだという信念をお持ちで、自らが蒐集されたおびただしい縄文土器を、「縄文のふるさと」といわれる宮城県中新田町の縄文記念館に寄贈されています。

宗さんは、縄文人の血はその後の日本人の中に脈々と受け継がれており、その縄文人の心を最も象徴的に文学作品に結実させた一人が宮沢賢治だと指摘されています。宮沢賢治は岩手県の人ですから、縄文の血を色濃く受け継いでいたとしても、少しも不思議ではありません。

私は宮沢賢治を深く読んだわけではありませんが、宮沢賢治の作品は一見とっつきやすいように見えて、意外にとっつきにくいという感じを持っています。方言をまじえた宮沢賢治特有の言い回しがあるのです。しかし、それがまた、私たちを心の奥底で引きつけるのです。それは、日本人の心のふるさとである縄文人の思いが、そこに秘められているからかもしれません。

宗さんはまた、宮沢賢治は人間がまだアメーバだった頃に話していたアメーバ語を、現代に蘇らせることができた詩人だともおっしゃっています。私は、人間の脳にははるか昔につながる先祖の思いが詰まっていると言っていますが、まさに宮沢賢治はそうした先祖の思いを文学作品に昇華できた人だった、と宗さんは指摘されているのです。

さらに宗さんは、人間が生きる現実の世界と宇宙につながる大空の間には、「中有」という世界があると言われます。「中有」とは、よく使われる「中空」に近い概念と言っていいと思います。宗さんは、その「中有」には無念の思いを抱いて死んでいった死者の魂が漂っており、宮沢賢治はその「中有」に漂う魂の言葉をも詩にできた詩人だった、と言われるのです。

私はかつて、私が自分で考案したと思っていた八千枚護摩行の行法が、鎌倉時代の護摩行者が残した八千枚護摩行の行法にうり二つだったことを知ったとき、不思議な思いにとらわれたことがあります。もしかすると私はその行者の生まれ変わりなのだろうか、そんな気持ちにもなりました。しかしその後、日々行を重ねる中で、こんな確信を持ったのです。この宇宙には先祖の智慧が遍満しており、日々一つのことに打ち込んでいる人は、その智慧をいただくことができるのだ、と。

宗さんがおっしゃる「この中有には死者の魂が漂っている」というのは、まさに私の「この宇宙には先祖の智慧が遍満している」という確信と同じだと思います。すなわち、私流に言えば、宮沢賢治は東北地方の宇宙に遍満している縄文人の智慧をいただき、独特の文学作品を作り上げたということです。

故小渕総理が縄文時代への思いを胸に秘めながら、所信表明演説の「むすび」で宮沢賢治の『銀河鉄道の夜』の一節を引用されたとは思いませんが、小渕総理がことさら宮沢賢治を取り上げたことの背後には、縄文時代を日本人の心のふるさととして再認識しようという、新しい時代の風が感じられたのです。

弘法大師の宇宙観・生命観

私は、人間が生きていく生命の旅とこの大宇宙の大いなる営みは、決して無縁のものではないと考えています。そして古来、その宇宙の真理に気づいた人が、大宗教家・大聖人君主・大科学者・大啓蒙家として人々を導いてきたのだと思うのです。

真言密教の祖師、弘法大師空海はその一人でした。お大師さまが遺された著作を読みますと、宇宙に対する智慧の深さ、想像力の素晴らしさを感じないではいられません。例えば『性霊集』には、日光山を開いた勝道法師を讃える詩が載っていますが、その冒頭には次のようなスケールの大きな宇宙観が謳われています。

鶏黄《けいこう》　地を裂き
粋気　天に昇る
蟾烏《せんう》　運転して万類跰闐《へんてん》す
山海　錯峙《さくじ》し
幽明　阡《みち》を殊《こと》にす
俗波は生滅し
真水は道の先なり

この詩の意味は、「天地の混沌たる中から、大地は天から引き裂かれ、純粋の気は上に昇って天となった。以後、月と日は回転し、万物は集まりうごめく。山と海は配置され、あの世とこの世は分け隔てられた。世俗の世界は生成滅亡を繰り返すが、真理は人の道を先導するものである」というものです。お大師さまはこの宇宙の成り立ちを見事に洞察されていました。

お大師さまが開かれた真言密教では、人間も動物も、草や木も、すべての生命は大宇宙・大生命体である大日如来から生み出された仏性を持った存在であり、いずれは大日如来のもとに帰っていくと説いています。これは宇宙の成り立ちの根源までさかのぼって生命の本質を洞察した、奥深い教えです。

そういう宇宙の根源まで見通すことができたお大師さまだからこそ、人間の生命の旅について、次のような本質的な位置づけができたのです。

　阿字の子が　阿字のふるさと立ちいでて　またたちかえる阿字のふるさと

阿字とは大日如来のことです。大日如来から生み出されて、また大日如来のもとに立ち還る、人間の生命の旅を見事に謳った歌です。

　生まれ生まれ生まれ生まれて生の始めに暗く、死に死に死に死んで死の終わりに冥《くら》し

これは『秘蔵宝鑰』にある一節で、「無始よりこのかた、あらゆる生きとし生けるものは、限り

ない生と死とを繰り返してきた。そして、未来永劫のかなたに至るまで、生と死は尽きることがない」と訳される、有名な句です。

私はこの一節に触れるたびに、暗黒の宇宙空間からこの地球に旅してきた、一粒一粒の生命の種を思い浮かべます。この宇宙はビッグバンによって誕生し、いつかはブラックホールとなって消えてしまう運命にあります。しかし、その暗黒からまた大爆発が起きて新たな宇宙が生まれ、無数の星が誕生し、生命がちりばめられるのです。お大師さまはその宇宙の輪廻とでもいうべき仕組みを洞察され、生命とは無明と明の繰り返しであり、この世に生きるということは光を求めて時をまっとうすることだと教えられているのです。

こうした宇宙の成り立ち、生命の本質を洞察された上で、お大師さまは「虚空尽き衆生尽き涅槃尽きなば、我が願いも尽きん」と誓願なさったのです。すなわち、衆生の心に闇がある限り、衆生とともにいて導いてあげよう、とお大師さまは誓われたわけです。

この有名な誓願は、『性霊集』に収められた「高野山万燈会の願文」という一文の中の一節です。この願文の冒頭にこんな文章があります。

黒暗は生死の源、遍明《へんみよう》は円寂の本《もと》なり。其の元始を原《たず》ぬれば、各因縁有り。日燈空に擎《ささ》ぐれば、唯《ただ》一天の暗きを除き、月鏡漢《がっきようかん》に懸くれば、誰か三千の明を作《な》さんや。大日遍く法界を照らし、智鏡高く霊台に鑒《かくが》みるが如きに至っては、内外の障《さわり》悉《ことごと》く除き、自他の光、普《あまね》く挙ぐ。彼の光を取らんと欲《おも》はば、何ぞ仰止せざらん。

非常にリズム感のいい、格調高い文章です。要約しますと、「黒々と暗い闇はこの世に生きる苦の源であり、光に満ちる明るい世界は涅槃の世界のもとである。その源をたずねれば、それぞれ因縁がある。太陽が昇れば天の暗闇は除かれ、月が銀河にかかれば宇宙は明るく照らされる。大日如来が智慧の鏡で世界を照らし、衆生の心を見通せば、心身の迷いや悪業はことごとく除かれ、自利・利他ともにその光をひろく完成する。だから、その光を取ろうとして、どうして仰ぎ眺めずにいられようか」という意味です。

要するに、お大師さまは、太陽や月の光は物質を照らすのみならず、人間の心身を磨き、生きるエネルギーを与える御仏の光なのだ、とおっしゃっているのです。御仏のエネルギーと宇宙の営みとを実に見事に融合させて説かれ、人々に生きる力を与えられたお大師さまの智慧には、感嘆するほかありません。

入定の直前、お大師さまは弟子たちに、「兜率天にあっては自分は雲の間から地上をのぞき、お前たちの様子をよく観ていよう。そして、五十六億七千万年ののちに必ずや弥勒菩薩とともに下生して、衆生救済に当たりたい」という言葉を遺されています。この五十六億七千万年後という天文学的数字にも、お大師さまの大宇宙に対する深い洞察が込められているような気がしてなりません。

いずれにしてもお大師さまは、人間の生命の旅と宇宙の大いなる営みが一体のものであるという真理を体得され、その真理に基づいて人々を救済し、善導されたのです。

弘法大師と国家

弘法大師空海はまた、「国家のため」「皇室のため」を片時も忘れたことがない人でした。平城《へいぜい》・嵯峨・淳和《じゅんな》・仁明《にんみょう》の四代の天皇の時代に国家鎮護の修法を五十一回も行っていますが、そもそもお大師さまは国家鎮護を一つの目的として真言密教を開かれたのです。高雄山の寺名を神護国祚寺に、東寺を教王護国寺に改められたのもそのためです。

つまり、お大師さまは国家鎮護のために真言密教の教えを広め、忠君愛国の思想を国民に教え、国民とともに皇室の安泰を祈念されたのです。また国家鎮護のために、文化・学問・産業振興・科学・工芸・芸術など、ありとあらゆる方面で世のため人のために不惜身命の努力をされたのです。さらに神道と仏教の融合を図ることによって、縄文以来の日本の伝統的な神々と御仏の融和をも図られています。

お大師さまの時代から三百年ほど下った時代の白河上皇は、「法を弘め国を守る高僧古今多しといえども、わが朝にことに恩深きこと高野大師に過ぎたるはなし」と、お大師さまを讃えられたということです。

日本の歴史上のリーダーには、上杉謙信のように仏教者を師と仰いだ人が少なくありません。書の世界で弘法大師空海・橘逸勢と並ぶ「三筆」の一人として知られる嵯峨天皇は、平安時代初期の九世紀初め、日本に唐風文化を華開かせ、蔵人所・検非違使などを設けて大胆な官僚機構の改革を断行した名君ですが、この嵯峨天皇とお大師さまの交流は有名な話です。

嵯峨天皇は即位されるとすぐ、それまでの天皇が天台宗一辺倒だったのを改め、唐から帰って半年のお大師さまを京に迎え入れました。そして翌年の薬子の乱の直後、お大師さまに高雄山寺で国家鎮護の祈禱を執り行わせました。嵯峨天皇がお大師さまをいかに信頼されていたかがわかります。

二人の交流はお大師さまが入定されるまで続きました。その間、嵯峨天皇は、お大師さまが高野山に国家鎮護と真言密教の修行のための寺院を開くことを許され、さらに、父・桓武天皇が平安京に遷都された際、都を守護する寺として西寺とともに建立された東寺を、真言密教の根本道場としてお大師さまに与えられました。お大師さまが嵯峨天皇の精神的支柱となり、嵯峨天皇はお大師さまの活動を全面的にバックアップされたというかたちの中に、国家のリーダーと宗教家の究極的な関係を見る思いがします。

日本人のＤＮＡには、お大師さまの時代から、自然と共生し、天皇と国民が一体感を持ち、八百万の神を敬うといった感性が刷り込まれていたはずです。そして、そのＤＮＡは現代の日本人の魂の奥深くに眠っているはずです。国家百年の計としてそのＤＮＡを覚醒させることこそ日本再生の本質だ、と私は思っています。

お大師さまの法灯を継ぐ一人として、私は、この国が本来のかたちを取り戻すことによって再生を図るべく、あらゆる努力を惜しまない覚悟です。日本の政治・経済・社会のリーダー的地位にある方々が日本の伝統的な心を取り戻すために立ち上がっていただければ、その光が全国津々浦々に行き渡り、日本は再びかつての光を取り戻し、国際的に尊敬を集める国になると確信します。

福沢諭吉の宇宙観・生命観

志の高い人材を育成するには志の高い教育が必要だ、というのが私の考えですが、その点については第九章「教育改革は国家百年の計」で詳述します。日本の近代の教育を考えるとき、まず思い浮かぶのが慶応義塾大学を創立した福沢諭吉です。福沢は「天は人の上に人を造らず、人の下に人を造らず」という言葉が有名で、欧米の民権思想の紹介者として知られていますが、決して西洋にかぶれて盲目的に〝脱亜入欧〟路線を走った人ではありません。彼のバックボーンには、まぎれもなく日本の伝統精神が息づいていました。

福沢諭吉は現在の大分県の豊前中津藩の下級武士の家に生まれ、幼少の頃から儒者について、『論語』『孟子』『老子』『荘子』『蒙求』『世説』『春秋左氏伝』『戦国策』などの漢学を学んでいます。その他、『史記』『漢書』『後漢書』などの歴史書を独学で読み漁ったといいます。福沢少年が特に親しんだのが『春秋左氏伝』十五巻で、十一回読み返し、ポイントになる部分はほとんど暗記していたそうです。

幼少の頃から四書五経をはじめとする漢学に親しみ、人間社会の本質や古代中国における国家の興亡を学んでいたからこそ、福沢は明治維新から明治国家の建設という大転換期において、大きな役割を果たすことができたのです。

福沢と同い齢の坂本龍馬、少し先輩に当たる木戸孝允・大久保利通・吉田松陰・西郷隆盛といった明治維新の英傑たちは、みな同じように四書五経を学んで育っています。つまり、明治維新の原動力となり明治国家の建設をリードした人材は、四書五経によって育まれたのです。

福沢が「日々のおしえ」と題して、自分の子息たちに毎日一カ条ずつ書いて与えた徳目がありま す。その最初に掲げられているのは、「嘘をついてはならない」「モノを拾ってはならない」「父母の了解を得ずにモノをもらってはならない」「強情を張ってはならない」「兄弟ケンカはするな」「他人の噂はするな」「他人のモノをうらやんではならない」といった徳目です。まさに儒教の教えそのものです。西洋的な民権思想を採り入れ、先見力のあった福沢ですが、本質はやはり日本の伝統精神を体現する人であったのです。

私が福沢で注目するのは、真言密教で説く大日如来、すなわち大宇宙・大生命体の存在に対して言及している点です。子息に対する訓戒の中で、福沢はこう説いています。

世の中に父母ほどよきものはなし。父母より親切なるものはなし。父母の長く生きて丈夫なるは、子供の願うところなれども、きょうは生きて、明日は死ぬるもわからず。父母の生き死にはゴッドの心にあり。ゴッドは父母をこしらえ、ゴッドは父母を生かし、また父母を死なせることもあるべし。天地万物なにもかも、ゴッドの造らざるものなし。子供のときよりゴッドのありがたきを知り、ゴッドの心に従うべきものなり。

ゴッドという言葉を使っているのは、いかにも西洋思想に明るい福沢らしいと思います。「ゴッド」はキリストを意味するキリスト教的な「神」ではなく、天地万物の創造主という意味であり、大日如来を彷彿させます。実際、福沢は他の部分で、「天道様をおそれ、これを敬い、その心に従うべし。ただしここに言う天道様とは、日輪のことにはあらず。西洋の言葉にてゴッドといい、日本の言葉に翻訳すれば、造物者というものなり」と教えています。

福沢はまた、『福翁百話』という本の中で、「宇宙における地球の存在は、大海に浮かぶ一粒の芥子ほどもない。人間はその芥子粒の上に生まれ死ぬものだが、生まれる所以も、死ぬ所以も知らず、よってどこから来たのか、どこへゆくのかも知らない。五、六尺の体で、百年の寿命ももたない人間という存在は、塵や埃と同じで、まさに水溜まりに浮沈するボウフラと同じだ」と言い、さらに「宇宙を無辺と考えれば、太陽も月も小さなもので、地球は微々たるものだ。まして人間の如きは無智無力で、蛆虫同然の存在である。一瞬、偶然にこの世に存在し、たちまちあとかたもなく消えるものだ」と説いています。

この福沢の無常観漂う宇宙観と生命観は、弘法大師空海が『秘蔵宝鑰』の中で説かれた、「生まれ生まれ生まれ生まれて生の始めに暗く、死に死に死に死んで死の終わりに冥し」という人間の生命の本質を指す言葉を彷彿させ、福沢はお大師さまの著作を読んでいたのではないかと思うほどです。

いずれにしても、福沢はこの宇宙を支配する大宇宙・大生命体の存在を認識しながら、西洋的な民権思想を説いていたのです。つまり、福沢の根っこには東洋的な「天の思想」があったのです。

福沢は現在流通している一万円札の肖像になっています。一万円札の肖像が聖徳太子から福沢に替わったとき、随分とドラスチックに替わったという印象がありましたが、聖徳太子と福沢には、日本の伝統精神の体現者であった点において共通点があったわけです。

五千円札の肖像は、戦前、国際連盟事務次長として活躍し、晩年は「われ太平洋の架け橋とならん」と日米協調に奔走した新渡戸稲造です。新渡戸は札幌農学校で、「少年よ、大志をいだけ」のクラーク博士の影響を受けたキリスト者で、戦前の日本を代表する国際人でしたが、英語で『武士道』という本を書き、日本には武士道という気高い道徳があることを全世界に紹介した人でもあります。その意味では、新渡戸もまた日本の伝統精神を体現する人でした。

さらに、千円札の肖像は夏目漱石です。漱石は明治以後の日本の近代文学を確立した、近代文学の世界では屹立した存在です。漱石はロンドンに留学しており、英国文学の影響を受けているように見えますが、漱石の本質は漢文の素養にあります。実際、多くの漢詩を残しています。漱石が留学中、ロンドン生活になじめず、辟易して帰国したのは有名な話です。そして、漱石は晩年、〝脱亜入欧〟路線をひた走ってきた明治国家を、「皮相上滑りの文明開化」だと痛烈に批判したのです。漱石もまた、失われゆく日本の伝統精神を惜しんだ一人なのです。

現在の紙幣の肖像に使われている福沢諭吉・新渡戸稲造・夏目漱石の三人は、日本の近代化の最先端を歩いた人である反面、日本の伝統精神を担った人でもあります。教育改革の必要性が叫ばれる今日、この三人の足跡を今いちど検証し、教育改革の軸足をどこに置くべきか真剣に考える必要があるように思います。現実には、国語の教科書から夏目漱石が消える趨勢にあることは、誠に残念なことです。

エリートコースを捨てた大師

志の高い教育とはどういう教育でしょうか。ここで私は、若き日の弘法大師空海を思い浮かべるのです。お大師さまは、父方の佐伯家が大伴家に連なる武士の家系で、母方の阿刀《あと》家も伯父が有名な儒家という、讃岐の名門の家にお生まれになりました。幼少の頃から漢学を勉強され、十五歳で上洛されてからも、伯父の阿刀大足《あとのおおたり》について漢学の素養を深められました。おそらく四書五経を徹底的に読まれたことでしょう。そして、お大師さまは十八歳のとき、周囲の勧めで当時の官吏養成機関だった大学に入学されるのです。

お大師さまの『三教指帰《さんごうしいき》』という著書の中に、「雪あかりや蛍の光で読書した古人を目指して、それでも怠ろうとする気持ちをくじき、また縄を首にかけ錐で股を刺して睡魔を防いだ古人にならって、おのれの不勉強を励ました」と、当時の猛勉強ぶりが書かれています。しかし勉強すればするほど、お大師さまは立身出世、富貴栄達を目指す大学の教育にあきたらなさを感じられ、ある日、一人の沙門つまり僧侶に出会ったのをきっかけに大学を中退され、多くの恵まれない人々を救うために出家の道に入られたのです。

お大師さまは四書五経などで人間のあるべき姿、社会のあるべき姿を勉強されるうちに、世間的な栄達や富貴のはかなさに気づかれ、このままエリートコースに乗って官吏になっても国家・国民のために尽くすことはできないと考えられて、仏門に入られたわけです。ここで私は二つのことを考えます。一つは、お大師さまが幼少の頃から学ばれた儒教的な漢学の中に人間や社会の本質を教えるものがあるということ、もう一つは、お大師さまは漢学の素養を深く身につけておられたからこそ仏教による人々の救済に自らの生きる道を求められたということです。つまり、人間や社会の本質を教える志の高い教育が、お大師さまという大宗教家を生み出したともいえるのです。

お大師さまがエリート官僚になる道を捨てて仏門に入られてから、唐へ渡るまでの十年ちょっとの間、年齢でいえば二十歳ぐらいから三十一歳ぐらいまでの間、その消息はほとんどわかっていません。その間、お大師さまは各地の険しい山や峰で、修験者のように厳しい修行をされていたといわれています。室戸岬で修行中に明星が口の中に飛び込むという神秘体験をされたというのも、この時代のことです。

深山幽谷を修行して歩かれる若き日のお大師さまの姿を思うとき、それはお大師さまにとって日本古来の神々、すなわち縄文以来の神々と対峙し、その真髄を実体験する場であったような気もするのです。そして、お大師さまは日本の神々を背負いながら、新しい仏教すなわち密教を日本に採り入れるために、満を持して唐に渡られたのです。

入唐されたお大師さまは、いささかも臆することなく、真言密教の第七祖である恵果阿闍梨と対面されます。お大師さまのその自信は、深山幽谷における厳しい修行によって培われたものでした。それはまた、日本古来の神々を背負っているという気迫でもあったと思います。

恵果阿闍梨は初対面でお大師さまの器を見抜き、お大師さまを真言密教の第八祖とすることを決断されます。恵果阿闍梨の弟子の呉殷という僧が編纂した『和尚行状記』には、「日本から一人の沙門がきた。この沙門は密教を学んだが、瓶《かめ》の水を移すがごとく、ことごとくこれを悟った。この沙門は凡僧ではなく三地の菩薩だったのだ。内には大乗の心を備え、外には小国の沙門のごとく振る舞った」と、お大師さまの素晴らしさが記されています。

恵果阿闍梨から真言密教のすべてを伝授されたお大師さまは、日本へ戻ると密教を日本古来の神々の真髄と融合するかたちにアレンジし、見事に日本風の真言密教を完成されました。お大師さまが恵果阿闍梨から真言密教を伝授されたのが西暦八〇五年ですから、今から約千二百年ほど前のことになります。お大師さまが完成された真言密教は千二百年の風雪に耐え、いまなお私たちはその教えを実践しているのです。

エリート官僚はなぜ堕落したか

お大師さまの生き方をたどると、比較したくなるのが昨今のエリート官僚の生き方です。そもそも官僚・役人は国民の公僕です。公衆に奉仕する僕なのです。現在の日本は議会制民主主義の国で、立法・司法・行政の三権分立が基本になっていますが、官僚は行政の執行官で、主権者たる国民に奉仕する立場です。行政権を担当する最高機関が内閣で、その中心が内閣総理大臣です。したがって、官僚は総理大臣の意向を受けて、国民に奉仕するわけです。

私はこうした組織のあり方を論ずる際、いつも曼荼羅を想起します。曼荼羅の中央には大日如来を中心に阿閦・宝生・阿弥陀・不空成就の四人の如来が描かれ、その周りに観世音菩薩・地蔵菩薩・弥勒菩薩などの菩薩、不動明王・金剛夜叉明王・大威徳明王などの明王、そして帝釈天・毘沙門天・大黒天・弁財天といった天部の仏さまが描かれています。要するに曼荼羅は、あらゆる仏さまが大宇宙・大生命体である大日如来の化身であり、大日如来の意を受けてそれぞれの役割を果たしている、ということを表しているのです。

うまく機能している組織は、曼荼羅のようにしっかりとした中心があり、その意向がそれぞれの部署で見事に役割分担されているのです。その観点から現在の内閣と役所の関係を眺めると、曼荼羅のように整然としたかたちになっていないように思います。特に大蔵省（現財務省）がそうです。内閣を構成するのは政治家ですが、戦後五十年を経過する間に政治家の力より官僚の力の方が大きくなってしまったのです。これは政治の衰退でもあります。

バブル崩壊後、大蔵官僚をはじめとする官僚の不祥事が相次いで表面化しました。最近では、外務官僚の腐敗が明るみに出ています。銀行の不良債権問題が深刻化したのも、援助大国の日本の国際的評価が低いのも、政治家と並んで大蔵官僚や外務官僚に大きな責任があるという見方があるほどです。ひと頃、日本の官僚は優秀だといわれ、国民も信頼を置いていました。しかし、バブル最盛期からバブル崩壊後の官僚は、国家・国民のことを忘れ、自分たちの利益しか顧みない傲慢な集団になってしまっていたようです。

なぜエリート官僚たちはそこまで傲慢になり、腐敗したのでしょうか。このことを考えるとき、私はどうしても教育の問題に立ち還らざるを得ないのです。大蔵官僚の接待疑惑が問題になった当時、ある週刊誌に報じられた接待疑惑の噂のある大蔵エリート官僚たちの学歴を見て、驚きました。ほとんどが有名進学高校から東京大学法学部を経て大蔵省に入っているのです。中にはまったく同じ学歴の先輩・後輩もいます。結局、受験戦争の勝者が大蔵省に入り、「自分たちが日本を動かしている」という思い上がった超エリート意識を持って、政治家をしのぐ権力を行使してきたのです。

毎年三月になると、有名大学の合格者名簿が週刊誌の誌面をにぎわしますが、最近は東京大学の合格者が一段と有名私立高校に集中する傾向にあります。したがって、東大法学部から大蔵省へ入るエリートコースは、ますます特定の受験コースを勝ち抜いたエリートしか歩けなくなっているようです。

問題は、大蔵官僚になるエリートがどれだけ公僕意識を持っているかです。受験戦争の過程では、国家・国民に奉仕する心構えなどを学ぶことはありません。東京大学法学部でもそういうことは教えていないでしょうし、国家公務員の上級試験でもそんな問題は出ないでしょう。要するに、大蔵エリートは受験勝ち抜き競争の最終的勝者として大蔵省に入っているのです。そういうキャリア組のエリートが若くして地方の税務署長に赴任し、接待漬けを味わうわけですから、傲慢な権力者意識は身についても、公僕意識が培われないのは当たり前です。

したがって、大蔵官僚に象徴的に現れている官僚の腐敗問題の根は、今の日本の社会に現れているさまざまな荒廃現象と同根で、結局、偏差値中心の受験制度を含む教育の問題にあると言わざるを得ないのです。具体的に言えば、有名大学に入ることが至上命題の偏差値教育では、正しい人づくりはできないのです。もう少し人の心を豊かにする教育、人間として生きる基本を身につけさせる教育を行うべきです。そうすれば、役人を目指す若者にもおのずから公僕意識が育まれるのです。

そういう教育は何も官僚を養成するために必要だというのではなく、まともな社会を築くために必要なのです。人のために働く、社会のために尽くす、そういう志の高い人材は、志の高い教育からしか生まれないのです。

五　甦れ、日本人の宗教心

戦後日本人は戦没者を慰霊したか

バブル崩壊後の日本社会の混迷をとらえて、ある人は「国難のとき」と言い、ある人は「亡国現象」と言います。つい昨日まで「経済大国」「債権大国」「援助大国」といわれていた日本が、なぜこうした危機的状況に陥ったのでしょうか。

戦後、日本は敗戦の灰燼の中から立ち上がり、欧米先進国という〝坂の上の雲〟を目指して高度経済成長路線をひた走ってきました。それはおおむね成功したと思います。しかし、その間に日本人は日本の伝統精神や美徳を失ってきたのです。それが日本人の精神を荒廃させ、バブル崩壊を経て現在の国難状況を招いていることは、間違いないところだと思います。

しかし私は、もっと奥深い、本質的な原因があるような気がしてなりません。それは戦後の日本人と先の戦争で死んでいった日本人との間に、魂の断絶があるということです。

私たちは親兄弟や親戚縁者が亡くなると、必ず供養をして死者の霊を慰めます。そして、毎年命日には決まって法要を行います。それを行わないとどこか居心地が悪く、心が落ち着きません。それは、私たちは先祖があってはじめて現在に生きているのであり、先祖の霊を大切にしないで生きていくことはできないからです。つまり、私たちは先祖の霊とつながり、先祖の霊に見守られて現在に生きているのであり、先祖の霊が慰められなければ私たちは幸せにはなれないのです。

その観点からいえば、戦後の日本人と先の戦争の戦死者の霊は断絶しています。なぜなら、私たち戦後の日本人は、戦地で非業の死を遂げた人たちの霊を十分に慰めていないからです。戦場となったアジア・太平洋地域の山野や海底には、現在もなお百二十万もの日本人戦没者の遺体が放置されているのです。

私はこれまで、中国・台湾・ロシア・フィリピンなどで戦没者の慰霊を行ってきました。かつて戦場となり、多くの日本人兵士が非業の死を遂げた場所に立ったとき、私は、祖国の戦後の繁栄から置き去りにされ、いまだ浮かばれない御霊たちの慟哭の叫びを聞きました。そして、その叫びを聞くたびに、その御霊たちの慰霊が終わらないうちは日本の戦後は終わらず、経済的繁栄は見せかけにすぎないと感じました。

昭和十二年に始まった日支事変が泥沼化していった翌十三年、文藝春秋が出している『文學界』十月号に、陸軍士官学校中退から東京帝国大学を出て詩人になった三好達治が、「おんたまを故山に迎ふ」という詩を書いています。「おんたま」とは戦死者の御霊、「故山」は故郷の山という意味で、戦死者の遺骨が故郷に戻ってきたときの様子を詠んだ詩です。そのごく一部を紹介します。

この日あきのかぜ蕭々と黝みふく
ふるさとの海べのまちに
おんたまのかへりたまふを
よるふけてむかえまつると
ともしびの黄なるたづさへ
まちびとら　しぐれふる闇のさなかに
まつほどし　潮騒のこゑとほどほに
雲はやく
月もまたひとすぢにとびさるかたゆ　瑟々と楽の音きこゆ
かへらじといでまし日の
ちかひもせめもはたされて
なにをかあます
のこりなく身はなげうちて
おん骨はかへりたまひぬ

この三好達治の詩の原稿を読んだ当時の文藝春秋社長の菊池寛は、感動のあまり落涙したといわれています。また、この詩は多くの読者の共感を呼びました。

当時は日支事変が泥沼化していく中で、戦死した兵士が骨になって故郷に戻ってくるのが日常化しつつあった時代です。三好達治は、故郷に骨になって戻ってきた兵士を人々が感謝を込めて静かに迎えるさまを、切々と詠んだのです。この詩は戦争の悲しみを詠んだ詩ですが、この詩を読むと当時の戦死者の魂と故郷の人々の心が完全に一つになっていることがわかります。当時の日本人はお国のために戦い、死んでいった兵士に対して、深い感謝の気持ちを持っていたのです。

しかし、敗戦を境に日本人の気持ちは一変してしまいました。お国のために死んでいった兵士たちは、骨になって故郷に帰り、感謝の気持ちで迎えられるどころか、外地の山野に野ざらしにされてきたのです。百二十万の戦没者の魂が荒涼たるかつての戦場に彷徨っているかぎり、日本人は真の平和と安寧を得ることはできないのです。

戦後、日本政府は日本人戦没者の遺骨収集をまったく行ってこなかったわけではありません。しかし、それは国を挙げて戦没者の慰霊を行うというより、細々と目立たないように、収集が容易な地域だけで行われてきたような気がします。外国では戦没者の遺骨収集は国が率先して行っているそうです。たしかに旧ソ連や中国は体制の異なる国で、遺骨収集など困難な状況だったでしょう。だからといって、遺骨収集を諦めていいことにはなりません。

もし、このまま百二十万の戦没者の遺骨が野ざらしにされれば、先の戦争を知る世代がいなくなり、戦争の記憶が風化するにつれて、いつの日かその遺骨は現地の人の骨とみなされることになるでしょう。日本のために死んでいった戦没者の魂にとって、それほど屈辱的で辛いことはないはずです。そうなれば、おそらくアジア各地のかつての戦場の中空に漂う戦没者の魂の慟哭が、海を越えて日本列島を暗雲のように覆うことでしょう。

今からでも決して遅くはありません。いや、世界が一つになるグローバル時代だからこそ、日本は改めて戦没者の遺骨の収集に国を挙げて取り組むべきです。一般的に先の戦争が日本の侵略戦争と位置づけられている中で、中国やロシアをはじめアジア各国に遺骨の収集を願い出ることは、国としては厳しく辛い仕事になるはずです。しかし、それを避けていたら、二十一世紀の日本はありません。むしろその困難を克服することで国際的に日本は見直され、日本の新しい時代が開けてくるのです。政治リーダーは叡智を結集して、この問題に取り組んでほしいと思います。

日本人はなぜ宗教心を失ったか

この外地に野ざらしにされた百二十万戦没者の慰霊の問題は、最近注目を浴びている憲法改正問題や教科書問題、そして先の戦争の評価、ひいては日本人のアイデンティティの問題と密接に関係してくる問題です。最近、国会でも憲法改正に向けて論議が行われることになりましたが、現在の日本国憲法が、占領下においてマッカーサーのGHQから押し付けられたものであることは周知の事実です。「戦争放棄」条項を含む、占領軍から押し付けられた憲法を、戦後の日本人は「平和憲法」として尊重してきたのです。

私たち真言密教では、人間をはじめとするすべての生きとし生けるものは、大宇宙・大生命体である大日如来から生み出された仏性を持った存在であり、そのいのちは大切にしなければならない、と説いています。したがって、戦争により人間が殺し合うことを認めるわけにはいきません。その限りにおいては、戦争を放棄した現在の憲法は崇高な理念を掲げたものです。

ただ、問題は、その憲法がどういう背景から作られ、押し付けられたかという点です。ジャーナリストの櫻井よしこさんが、興味深い指摘をしています。

マッカーサーは日本に軍事力を持たせず、永久に戦争を放棄させ、いかなる侵略を受けても反撃を許さない、という狙いで日本国憲法を制定しようとしたが、憲法づくりに携わった幹部スタッフから、「いかなる侵略を受けても反撃を許さない」というのはあまりにも非現実的だ、という意見が出て、その点については断念したというのです。

つまり憲法制定当時、マッカーサーは日本の軍事力を徹底的に弱体化し、再起不能にしようと考えていたのです。この憲法制定と軌を一にして進められていたのが、日本の戦争犯罪人を裁くいわゆる東京裁判です。その法廷でインドのパル判事が日本の立場を擁護したものの、先の戦争が日本の侵略戦争であったとの見方が定着しました。要するに、東京裁判で日本の侵略が糾弾され、日本国憲法で日本の軍事力の徹底的な弱体化が図られたのです。建国以来初めて外国軍の占領下に置かれた日本としては、それらをすべて容認するしかなかったのです。

こうして見ると、「平和憲法」は崇高な理想のもとに作られたのではなく、日本の力を殺ぐことに力点が置かれたものであったことがわかります。その証拠に、東西冷戦が始まり朝鮮戦争が勃発するとともに、アメリカは日本が自衛隊を創設することを認め、日本は極東における西側の一員としての役割を担うことになりました。

櫻井よしこさんはまた、昭和二十八年に来日した当時のニクソン副大統領が、「一九四七年時点で正しかった日本国憲法も、一九五三年時点では明らかに間違っている」と語ったことや、マッカーサーが後に出した回顧録で、「アメリカの占領が続く限り、日本は憲法を守るだろうが、占領が終わったら、日本は直ちに民主主義に基づいた独自の憲法を作るだろう」と書いていたことを紹介しつつ、昭和二十二年当時、GHQの職員として日本国憲法の草案づくりに携わったアメリカ人女性が戦後五十年経って来日し、「私たちも、日本があの憲法をこんなに長い間、維持し続けるとは思いませんでした」と語ったという、驚くべきエピソードも紹介しています。

私は、こうした日本国憲法制定時の経緯を知るにつけ、日本が先の戦争に敗れ〝一億総懺悔〟というかたちで身も心も全面的に占領軍にひれ伏したところに、現在の亡国現象の遠因があるような気がしてならないのです。

総論的にいえば、先の戦争で日本が戦場となったアジア諸国に迷惑をかけたことは事実であり、そのことは率直に認め、謝罪すべきところは謝罪すべきです。しかし、そのことと戦後の日本および日本人がお国のために戦地で非業の死を遂げていった戦没者を慰霊することとは、分けて考えなければならないと思っています。というより、お国のために死んでいった戦没者の慰霊もできないような国家・国民には、迷惑をかけた他国に心から謝罪することはできない、とさえ思うのです。

戦後日本は、戦勝国によって先の戦争が侵略戦争と断罪されたとしても、戦前の日本のすべてを否定することはなかったのです。それを侵略戦争だったと決めつけられ、国力を徹底的に弱められた上に、日本社会の規範になっていた伝統的な精神や美徳まで喪失させられたのです。

マッカーサーを戒めた神父

終戦直後、GHQ総司令官として厚木基地に降り立ったマッカーサーがワシントン政府から受け取った占領政策の第一号命令は、日本が再び連合国の脅威にならないよう徹底的に弱体化することだったそうです。その命令を受けたマッカーサーは、神風特攻隊や人間魚雷をも厭わない日本人の愛国心、大和魂の根源を断つべく、靖国神社や明治神宮、熱田神宮、伊勢神宮などを焼き払おうとしたそうです。それを思いとどまらせたのが、日本に駐在していたローマ法王庁のブルーノ・ビッター神父でした。

神父は、「英霊を祀る靖国神社を焼き払うような暴挙は、米軍の歴史に不名誉な汚点を残す犯罪行為になる。いかなる国家も、その国に殉じて死んだ人々に対しては敬意を払う権利と義務がある。それは戦勝国、敗戦国を問わず、万国共通の真理でなければならない」と言って、マッカーサーを説得したそうです。

マッカーサーは焼き払いは思いとどまったものの、「神道指令」を出し、国家神道・神社神道に対する政府の支援などを禁じ、政教分離を命じました。これが今日、公人の靖国神社参拝のネックになっているわけです。しかし最近では、日本の神道の考え方こそ人間と自然の調和を目指す二十一世紀にふさわしい理論だとして、国際的にも見直されている面もあります。

故草柳大蔵さんが、『さらば状況主義国家』という本の中で、先年、アメリカのハーバード大学の世界宗教センターの主催で、「神道とエコロジー」という大規模なシンポジウムが開かれたことを紹介されています。神道が取り上げられたのは、同大学大学院の女子学生が日本の皇學館大学に学び、伊勢神宮の式年遷宮に奉仕した経験から、神道の中に環境保全に対する注目すべき考え方があると提案したからだそうです。これは日本の伝統精神が二十一世紀のグローバルな理念に通じることを、若いアメリカ人女性が敏感に感じ取ったということだと思います。そのシンポジウムには、神道関係者とともに日本の森林学の第一人者である宮脇昭さんという先生も出席されたそうですが、宮脇先生は「鎮守の森を地球の森に」という提唱を続けておられるということです。

森前総理の「神の国」発言は大騒動を巻き起こしましたが、森前総理の言わんとされたことは、かつて日本の地域社会の中心に鎮守の森があり、日本人は昔から神々を崇拝してきたのだ、ということでした。私は、宮脇先生の提唱と森前総理の発言の間には、それほど大きな隔たりはないような感じがします。

宗教学者の山折哲雄さんは、森前総理の「神の国」発言の全体の内容は、日本列島の二千年以上の長期にわたる歴史と文化の本質に関わる問題を含んでいたが、「陳謝」か「撤回」かの空騒ぎの応酬によって葬り去られてしまった、と『「鎮守の森」は泣いている』という本に書いておられます。

私たちの仏教も、戦前の日本を支えた規範の一つとして、戦後、政治や教育から排除されてきました。憲法と同じ昭和二十二年に制定された教育基本法には、教育は特定の宗教に偏ってはならないと定められています。これは素直に読めば、特定の宗教に偏ってはいけないが、宗教的なことを教えてはいけないということではありません。しかし、戦後教育では宗教はタブー視され、戦前の日本人を律してきた宗教的背景に根差した精神や美徳は、日本の社会からことごとく失われました。その結果、高度経済成長の果てに〝一億総マネーゲーム〟に狂奔したバブル時代を経て、平成の日本に精神の荒廃という荒涼たる風景が広がっているのです。

バブル崩壊後の日本経済の惨状を「第二の敗戦」と見る見方があります。その見方が真実をついているとすれば、この敗戦は「戦後日本の敗戦」です。戦前までの日本人が育んできた伝統精神や美徳を忘れ、戦没者の十分な慰霊も行わず、ただひたすら経済成長を追い求めてきた戦後日本の敗北です。

今回はマッカーサーは上陸してきません。マッカーサーの代わりにグローバル・スタンダードを掲げた外資が相次いで上陸しています。私たち日本人は、ここで五十年前と同じ愚を繰り返してはなりません。アメリカ型の標準にひれ伏すのではなく、日本人が五十年前に捨て去り、忘れ去った日本本来の精神や美徳を取り戻すことが肝心です。自然と共生する心、天を意識し天に恥じない生き方を希求する心――そうした日本人本来の心を取り戻すことによって、日本の二十一世紀は開けていくのです。

　そういう意味では、二十一世紀の日本の政治リーダーは、戦後の五十年を乗り超えると同時に、日清・日露戦争以後の戦前の五十年も乗り超えていかなければならないのです。いずれにしても私は、二十一世紀を期して、日本の政治リーダーが身口意を奮い立たせて改めて戦没者の遺骨収集に立ち上がるところから、日本の新生が始まると確信しています。

怨親平等思想の伝統

　仏教の心を体現したリーダーの一人に北条時宗がいます。いうまでもなく、北条時宗は鎌倉時代に、二度にわたる元寇すなわち蒙古襲来に敢然と立ち向かい、国を守ったリーダーです。時宗は禅宗に深く帰依し、中国、当時の宋から複数の禅僧を招いています。その中の一人に、無学祖元という名僧がいました。

　無学祖元が鎌倉にやってきたのは、一回目の蒙古襲来の文永の役と二回目の弘安の役の間のことです。当時、北条時宗はまだ三十歳前の若者です。文永の役では神風つまり台風によって蒙古軍を撃退することができたものの、いつ再び蒙古軍が襲来するかを考えると、剛胆で知られるさすがの時宗も、臆病な気持ちにとらわれることもあったのです。

　そこで時宗は無学祖元に、「人生の最大の憂いは臆病になることだと言われる。いかにすれば臆病から脱することができるか」と問い糺します。無学は「それは簡単なことだ。臆病のよって来たるところを閉じればよい」と答えます。時宗がさらに「臆病はどこから来るのか」と問うと、無学は「時宗より来たる。試しに明日から自分を捨てて、無心になってみよ」と説きました。自分を捨てて無心になって国家・国民のことを考えれば、おのずと道は開けるというのです。

無学はまた、時宗に対して、次のような日々の修養の心得五カ条を与えています。

一、外界の庶事に心意を奪われるなかれ。
一、外界の庶事物に貪著することなかれ。
一、念を止めんとするなかれ。念を止めざるなかれ。ただ一念不念を努めよ。
一、心量を拡大すべし。
一、勇勢を保持すべし。

要するに、リーダーたるべき者、ささいなことや物にとらわれず、心を広く持ち、勇気を保って、国家・国民のことだけを考えて行動しなければならない、ということです。

そして、無学は蒙古軍の二度目の来襲を前に苦悩する時宗に対して、「莫煩悩」（煩悩することなかれ）と大書して渡したといいます。国難を前に悩めば胆力が萎縮し、的確な決断ができない、リーダーは煩悩・雑念を断ち切り、無心に事に当たることが肝要だ、と諭したのです。

こうした無学の薫陶、叱咤激励を受けて、北条時宗は二度目の蒙古襲来にも敢然と立ち向かい、再び神風の援護も得て、蒙古軍を撃退したのです。このとき、国家存亡の危機に際して全国の武士が立ち上がり、各地の僧侶が勝利を祈ったといいます。これも時のリーダー、北条時宗が衆望を担っていたことを物語っています。

時宗は元寇の戦いが終わった後、鎌倉に円覚寺を創建し、無学祖元を初代の住持としていますが、この円覚寺創建の目的は、文永の役・弘安の役で非業の死を遂げた日本・蒙古両国軍の戦死者を慰霊することでした。戦いにおける両軍の戦死者を同じように弔うことを、仏教的に「怨親平等」思想といいます。日本には昔からその伝統があるのです。

敵・味方の区別なく戦没者を供養する怨親平等の考え方は、すでに平安時代からあったようです。例えば、平家を滅ぼした後、後白河院は平家の霊を慰めるために、高野山に根本大塔を建立しています。また、京都の天龍寺は足利尊氏が敵対した後醍醐天皇の菩提を弔うために建てた寺であり、高野山には豊臣秀吉の朝鮮出兵に参加した薩摩藩の島津義弘・忠恒親子が建てた「高麗陣敵味方供養塔」があります。

故中村錦之助さんが主演した映画『宮本武蔵』五部作の『一乗寺の決斗』では、宮本武蔵が何十人という吉岡一門を相手に戦う壮絶な場面がありますが、武蔵はまず吉岡一門の旗頭である幼い少年を一刀のもとに倒し、そのあと何十人という敵を斬り倒して、比叡山に逃げ込みます。数日後、比叡山の僧兵が武蔵の前に現れて、幼い少年を殺したことを非難しつつ、「お前はそれでも人間か！」と問い糺します。武蔵は幼い子供を旗頭に立てた相手方が悪いのだと言い訳をしますが、心は晴れません。その武蔵の手には彫りかけの仏像がしっかりと握られています。武蔵は倒した敵を弔うために仏像を彫っていたのです。

仏教学者の故中村元先生は、「勝者は敗者の死骸に合掌して立ち去るのが常であった」と、武士の流儀を引きながら、「われわれの祖先は、国と国の対立を超え、異なった宗教の間の相克を超えて、敵味方の冥福を祈ったのである」と書かれました。

A級戦犯と怨親平等

靖国神社公式参拝問題に関連して、靖国神社にはA級戦犯が合祀されているから総理は行くべきではない、という意見があります。しかし、生きとし生けるものすべて御仏の子であり、死ねば等しく御仏に戻るという仏教の考え方に立てば、A級戦犯だから慰霊してはいけない、ということにはならないのです。

A級戦犯の一人である東条英機元首相の孫で、『祖父東条英機「一切語るなかれ」』という著書のある東条由布子さんが、東条元首相が遺書の中で、自分たちが処刑されて一段落したら、靖国神社で「敵、味方、中立国の国民罹災者の一大追悼慰霊祭を行われたし」と書いていたことを紹介されています。東条元首相もまた怨親平等の伝統精神を継承されていたのです。東条元首相が念願した一大追悼慰霊祭はいまだに行われていませんが、由布子さんは「その日がいつか来ることを願っています」と書いておられます。

戦後の教育の中では、東条英機は太平洋戦争を始めた首相であり、戦争犯罪人として処刑された悪人というイメージがたたき込まれてきました。東条英機という人がどういう人物だったのかはまったく顧みられることなく、悪人のレッテルが貼られてきたのです。しかし、私は、「敵、味方、中立国の国民罹災者の一大追悼慰霊祭を行ってほしい」という遺言を残されたという一点だけでも、東条英機という人の器量を感じます。

また、東条元首相が処刑される直前、両腕を取っていたアメリカ軍下士官を見上げて、「ご苦労さん、ありがとう、ありがとう」と言うと、背後で監視していたアメリカ軍将校が感動して握手を求めたというエピソードもあります。東条元首相の態度には昨日までの敵を感動させるものがあったのです。

A級戦犯として処刑された人は七名です。絞首刑の執行は四名と三名に分けて行われたそうです。東条元首相と一緒に処刑された四人の中に、松井石根という陸軍大将がいます。南京事件のときに中支方面軍の司令官を務めており、南京事件の責任を問われて処刑された人です。

故草柳大蔵さんの『生命を燃やしております』という著書の中に、松井石根大将に関する興味深い話が紹介されています。草柳さんは熱海にお住まいでしたが、住まいの近くの伊豆山大洞台という所に「興亜観音」というお堂があり、三人の姉妹が尼僧となって守っておられるのだそうです。そのお堂が建立されたのは昭和十四年で、発願したのが松井石根大将だったということです。

本堂には二つの堂々たる位牌が納められており、一つには「支那事変中華戦没者霊位」と、もう一つには「支那事変日本戦没者霊位」と書かれているのだそうです。つまり、松井大将は支那事変で非業の死を遂げた日中両方の戦没者の霊を弔うために、観音堂を建立したわけです。そして建立縁起には、お堂の基礎に入れた土は「戦血染みたる江南地方各戦場の土を採りて……」と書かれているということです。

松井大将は退役後、毎朝二キロの山道を登って観音堂にお参りし、『観音経』を唱えていたそうですが、昭和二十一年に戦犯として逮捕され、二十三年に絞首刑になっています。南京事件の責任を問われたのです。

東条元首相にしても、松井石根陸軍大将にしても、こうしたエピソードを知るだけで決して凡庸な軍人ではなかったことがわかります。私は、だから罪はないと言っているのではなく、絞首刑という形で罪は償われたということを言っているのです。Ａ級戦犯というレッテルを貼られたことによって、未来永劫、自国の国民からも慰霊されないというのでは、敵・味方の区別なく戦没者の供養をしなければならないと考えていた故人の気持ちを、あまりにも踏みにじることになるような気がしてならないのです。

靖国神社参拝問題の本質

戦後、戦前の国家神道が戦争遂行に一定の役割を果たしたという反省から、教育基本法の中で特定の宗教教育を行ってはならないことが定められました。そのために、仏教の教えが教育の中で取り上げられることはほとんど皆無となりました。それに伴い、仏教の教えや考え方が、戦後の日本人の精神構造や行動規範の中からすっぽりと脱け落ちたのです。

そういう状況のもとで、仏教の心を体現する、宗教心に篤いリーダーの出現を望むことは、かなり難しいことかもしれません。しかし、仏教と疎遠に見える戦後生まれの人たちの中にも、この国の地下水脈として流れる仏教の心は、確実に受け継がれているはずです。私は、二十一世紀の日本に、仏教の心を体現するリーダーが現れ、日本人の精神の奥深くに眠っている仏教的な心を覚醒させてくれることを祈らずにはいられません。

二十一世紀の日本に呼び覚まさなければならないのは、仏教の心だけではありません。日本が海外に門戸を開いた明治維新以後、今日に至るまで、日本人のどこが外国人を魅了したかを考えてみますと、それは欧米の帝国主義に対抗して軍国主義で版図を広げた戦前の日本人でも、トランジスタ・ラジオやカップラーメンを作った戦後の日本人でもなく、ストイックな武士道精神や儒教精神を体現した日本人だったように思います。しかし、残念ながらこの武士道精神、儒教精神も仏教の心と同じく戦後否定され、もはや〝風前の灯〟となっているのです。

私が日頃から言っているのは、美しい花を咲かせる樹木もまず根があり、幹があり、枝があり、葉があって、はじめて花を咲かせ、実を付けることができるのだということです。大本の根っこを大切にしなければ、花実は咲かないのです。樹木にとっての根は、人間でいえば先祖です。私たちは先祖をしっかりと供養し、先祖の思いをしっかりと受け継がなければ、幸せにはなれないのです。

戦後の日本は、お国のために戦い、今もなお異国の丘に彷徨う百二十万の戦没者の慰霊も十分に行わないまま、また先祖たちが築き上げてくれた日本の伝統精神も置き去りにして、カネとモノによる繁栄を貪ってきました。結局、バブル経済はその皮相な繁栄の最後に咲いた徒花であり、根っこを大事にしてこなかった戦後の日本は、真の意味での花実を咲かせることができなかったのです。先の大戦で死んでいった人たちは、戦後日本の根っこです。その根っこをきちんと供養しないまま経済成長路線に明け暮れてきたところに、今日の亡国現象があるのです。

日本の伝統精神である仏教的な立場に立つならば、総理大臣が靖国神社を参拝することは、表面的には日本の戦没者を慰霊することですが、同時に日本の侵略行為によって亡くなられた近隣諸国の犠牲者を慰霊することにつながる行為なのです。日本の総理は怨親平等思想の伝統を引き継ぎ、百万人といえども我ゆかんの気概を持って靖国神社参拝を実行すべきです。そして、総理がアジア諸国を訪問する際には、必ずその国の戦没者を慰霊すると同時に、その地で亡くなった日本人戦没者の慰霊を行うことが大事だと私は考えます。

一軒の家にたとえれば、構造改革問題は古くなった家を改築する、いわば技術的な問題です。それに対して、靖国神社参拝問題はその家に住む人の先祖に対する気持ちの問題です。私の立場から申し上げれば、家をいかに新しく立派に改築しても、その家に住む人が先祖に対して感謝の気持ちを持たなければ、その家は決して幸せにはなれず、隣近所とも仲良くなれないのです。

構造改革を断行すれば、ある程度、政治は活力を取り戻し、経済も再生することでしょう。しかし、それだけでは荒廃した日本人の心は癒されないのです。日本人が日本の伝統精神や美徳を尊重し、先の大戦でお国のために死んでいった人々を心から慰霊するようにならなければ、二十一世紀の日本の新生は実現しないのです。それは日本人の心の構造改革が必要だということであり、政治リーダーの誰かがいつか決断しなければならないことだと思います。

真言密教の行者である私が日本の総理の靖国神社公式参拝を願う理由の一つに、個人的な体験があります。私の寺は祈願寺で、特攻隊の基地があった知覧からほど近かったために、出撃する前の若い特攻隊員がよくお参りにきていました。特攻隊の青年たちは私の寺にお参りした後、「靖国神社で会おう」と言い合って飛び立っていったのです。なかには小学生の私をつかまえて、「おい、ぼうず、靖国神社で会おう」と言って立ち去った若者もいました。

当時の若者たちは、お国のために、愛する家族のために命を投げ出し、死んで靖国神社で会おうと純粋に考えていたのです。まさか戦後に生き残った日本人が靖国神社参拝を一種罪悪視することになろうとは、夢にも考えずに死んでいったのです。

何度も繰り返すことになりますが、真言密教では、人間も動物も、草や木も、すべての生命は大宇宙・大生命体である大日如来から生み出され、仏性を持っていると説いています。その立場から言えば、戦犯であろうと、特攻隊員であろうと、すべて大日如来の子であり、戦没者として差別することなく供養すべきです。また、先の大戦が日本の侵略戦争という面があったとしても、お国のために戦争に参加し、死んでいった人たちを、日本は国としてきちんと慰霊すべきです。

特攻隊を発案し、「特攻の父」と呼ばれた大西瀧治郎という海軍中将がいます。大西中将は最後まで無条件降伏に反対し、敗戦の日の深夜、正確には八月十六日午前二時四十五分に切腹、自決していますが、特攻攻撃で死んでいった特攻隊員と、生き残った一般青壮年に対して、次のような遺書を残しています。

特攻隊の英霊にもうす　よく戦いたり深謝する　最後の勝利を信じつつ　肉弾として散華せり　しかれどもその信念は　遂に達成し得ざるに到れり　われ死をもって旧部下の　英霊とその遺族に謝せんとす
次に一般青壮年に告ぐ　わが死にして軽挙は　利敵行為なるを思い　聖旨にそい奉り　自重忍苦するの誡とも　ならば幸いなり　隠忍するとも日本人たるの　矜持を失うなかれ　諸子は国の宝なり　平時に処しなおよく　特攻精神を堅持し　日本民族の福祉と　世界人類の平和のため　最善を尽くせよ

大西中将は、前途有為な若者を無駄に死なせた痛恨の想いを述べながら、生き残った若者に対しては隠忍自重を求めると同時に、日本人の矜持を失うことなく国の宝として、日本民族の福祉と世界平和のために、特攻精神のような自己犠牲精神を発揮して最善を尽くしてくれ、という最後の願いを書いたのです。

無条件降伏に最後まで反対し徹底抗戦を唱えた大西中将でさえ、最後は戦争に対する真摯な反省と戦後の平和を希求して、腹を切ったのです。その大西中将の遺志は、戦争を指導する立場にあった人たちの共通する思いだったのではないかと思います。そういう真摯な願いを無視し、「戦犯の祀られる靖国神社参拝は行うべきではない」という考え方は、あまりにも一方的だと思うのです。

怨親平等は東洋的精神

私は、小泉総理がやや復古調の響きを持つ「新世紀維新」という言葉をあえて使われたのは、戦後日本を根本的に見直すという決意の表れだと受け止め、小泉総理なら戦没者の慰霊問題に新たな姿勢を打ち出していただけると確信しました。

もちろん、先の戦争で迷惑をかけた近隣諸国への配慮は必要です。私は先の戦争が侵略戦争的な側面を持ち、日本が近隣諸国に謝罪する立場であることを否定するものではありません。しかし、近隣諸国に謝罪する態度に終始して日本のために死んでいった戦没者の霊を慰めないというのでは、いつまで経っても日本の戦没者が浮かばれないばかりか、日本そのものが浮かばれないのです。また、自国の戦没者を真摯な気持ちで慰霊できないで、はたして他国の戦争犠牲者を慰霊することができるでしょうか。

私はこれまで、広島・長崎・沖縄・台湾・シベリア・ハワイ・フィリピン・アウシュヴィッツ・イスラエル・南京などで、戦没者の慰霊とともに世界平和の祈願を行って参りましたが、私の基本的な立場は「怨親平等」、すなわち戦没者や戦争犠牲者の慰霊には敵も味方もないという立場です。

仏教では「山川草木悉皆成仏」といい、人間も動物も、山や川も、草や木も、すべてが御仏の子であり成仏する、と説いています。また、弘法大師空海、お大師さまは、「阿字の子が　阿字のふるさと　立ちいでて　またたち帰る　阿字のふるさと」という歌を詠んでおられますが、これは「すべての生命は大日如来の子であり、いずれまた大日如来の元に帰っていく」という生命の本質を詠んだ歌です。つまり、仏教的な立場からいえば、戦争で敵・味方に分かれて戦っても、人間はみな御仏の子であり、死んだら御仏に戻るのです。仏教的な立場に立てば、戦没者の慰霊に敵も味方もなく、等しく成仏していただくのが慰霊の本質なのです。

私はこの仏教的な精神は、東洋に共通する精神だと確信しています。私は二〇〇〇年の暮、南京で戦争犠牲者の慰霊を行った際、西安まで足を伸ばし、お大師さまが恵果阿闍梨から密教を伝授された青龍寺を訪ね、行を行って参りました。現在の中国には密教の伝統は残っていませんが、私は実際に青龍寺を訪れて、そこに密教の輝きが残っていることを感じずにはいられませんでした。

恵果阿闍梨はお大師さまに密教の正統を伝えた直後、「あなたの入唐があと半年ほど遅かったら、密教の正統を伝えずに死なねばならなかった。あなたのおかげで密教は甦った。もう思い残すことはない。心やすらかに笑って往生ができる。泣くには及ばぬ。国家のため、衆生のため、法のため、不惜身命であられよ」と遺言して遷化されたのですが、私は千二百年の時を超えて当時のお大師さまの感動をわがものとすることができ、胸が熱くなるのを押さえることができなかったのです。

日本の仏教はもともと中国から伝わったものであり、その意味では敵・味方の区別なく戦没者を慰霊するという仏教精神も、元をたどれば中国・インドがルーツなのです。私は、真摯な気持ちで訴えれば、この仏教精神はアジアの仏教圏の国々に必ずや受け入れられると確信しています。

したがって、日本の総理が靖国神社を参拝されるとき、日本が国としてアジアの国々の戦争犠牲者の慰霊を行うというメッセージを発信されたらどうかと思います。アジア各地には置き去りにされたままの日本人戦没者の遺骨が眠っています。アジアの国々の犠牲者の慰霊と、日本人戦没者の慰霊と遺骨収集を、国の事業として同時に行う。それを二十一世紀の日本の新たなスタートとして、国際社会にアピールする。そういう考え方ができないものだろうかと思います。

「アジアの高峰、日本」

戦後、日本人は日本古来の伝統精神を否定し、欧米に追いつき追い越せと、経済成長路線をひた走ってきました。それは明治維新のときの欧化路線に似ていますが、明治時代には「和魂洋才」といって、西洋の知識は受け入れても日本の伝統的な魂だけは譲らないというプライドがありました。しかし、戦後の日本は「和魂」を置き去りにして、欧米化路線を走ってきました。その結果、今日の国難のときを招来しているのです。

日本には神道・仏教・儒教・武士道などが渾然一体となった、縄文以来の伝統精神が脈々と流れています。私たちが先祖を大切にしないで幸せにはなれないように、日本人は日本古来の精神を大切にしないで幸せにはなれないのです。日本ほどの長い歴史を持たない欧米諸国が真に日本という国に畏敬の念を感じるのは、そうした崇高な伝統精神に対してです。

大正十一年の暮、アインシュタイン博士が四十日間日本に滞在し、各地で講演しましたが、その講演の中で博士は次のような言葉で日本を絶賛しています。

「世界は進むだけ進んで、その間、幾度も闘争が繰り返され、最後に闘争に疲れるときが来るだろう。そのとき、世界の人間は必ず真の平和を求めて、世界の盟主をあげねばならぬときが来るに違いない。その世界の盟主は武力や金力ではなく、あらゆる国の歴史を超越した、もっとも古く、かつ尊い家柄でなければならぬ。世界の文化はアジアに始まってアジアに帰り、それはアジアの高峰、日本に立ち戻らねばならぬ。我らは神に感謝する。天が我ら人類に日本という国を造っておいてくれたことを。」

アインシュタイン博士がこれだけの賛辞を、単なる社交辞令で言ったとは思えません。おそらく博士は、当時の「この国のかたち」の中に、世界の規範になり得る質の高いものを感じたのです。少なくとも大正十四年当時の日本および日本人には、博士を感嘆させるだけの気高い空気があったのです。

『新潮45』という雑誌に、「政治家は『歴史の法廷』に立つ」と題する、中曽根元総理のインタビュー記事が出ていました。中曽根さんは、政治家の心得について次のように言っています。

「今の指導者に一番欠落しているものは宗教的感性。昔は吉田茂にしても池田勇人にしても佐藤栄作にしても、安岡正篤とか禅宗の坊さんを呼んで、月に一回は話を聞いていましたよ。そういう心がけがあった。私だって総理時代は日曜日の夜に谷中の全生庵へ行って座禅を組んでいた。五年間、全部で百七十三回もやっている。先輩の見よう見真似で、そんな心持ちになった。しかし、私より後の政治家は、そういうことに対して無関心だね。目に見えざるもの、見えざる神に畏れを抱くということは、行動にも出てくる。落ち着きや風貌にも現れてくる。」

この中曽根さんの言葉は、日本的なリーダー像の本質を衝いていると思います。古来、日本のリーダーは、自分自身が仏教者ではなくとも、仏教者との心の交流を通じて仏教の心を体現できる人物であろうとしてきました。仏教の心が普遍的な価値であり、それを感得し体現することによって、民衆の心を摑み、リーダーシップを発揮できることを確信していたからです。いずれにしても、日本のリーダーが仏教の心、宗教心を取り戻すところから日本再生が始まるのです。

六　儒教と天の思想

李下に冠を正さず

何年か前、大蔵省や日銀のエリートが銀行のエリートから高級料亭で接待を受けていた接待疑惑が明るみに出て、大問題になったことがありました。その後もエリート官僚によるたかりの構図はなくなっていないようです。エリート官僚が平然と民間の接待を受けている光景を想起するとき、私は現代のエリートの傲慢と退廃を感じずにはいられません。特に、「昔、陸軍、今、大蔵省」といわれるほど、予算配分や金融検査、税務調査などを通じて巨大な権力を握ってきた大蔵省（現財務省）のエリート官僚が銀行の接待を受けていた姿は、官僚のモラル低下を示す以外の何ものでもなかったと思います。バブル崩壊後、銀行が不良債権問題で経営破綻したり、大型合併を進める羽目になったのも、その原因の一つは、金融界に対する護送船団行政を行ってきた旧大蔵官僚のモラル低下にあったような気がします。

いずれにしても、最近のエリート官僚は、中国の『文選』にいう「李下に冠を正さず」、つまり「スモモの木の下で冠の曲がりをなおすと、スモモの実を盗むのかと疑われるから、そういう疑われやすい行為はするな」という故事をすっかり忘れ去っています。

私は、エリート官僚の腐敗問題の根は、今の日本の社会に現れているさまざまな荒廃現象と同根で、結局、偏差値中心の受験制度を含む教育の問題にあると言わざるを得ないのです。具体的に言えば、有名大学に入ることが至上命題の偏差値教育では、正しい人づくりはできないのです。もう少し人の心を豊かにする教育、人間として生きる基本を身につけさせる教育を行うべきです。そうすれば、役人を目指す若者にもおのずから公僕意識が育まれます。そういう教育は何も官僚を養成するために必要だというのではなく、まともな社会を築くために必要なのです。人のために働く、社会のために尽くす、そういう志の高い人材は、志の高い教育からしか生まれません。

学習院大学名誉教授で江戸時代に詳しい歴史学者の大石慎三郎さんが、朝日新聞で最近の官僚の汚職は江戸時代より異常だと指摘されていました。大石さんの説明によれば、江戸時代にも賄賂はあったが、旗本以上の高級官僚が賄賂をもらうことはなかったそうです。賄賂をもらったことがばれて代々引き継がれてきた家禄を召し上げられたのでは、割に合わないということだったようです。賄賂で有名な老中・田沼意次も本当に賄賂を取っていたか確かな証拠はないのだそうで、大石さんはむしろ田沼意次を革新的政策を次々と打ち出した指導者として評価されています。

そして大石さんは、「江戸時代というのは上から下まで、儒教などを使って作り上げた一種の倫理社会です。商人にしても信用が第一で、信用を損なうことは身を滅ぼすことと考えた。過分な利益を求めることも戒めていた。戦後の日本はまったくの無倫理社会です。人間の行動を規制する刑法なども必要ですが、法律以前の精神のあり方についての一定のルール、倫理がなくてはいけない。『倫理道』というものがあってもよいのです」と語っておられます。

大石さんがおっしゃるように、江戸時代は倫理的に厳しい社会でした。当時の武士は今でいえば官僚に相当しますが、全国の各藩では優れた官僚を育てるために、武士の子弟に早くから儒教教育を徹底して行っていました。わが鹿児島の薩摩藩では、島津斉彬公時代の、元服をすぎた二才が元服前の稚児をリードする郷中教育が有名ですが、さらにさかのぼれば、斉彬公の曾祖父にあたる島津重豪公時代に江戸の湯島聖堂を模範にして造られた藩校・造士館がありました。まさに「武士を造る」学校でした。造士館では室鳩巣門下の儒家が講義を行い、城下の若い藩士に聴講が義務づけられていたといいます。また、学問の志を持つ子供の自由な出入りも許されていたようです。

造士館の定め書きの最初には、「教科書には四書・五経・小学・近思録などの書を用い、注解は朱子学の説を主とし、みだりに異説をまじえて論じてはならない。読書は経伝より歴史・百家の書に至るべきだが、不正の書は読んではならない」という意味のことが書かれていました。この造士館から郷中教育に至る流れの中から、西郷隆盛・大久保利通といった明治維新の英傑が生まれたのです。

孔子の徳治主義の政治哲学

安岡正篤さんは後で触れるように、中国思想を中心とする東洋思想の深い学識を背景に、戦後のリーダーたちに宰相学・帝王学を説いていました。それは、儒教思想を中心とした中国思想の中にリーダー論の本質があるということを物語っています。明治維新になるまで、日本の指導者教育は主に四書五経に拠っていました。言うまでもなく、四書とは『大学』『中庸』『論語』『孟子』の四つの書物、五経とは『易経』『詩経』『書経』『春秋』『礼記』の五つの書物のことです。まさに四書五経は江戸時代までの日本の指導者たちのバイブルであり、四書五経が廉恥心を持った「深沈厚重」のリーダーたちを育んでいたわけです。

四書五経の中でもっともポピュラーな書といえば、孔子の言葉を編纂した『論語』です。『論語』の中に「為政編」という章があります。理想の政治を説いた章です。その冒頭に、「子曰く、政を為すに徳を以てすれば、譬えば北辰の其の所に居て衆星のこれを共る《めぐ》がごとし」という一節があります。「北辰」というのは北極星のことで、「衆星」はすべての星という意味です。つまり、孔子は「道徳を基本とする政治を行えば、北極星が不動の位置にあって、全星座がその周りを整然と回っているように、政治もスムーズに行えるだろう」というのです。北の夜空にきらめく満天の星を眺めながら、道徳を基本とする政治の重要性を説いた孔子の思いは、時空を超えて平成日本の政治リーダーにも響くものがあるのではないでしょうか。

政治における道徳の重要性については、こんな一節もあります。「子曰く、これを道びくに政を以てし、これを斉うるに刑を以てすれば、民免れて恥ずる無し。これを道びくに徳を以てし、これを斉うるに礼を以てすれば、恥ずる有りてかつ格し《ただ》」。つまり、孔子は「法律・政令によって指導し、刑罰に頼って取り締まりを行うならば、人民は刑罰さえ免れれば何をしようと恥と思わないようになる。道徳によって指導し、礼によって取り締まるならば、人民は恥をかいてはいけないと自然に正しい道に立ち還るものだ」と言っているわけです。

孔子が唱えた道徳を基本に据えた政治は、法治主義の政治に対して徳治主義の政治といわれますが、その徳治主義の政治哲学が後世の中国・日本において、長い間、政治の指導理念となったのです。昨今の日本において、「日本は法治国家だから」といわれることはあっても、「徳治国家だから」といわれることはありません。長い間、日本の政治に根づいていた徳治主義の政治は、明治以降の近代化の過程で消滅してしまった感があります。私はそのあたりに二十一世紀に向けた日本再生のヒントがあるような気がしてなりません。

孔子はまた、「君子は周して比せず、小人は比して周せず」とも言っています。「立派な人物は心から仲の良い友とはなるが、徒党・派閥は組まないものだ。それに対して、つまらぬ人間は徒党を組むが、心からの本当の友にはならないものだ」というわけです。これは一般論としてもいえますが、リーダー論としても含蓄のある言葉です。真のリーダーは心の友は作るが、むやみに徒党は組まないものなのです。離合集散を繰り返す最近の政治家は、この孔子の教えをどう聞くのでしょう。

このように『論語』一つを採ってみても、宰相学・帝王学に資する話が次から次へと出てきます。そういう意味では、中国の古典は宰相学・帝王学の宝庫です。それだけではなく、中国の古典には人間が生きる上での本当の智慧が盛り込まれています。寺子屋の時代から四書五経に親しんだ江戸時代の政治リーダーが、現代の政治家より人格・識見ともにはるかに深みがあるように見えるのは、当然のことといえるのかもしれません。

また、中国戦国時代の儒者である荀子は、「君は舟なり、庶人は水なり。水はすなわち舟を載せ、水はすなわち舟を覆す」と言っています。「君」は君主、為政者のことです。つまり、「為政者は舟であり、人民は水である。水は舟を浮かべもするが、沈めもする」という意味で、人民の信頼がなければ為政者はその地位を保てないことを荀子は説いているのです。そして、荀子は為政者の要件として、「地位を維持するためには、公正な政治を行い、人民を愛すること」「国を反映させるためには、礼儀の大切さを認識し、部下に敬意を払うこと」「業績を上げるためには、有能な人材を登用すること」の三つを挙げています。

孟子が説く「大人」

孔子と並ぶ儒者・孟子の言葉に、「仁者に敵なし」という言葉があります。梁の恵王が戦いに連敗し、領土を次々に奪われたとき、「この恥をすすぐ方法はないか」と孟子に問いかけます。孟子は「仁者に敵なし」と言って、こう説いたといいます。

「狭い領土しかない君主でも、立派に天下の王者になれる。そのためには、仁政を施すことだ。刑罰と租税を軽くし、人民が安心して働けるようにしてやる。若者には孝悌忠臣の道義心を養わせ、父兄に仕え、目上を敬うように指導すれば、たとえ敵国の軍事力がいかに強大でも、いざとなれば人民は竹槍を作ってでも向かっていくだろう。敵国では人民を徴用に駆り立てている。そのために人民は農作業を行う暇もなく、親も養えない。家族は離散状態になっている。そんな国に王が軍を繰り出せば、だれ一人手向かう者はいないはずだ。」

孟子は、仁政により国内政治を充実させ、民政の安定と道義心の養成に努めることが、何よりも強い武器だと言っているのです。

孟子はまた、大人《たいじん》についてこう説いています。「大人は言必ずしも信ならず、行い必ずしも果ならず、ただ義在るところ」と。「大人は自分の発言に無条件に忠実であるわけではない。また自分の行為を無条件に最後までやり遂げるというわけでもない。ただ義のあるところに従うのだ」という意味です。

つまり、大人というのは言行の基準を常に義に置いており、義に合致していないとわかったら途中で軌道修正することもある、ということです。孟子はさらに、「大人とは、その赤子の心を失わざる者なり」とも言っています。人間は生まれながらに善なる性質を持っており、その本性を持ち続ける努力を怠らないのが大人だというわけです。

これは私たちの真言密教の「人間は生まれながら仏性を持っている」という考え方とよく似ています。生まれながらにして備わっている善性・仏性を失わず、さらに磨きをかける人が大人であり、そういう人たちこそ光を放って人々を善導することができるのです。

戦後の日本人は、いや明治以降の日本人は、欧米文化の方が日本文化より進んでいるという錯覚にとらわれてきました。たしかに物質文明という観点からいえば、欧米は日本よりはるかに進んでおり、明治以降の日本が西洋文明という「坂の上の雲」に「追いつき、追い越せ」という路線をひた走ってきたことは、無理もない面があります。

しかし、物質文明で遅れをとっているからといって、精神文明で遅れをとっているとは限りません。現在でも、物質文明的には恵まれなくとも、先進諸国の国民よりはるかに心豊かな生活を送っている途上国の国民は少なくありません。これは日本国内にもいえることで、都会の喧騒の中で物質文明を謳歌している人より、地方で地道な生活をしている人の方が、精神的には豊かだということもできるでしょう。

そう言えば、草柳大蔵さんの『ひとは生きてきたようにしか死なない』という本に、面白い話が紹介されていました。荘子といえば、中国古代の思想家・戦略家として知られていますが、荘子は「陸沈者」を高く評価していたというのです。荘子は陸沈者のことを次のように説明したと、草柳さんは書いています。

「無為自然の道を体得した聖人のやからだよ。己れの身を名もなき民の間に埋れさせ、一介の農夫として田園の世をしのんでいる隠遁者たちなのだ。その名声は世間からは消えて人の口の端にものぼらないが、彼らの精神は天地宇宙の悠久無限さに遊び、口でしゃべる言葉こそ人なみであるが、心は黙々として声なき真実在の世界に安らいでいるのだ。彼らはいまや世俗に背を向けて、俗物どもに調子を合わせることを心にいさぎよしとしない反俗の求道者たち、これこそいわゆる陸沈者

――水中ならぬ陸の上で己れの身を沈ませているもの、すなわち世俗の中に身をおきながら世俗から姿を没している大地の沈淪者たちだ」と。

つまり荘子は、せっせと田畑を耕し、悠久無限の自然と調和して生きている農夫の中にこそ、宇宙の仕組みを体得した真の聖人がいる、と言っているのです。古来、東洋思想や日本思想の中には、そうした自然と共生する生き方に価値を置く考え方があったのです。それは精神世界を重視する生き方といってもよく、十数年前に話題になった作家の中野孝次さんのベストセラー『清貧の思想』も、そういう生き方にスポットライトを当てたものでした。

政界や経済界のリーダーが陸沈者であっては政治や経済の表舞台でリーダーシップをとることはできませんが、少なくとも日本や東洋には伝統的に精神世界を大事にする考え方があることぐらいは、認識しておくべきだと思います。

東洋文化の本源＝天の思想

戦後の総理の中で最長の在任期間を誇る故佐藤栄作首相は、学者やジャーナリストなどの意見をよく聴いたそうです。最近では文化人を重用した首相として中曽根首相が有名ですが、中曽根首相が自分の政策を実行するために審議会方式で多くの文化人を利用したのに対して、佐藤首相は政治とは直接的な関係なしに、自らの見識を高め、磨くために人の話に耳を傾けたそうです。

佐藤首相のブレーンの一人だった故高坂正堯京都大学教授は、『戦後日本の宰相たち』という本の中で、佐藤首相は学者・知識人を尊敬してくれていたとしつつ、「佐藤内閣は学者・知識人の言動を政治的説得の手段として利用するのではなく、好きなことをさせ、立派な出番を与え、政策に言葉と形を与えることで満足していたように思われる」と書いています。要するに、佐藤首相と学者・知識人はお互いに啓発し合っていたというのです。佐藤政権が長期政権になった秘密の一つがここにあります。

この佐藤首相の陰の指南番だったのが、故安岡正篤さんです。佐藤首相は安岡さんを師と仰ぎ、国会での演説やスピーチなどの原稿は、必ず安岡さんのチェックを受けていました。また、一、二カ月に一度、料亭に安岡さんを招き、上座に座らせて、宰相の身の処し方や王道について話を聴いていたといいます。

安岡さんは一高、東大の学生だった大正時代から、東洋思想に精通した陽明学者として知られ、大正十三年には摂政宮殿下、つまり若き日の昭和天皇の御用掛に擬せられたり、昭和十二年には文部大臣に擬せられたりしましたが、結局一度も政治の表舞台には出ず、東洋思想の教育による人間教化に務めた人です。

戦後、安岡さんが政治家や財界人の陰の指南番として影響力を持ち続けた原点は、終戦の際、昭和天皇が読み上げられた「終戦の詔勅」の草稿に目を通し、筆を入れたからだといわれています。安岡さんが筆を入れたといわれる部分は、「堪え難きを堪え忍び難きを忍び以て万世のために太平を開かんと欲す」の「万世のために太平を開かんと欲す」の一節もその一つだということです。

この文句は、江戸時代に学者必読の書ともてはやされた朱子学の教科書『近思録』に収められた北宋時代の儒者・張横渠の名言、「天地の為に心を立て、生民（人民）の為に命を立て、往聖の為に絶学を継ぎ、万世の為に太平を開く」の一節から採ったものであり、「永遠の将来のために太平の世を開く」という意味の言葉です。安岡さんは「終戦の詔勅」にこの一節を加えることによって、敗戦という絶望的な現実の中に一点の光明を与えようとしたのです。

いついかなる場合においても、東洋思想とりわけ中国思想に対する深い学識に基づいて、適切なアドバイスができたところが安岡さんの真骨頂でした。戦後、欧米の民主主義が花盛りとなり、日本精神や東洋思想が反動視される風潮の中で、伝統的な日本精神の源流にある東洋思想に基づき、宰相学・帝王学を説き続けた安岡さんは、日本的リーダーシップの本質を辛くも守り抜いた人だったといえるでしょう。

安岡さんに『禅と陽明学』という著書があります。仏教思想と中国思想の関連を説いた書ですが、その中に「東洋文化の本源」という一章があり、東洋思想独特の「天の思想」が解説されています。そこで安岡さんは、東洋思想において天は無限であり、変化であり、創造であり、偉大なる生であるとし、さらに、天は深い理であり、厳粛な法であり、これによらなければ人間が存立し進歩することもできない道である、と説いています。そして、天は天然、自然でもあり、天と人は一体であるという「天人合一」の考え方が東洋思想の根幹にあると解説しています。

さらに、天と人は一体であるから、人の心すなわち「人心」は、天の心すなわち「天心」であり、人の言葉すなわち「人言」は、天の言葉すなわち「天言」である、したがって、人が勝手に物を言うのではなく、天が人を通じて物を言うのであり、本当の天の言葉であって初めて人の言葉であるのだ、と論を進めています。このあたりの考え方は、大宇宙・大生命体である大日如来がすべての生命のもとであり、すべての生命には仏の心が備わっているという密教の基本的な考え方と、見事に一致します。

そして安岡さんはその後に、張横渠の「天地の為に心を立て、生民の為に命を立て、往聖の為に絶学を継ぎ、万世の為に太平を開く」を引用し、次のように説いています。

人は天地のために心を立て、磨くのである。人民の運命は天が決め、人民は天が命じた仕事をするものだが、それがなかなか思うように行かないため、治者が人民に代わって人民の命を立ててやるのである。その天地の心を深く修めた先哲のために、絶えた学問を継承し、永遠の世のために太平を開くのである。

ここには安岡さん流のリーダー観が垣間見えます。つまり、リーダーが天地になり代わって心を磨き、人民の運命を成り立たせてやり、先哲の学問を修めることが、万世のために太平を開くことにつながるという考え方です。

安岡さんはまた、「東洋的人格論」を説く中で、いちばん立派な人格は「その徳、天の如し」という人格、すなわち天のような徳を持った、公平無私の人格だと言っています。さらに、明時代の官僚・呂新吾の『呻吟語』を引用しながら、第一等の人格は、どこまでも深く、しっとりと落ち着いており、限りない内容を持っている「深沈厚重」の人格、第二等の人格は、小さな型にはまらず、気迫が盛んでスケールが大きい「磊落豪雄」の人格、第三等の人格は、頭が良くて才があり、弁舌が立つ「聡明才弁」の人格、あとは平凡な人格だと解説しています。安岡さんがリーダーにどのような人格を求めていたかが、これでよくわかります。

そして、安岡さんは「国民政治の四つの患い」として「偽・私・放・奢」を挙げています。「偽」はいつわり、「私」は利己的・不公平なこと、「放」はわがまま、「奢」はおごりのことです。政治家がこの四つに走ると、政治は乱れるというわけです。安岡さんは、これは東洋の道徳哲学・政治哲学の原則だと書いていますが、現代の日本の政治にも当てはまるのではないでしょうか。

宇宙（天）と人間（人）の心

十二世紀の中国・南宋の思想家に陸象山という人がいます。象山は宇宙の真理をつかもうと努力した人です。象山は思想家ですから、お大師さまのように厳しい修行によって宇宙の真理を体得し、実践したわけではありませんが、宇宙と人間の心が一体であることを見抜き、こう言っています。

「宇宙はすなわちこれ吾が心、吾が心はすなわちこれ宇宙、千万世の前、聖人出づるあるも、この心に同じく、この理に同じきなり。千万世の後、聖人出づるあるも、この心に同じく、この理に同じきなり」と。

つまり、「宇宙の理と吾が心は同じであり、千万年前の聖人も、千万年後の聖人も、説くところは其の心であり、その理である」というわけです。象山はそれまでの宇宙の本体は理であるという考え方を一歩進め、理はわが心の理でもあるから、宇宙の本体はわが心に他ならないと主張したわけです。そして、宇宙の理とはすなわちわが心に備わっている道徳心だと言っています。この象山の考え方は、お大師さまの説かれた「生きとし生けるものみな仏性」に通じると思います。

この宇宙の理が人間の心と通底すると説く象山の学問は、十六世紀の明の学者・王陽明によって心の学「心学」と命名され、引き継がれました。そして、王陽明が打ち立てた「心すなわち理」の考え方を基本とする陽明学を通して、江戸時代の日本にも少なからぬ影響を及ぼしています。

「日本陽明学の祖」とされているのは、後に近江聖人と呼ばれた中江藤樹です。藤樹が琵琶湖畔の農村に生まれたのは、江戸幕府が開かれた五年後の一六〇八年です。当時はまだ関ヶ原の戦いの余燼がさめやらぬ頃で、世の中は騒然としていましたが、一方では新しい社会秩序の構築に向けた歩みが始まっていました。そんな社会風潮の中で、新たな武士のあり方を普遍的な真理の上に確立しようとしたのが、中江藤樹でした。

若き日の藤樹は、朱子学の教えを徹底的に実践しようとする理想主義者でした。そのために大義名分を重んじた幕府のブレーン・林羅山らの路線を批判し、脱藩します。自由な身となった藤樹は、朱子学が尊重していた『大学』『中庸』『論語』『孟子』のいわゆる「四書」に加えて、『易経』『書経』『詩経』『春秋』『礼記』のいわゆる「五経」を徹底的に研究し、聖人の教えや規範に従うだけでは生き生きとした人間性を失い、良好な人間関係を築けないことに気づきます。そして、普遍的な真理すなわち宇宙の真理に基づく生き方と自己の主体的な生き方を、どう調和させるかを探究します。

そこで藤樹は自己の主体性、人間の心に関心を深め、「心すなわち理」という王陽明の陽明学と出会って、宇宙の真理と人間の心が同じであることを確信したのです。

中江藤樹の著書に『翁問答《おきなもんどう》』という書があります。この本のテーマは「人間一生涯の道」の解明です。結論を先に言えば、藤樹は、「人間にはそれぞれの分に応じた位があり、その職分を尽くし、自己の人間としての完成を図り、社会秩序を確立することこそ、人間一生涯の道の実践だ」と説いています。

そして、「その道はあまりにも広大な道だから、われわれではとても到達できないように思われます」という弟子の問いに、藤樹はこう答えています。

「その道は広大であるから、われわれも到達することができる。太陽や月の光は広大だから誰も利用することができるのと同じだ。広大であるから、貴賤、老若男女の別なく、本当の心のある人ならば例外なく守り行うことができる道なのだ。それは、天にあっては天の道となり、地にあっては地の道となり、人にあっては人の道となるのだ」と。

天の道すなわち人の道だとしたところに、藤樹の陽明学者としての真骨頂があります。また、太陽や月の光を例に天の道を説くところは、お大師さまと似ているような気もします。

そして藤樹は、人間一生涯の道の根本は「孝徳」であると言い、「孝徳」は「愛敬《あいけい》」の二文字に帰着すると説いています。「愛」とは人に親切にして愛すること、「敬」とは目上の人を敬い、目下の人を軽んじないことです。藤樹は孝徳こそが人を愛し敬う普遍的な原理であるとし、親を愛敬する孝徳を孝行、臣下が主君を愛敬する孝徳を忠、主君が臣下を愛敬する孝徳を仁、親が子を愛敬する孝徳を慈、妻が夫を愛敬する孝徳を順、夫が妻を愛敬する孝徳を和などと名づけて、孝徳の実践を奨めたのです。

『翁問答』で藤樹は、為政者の心得にも言及しています。弟子の「為政者が第一に行わなければならないことは何でしょうか」という問いに対して、藤樹は「謙の一字です」と答えています。「謙」とは謙遜の「謙」ですが、藤樹は「自分の位が高いことにおごり自慢する魔心の根を断ち捨て、人の踏み行うべき道を示す本心を明らかにし、かりそめにも人を軽蔑せず、慈悲深く万民に思いをかけ、士にも礼を失わず、家老や側近の忠告をよく聞き入れ、自分の知恵をひけらかさないこと」が「謙徳」だと説いています。

藤樹は続けて、「謙徳は例えば海であり、万民は例えば水である。すべての水が低い海に流れ集まるように、為政者が謙徳を守れば、万民はみな心服して従い、国家も天下も治めようと意識しなくとも、自然に治まるものだ」と主張しています。水が高きから低きに流れるという自然界の真理を巧みに引きながら、為政者のあり方を説く藤樹の姿勢は、宇宙の真理と人間の生き方を調和させようとした思想家ならではです。

いずれにしても、中江藤樹は普遍的真理の上に新しい時代の武士道を確立しようと奮闘し、弟子の熊沢蕃山らを通じて、その後の武士のあり方に大きな影響を及ぼしたわけです。

中江藤樹が活躍した江戸時代の初期は、まだ幕藩体制が固まっていない、混迷の時代でした。しかし、その中で藤樹は、宇宙の普遍的真理に照らしながら新しい時代の社会秩序の構築に精力を注いだのです。

現代も当時に劣らぬ混迷の時代で、二十一世紀をリードする新しい社会理念やリーダーシップが求められています。私はそのキーワードになるのが、お大師さまや陸象山や中江藤樹が説いた宇宙の普遍的真理に照らした生き方だと確信しています。

戦後日本は真理の「理」より利益の「利」を追求してきました。その結果、日本人は宇宙の真理につながる「理」を尊ぶ心を忘れ、ひたすら「利」を追求する我利我利亡者と堕し、バブル崩壊を経て今日の亡国現象を招いたのです。

真理の「理」という字には、もともと「玉をみがき治める」という意味が込められていますが、一般的には「人の踏み行うべき道」「宇宙の本体」「筋道」「ことわり」といった意味で、ものごとの本質を指す言葉です。二十一世紀の日本は、再び宇宙の光に照らして「理」を追求する国にする必要があります。

総理大臣の「総理」とは、本来「すべての理を治める人」という意味です。人の行うべき道や宇宙の真理、物事の道理に通じた人でなければ、総理大臣は本来務まらないのです。私は、二十一世紀の日本新生に向けて、日本の政界や経済界に宇宙の大いなる営みに感応できるリーダーが登場してほしいと願わずにはいられないのです。

お天道さまの目差し

昨今、政官財のみならず日本社会全体に深刻なモラル・ハザードが蔓延しています。日本はいつからこんなにいい加減な仕事がまかり通る国になってしまったのでしょうか。戦後の日本は官民挙げて経済成長至上主義に走るあまり、安全性や堅実性を置き忘れ、効率だけを追求してきた結果、金属疲労に陥り、信じられない事故や事件が頻発しているような気がしてなりません。

評論家の草柳大蔵さんの『花は天にむかって活けよ』という本に面白い話が書かれていました。草柳さんのお父さんは石屋の棟梁だったそうです。念には念を入れて丁寧な仕事をするお父さんに、弟子の職人さんが「親方も凝るねえ」と言うと、「仕事ってえものは、お天道さまが見ているもんだぜ」と、草柳さんのお父さんは答えたというのです。

そうです。ひと昔前までの日本人は「お天道さまの視線」を心の片隅に感じながら、仕事をしていたのです。お天道さまに見られていると思えば、ズサンな仕事やでたらめな融資はできないのです。草柳さんはこの「お天道さま」を「宇宙の理法」とか「宇宙の根源の力」という言い方もされています。これは私たちの密教で言えば、大宇宙・大生命体である大日如来のことであります。

要するに、日本人は戦後五十年の間に神仏に対する敬虔な気持ちを失うと同時に、誠意を持って仕事に取り組むという倫理観も失ってきたのです。私は、そのことが昨今の信じられない事故や事件につながっているような気がしてなりません。

以前、動力炉・核燃料開発事業団の創立に関わった幹部の方に話をうかがったことがあります。同事業団では高速増殖炉を「もんじゅ」、新型転換炉を「ふげん」と名づけました。これはもちろん知恵をつかさどる文殊菩薩、理法や修行の面をつかさどる普賢菩薩からとったもので、そこには御仏の叡知に見守られつつ、御仏の心を持って原子力事業に当たっていこうという、創立時の崇高な理念が込められていたのだそうです。しかし、動燃の崇高な理念は時とともに忘れ去られ、「もんじゅ」で液体ナトリウム漏れ・火災事故が起きたのを機に、「もんじゅ」は閉鎖され、動燃は解体されてしまいました。

朝日新聞の「天声人語」は、信じられない事故や事件が続発する日本社会の現状を「タガがゆるんでいる」と書きましたが、私はその根本的な原因は、戦後の日本がお天道さまという意識、仕事に対する倫理観、恥を知る心といった目に見えないものを軽視し忘れ去ってきたことにあると思います。

私たちはともすれば、目に見えているものがすべてだと考えがちですが、私は目に見えているのは真実の一〇パーセント程度で、残りの目に見えない九〇パーセントに私たち人間は左右されているのではないかと考えています。

戦後、日本が高度経済成長を達成し、物に溢れた飽食の社会を実現したというのは、目に見える一〇パーセントの世界の出来事にすぎず、それに反比例するかたちで、この五十年の間に目に見えない九〇パーセントの部分への敬虔な気持ちを退化させてきたのです。

「太上は天を師とす」

ところで、小泉首相が外務官僚ともめ事の絶えなかった田中真紀子大臣に対して、「大臣の心得」ともいうべき戒めの文章を渡したということがありました。それは、「部下を引き立て、気持ちよく仕事に取り組めるように働かせる」「小さな過失にこだわり、人を容認して用いることがないならば、使える人は一人もいなくなる」「えり好みせず愛憎などの私心を捨てて用いる」といったことで、江戸時代末期の儒学者である佐藤一斎が現在の岐阜県、美濃・岩村藩の「憲法」として作った「重職心得箇条」の一節です。

佐藤一斎という人は岩村藩の藩士で、晩年は幕府直属の儒学者として生きた人です。佐藤一斎の門下生には佐久間象山・横井小楠・渡辺崋山・中村正直といった幕末から明治にかけての著名な知識人がおり、さらにその人脈には勝海舟・西郷隆盛・坂本龍馬・吉田松陰・高杉晋作・木戸孝允・伊藤博文・山県有朋といった明治維新の英傑が連なっています。

私は日頃から、偉大な先人の智慧や思いはこの宇宙に遍満し、志を持って世のため人のために努力している人たちに継承されていくのだと言っています。佐藤一斎の人脈を見ると、佐藤一斎は幕府直属の儒学者ではありましたが、佐藤一斎の智慧や思いが幕藩体制を揺り動かし、明治維新を準備していったのではないかと思えるほどです。

佐藤一斎が残した書に、西郷も座右の書として愛読した『言志四録』という有名な本があります。この本には中国の四書五経などをもとに、リーダーの身の処し方や人生訓などが書かれており、現在もなお読み継がれています。ちなみに岩波文庫は昭和十年に『言志四録』の第一刷を出していますが、数年前、リクエスト復刊として第十四刷を出しています。

『言志四録』の冒頭にも、東洋思想の根幹をなす「天の思想」ともいうべき考え方が示されています。例えば「太上は天を師とし、その次は人を師とし、その次は経を師とす」という言葉がありますが、これは「最高級の人物は天地自然の真理を師とし、第二級の人物は優れた人物を師とし、第三級の人は書物を師とする」という意味です。また、「およそ事をなすには、すべからく天につかうるの心あるを要すべし。人に示すの念あるを要せず」という言葉がありますが、「大きな事を成し遂げようとするには、天に仕える気持ちで取り組むことが肝要であり、人の思惑を気にしてはならない」という意味です。

要するに佐藤一斎の考え方の基本は、「初めに天ありき」です。人智を超えた「天」を想定する考え方は儒教や仏教など東洋思想に通底するものであり、真言密教では大宇宙・大生命体である大日如来がまさに「天」そのものです。

そして、佐藤一斎は「天」の存在を大前提にしながら、指導者の在り方を次のように説いています。「立志の功は恥を知るをもって要をなす」、すなわち「志を立てて成功するには、恥を知ることが欠かせない要件である」というわけです。また、「君子とは有徳の称なり。その徳あれば、すなわちその位あり」とも言っています。つまり「君子とは徳を持った人のことを言い、徳のある人はそれ相応の地位に就くものである」ということです。

さらに佐藤一斎は、人民の上に立つ者は「聡明にして重厚、威厳にして謙沖」でなければならないと書いています。つまり「賢く、重々しく、威厳を持ち、なおかつ謙虚で、心にわだかまりがない」ことが指導者の資質だと指摘しているのです。

また、聖人君子について、こんなことも言っています。

「聖人には清く明るい心があり、気持ち、志ともに神のようである。そのために人がその人に接すると、おそれ敬って、心から信頼し、親しみ愛情をもって、真心を捧げつくそうという心になる。それは鬼神の前に出て祈るのと同じである。人をして真心を捧げさせられるようになれば、天下を治めることも難しいことではない。」

私は常々、政治リーダーたる者は日頃から身口意、身体と言葉と心を駆使して、国家・国民のために誠心誠意努めていれば、おのずと身体から光が発してきて、国民の輿望を担うことができるものだと言っていますが、佐藤一斎が言う聖人君子論もまさにそういうことです。

自分を慎み、人を敬う

佐藤一斎が『言志四録』の中で強調している点をもう一点紹介すると、それは「身を敬する」ことの大切さです。江戸時代の「敬」には、「人を敬う」という意味とともに「自分を慎む」という意味が込められていました。つまり「敬する」とは「自分を慎み、人を敬う」という意味なのです。

佐藤一斎は「敬」について、「敬する時は、身、強健なるを覚ゆ。敬ゆるめばすなわち萎茶《いでつ》して、あるいは端坐するあたわず」と言っています。「敬するときは体が強く健全であることを感じる。敬する気持ちがゆるむと体がしおれて、正座さえできなくなる」というわけです。要するに、自分を慎み人を敬う心を持たないと、人は強く健全に生きることはできないということです。

また、「居敬の功は、最も慎独にあり」とも言っています。これは「身心を慎む効果は、一人でいるときでも、慎んで道にそむかないようにすることにある」という意味で、人がいるから慎み、人がいないから慎まないというのではなく、人がいないときにも慎むようにすれば、人がいれば一層慎むようになる、と説いているのです。

さらに、「坦蕩蕩《たんたんとう》の容《かたち》は、常惺惺《じようせいせい》の敬より来たり、常惺惺の敬は、活溌溌の誠より出ず」と言い、「君子の容姿が心が平らで広く見えるのは、心静かに落ち着いた敬の心からきている。また、心静かに落ち着いた敬の心は、生き生きとした誠の心から出るものだ」と説いています。

「敬ややゆるめば、すなわち経営心起こる。経営心起これば、すなわち名利心これに従う。敬はゆるむべからざるなり」とも言っています。ここでいう「経営心」とは「たくらみの心」のことです。「自らを慎み人を敬う心がゆるんでくると、たくらみの心が起こってきて、それに伴い名誉欲や物欲が湧いてくる。だから敬の心は決してゆるめてはならない」というわけです。

いずれにしても佐藤一斎は、自分を慎み他人を敬う「敬の心」の大切さを力説しているのです。

こうした佐藤一斎の処世訓・人生訓を一読しますと、佐藤一斎の人脈の中から明治維新をリードした高潔の志士たちが輩出されたのも当然だと思えます。同時に、昨今の日本社会のモラル・ハザードは、戦後の日本人が佐藤一斎のような先人の智慧や思いを置き去りにしてきたからではないかと思えてくるのです。

末を棄てて本にかえる

モラル・ハザード状況が一段と深刻化した一九九九年、国民はその年を代表する漢字に「末」を選びました。世紀末と相俟って、「世も末」という空気が当時の日本を包んでいたのです。

参考までに、漢和辞典で「末」という字を引いてみますと、もともと「末」は木の先端を指す言葉で、それが転じて「物事の大事ではない部分」「終わり」「しも」といった意味を持つ言葉になったようです。そして、『広辞苑』で「末世（まっせ）」を引いてみますと、「道義のすたれた時代」「仏法のおとろえた世」とあります。まさに平成日本は「末世」なのです。

私が面白いと思ったのは、「末」には「商人」「商売」という意味があるということです。これは古代中国では、農業が産業の大本で、商売は農業より下に見られていたことから来ています。紀元一世紀、後漢時代の班固という歴史家の言葉に、「末を棄てて本にかえる」という言葉がありますが、これは「末業である商業をやめて、本業の農業にかえる」という意味だそうです。

日本の江戸時代には「士農工商」という身分制度がありました。武士はともかくとして、農民が商人より上位に位置づけられていたのは、いちばん人数の多い農民を懐柔する意味もあったのでしょうが、農業こそ国の基本という昔からの考え方も反映していたのではないでしょうか。私には、後漢時代の歴史家・班固の「末を棄てて本にかえる」という言葉が、苦悩のうちに二十一世紀を迎えている日本にとって、「天の言葉」のような気がします。

二十一世紀の日本は「末を棄てて本にかえる」必要があるように思います。と言っても、「経済大国をやめて、農業立国を目指せ」ということではありません。従来の経済成長路線の背後にあった金儲け至上主義を見直し、経済を「世を治め民を救う」、本来の経世済民の経済に戻す必要があります。また、減反、減反で田園を荒廃させ、ひいては日本人の心を荒廃させた農業政策も見直すべきです。

東京大学名誉教授の木村尚三郎さんは『美しい「農」の時代』という著書で、二十一世紀は農業の時代だと力説されています。木村さんは、自然を愛し、人間を愛し、歴史を愛し、そこからいい知恵と体験をいただきながら互いに生き合うことが、これからの私たちの幸せを形づくるのだと言い、この「三つの愛と共生」の原点は、人類が太古から営んできた農業であり、出口を見失った産業社会と技術文明は「農」を基盤として再構築されなければならない、と主張されています。

さらに、農業社会の次に産業社会が来るのでもなければ、農業が古く工業が新しいのでもなく、農業を基盤にすえ、美しさと心地よさの情感、文化を含んだ産業社会の形成を目指すべきだ、と説いておられます。

美しい農村を失うということは、日本人の心を失うということである。……自然とともに生きるきめ細かく、欧米人の感覚からは園芸ともとれる農業のセンスがあったればこそ、それが工業製品や産業技術、公害防止技術においても反映され、日本はトップをきわめることができたはずである。自然とともに謙虚に生まれる和の心、美意識が、これまでの日本と日本文化を支えてきた。私たちは、なんとしても、美しく魅力のある農村をつくり、守っていかなければならない。

この木村さんの指摘、すなわち「本にかえる」ことの重要性を、二十一世紀の新しい国づくりを模索する政治リーダーによく噛みしめてほしいと思います。私は、東京一極集中を是正するための首都移転より、むしろ農業の再生、農村の活性化の方が大事ではないかと思っています。要するに、日本の農業の再生、農村の活性化は、食糧の安全保障の観点からだけでなく、日本人の心、日本本来の文化を継承する観点からも不可欠なのです。

ある時期、日本の国是は「工業立国」「技術立国」だとされました。たしかに時計やテレビなど家電製品、自動車、ファクシミリといった日本製の工業製品は世界を席巻してきました。しかし、二十一世紀の高度情報化社会に向けての技術では、コンピューター関連にしろ、バイオテクノロジー関連にしろ、日本は欧米に大きく遅れをとっており、日本の「技術立国」も風前の灯といわれています。

二十一世紀の高度情報化時代に大事なことは、経済成長率を高めることでも、工業製品で世界を席巻することでもない、と私は考えています。大事なことは、国の在り方、国民の生き方です。世界から尊敬される国、信頼される国民になるためには、国や国民の徳、品格を取り戻す必要があります。

日本の経済成長率が上がり、世界の人々が日本製品を喜んで買ってくれるに越したことはありません。しかし、それは実は「末」のことであり、本当に大事な「本」は、国が経世済民を実践し、国民も国に感謝し誇りを持つことです。そして、それが世界からの尊敬につながり、ひいては世界の平和にもつながっていくのです。そうすれば、おのずから日本の経済は上向き、世界も日本製品を必要とすることでしょう。私はそれこそが本当の意味の「国際化」だと思います。

大都市住民の焦燥感の背景

二〇〇〇年に森政権下で行われた総選挙で、大都市部を中心に、大臣を経験した自民党の有力議員が相次いで落選しました。自民党は大都市の住民からソッポを向かれ、完全に「田舎政党」になってしまったという見方があります。田原総一朗さんは『週刊朝日』の連載コラムで、自民党が大都市部で議席を減らした理由を、こう書いていました。

「地方にとっては、自民党は公共事業を持ってきてくれる、つまりありがたい役に立つ政党である。だが、東京に代表される大都市の有権者にとって、自民党はなんのありがたみもない、問題点ばかりが目につく政党でしかない。……自民党は、大都市の有権者に対する有効なメッセージを決定的に欠いている。」

私は、この自民党が大都市の住民からソッポを向かれたというところに、二十一世紀に日本を新生させる重要なカギがあるように思えてなりません。

戦後の高度経済成長路線を推進してきたのが、自民党単独政権であったことは周知の事実です。その経済至上主義路線の行き着いた先がバブル経済であり、バブル崩壊後の平成不況でした。そして、その間に日本人の精神の荒廃が進み、日本の社会は混迷の度合いを深めているのです。私は、自民党が大都市の住民からソッポを向かれたのは、田原さんが指摘されるように、公共事業など税金の配分が地方に偏重していることに対する都市住民の反発もあると思いますが、それよりも大都市に暮らす住民が、戦後五十数年を経た「この国のかたち」に大きな疑念を持っているからではないかと感じています。

最近、今日の教育荒廃のそもそもの原因は、高度成長期に集団就職によって地方の若者を都市に集めたことにある、という見方が出てきているようです。日本経済が敗戦の灰燼の中から立ち上がり、奇跡の高度成長を果たすためには、集団就職に象徴されるような地方から都市への人口流出は欠かせなかったと思います。しかし、それが巡りめぐって今日の教育荒廃、社会の退廃を招いているという見方も、まったく否定するわけにはいかないと思います。

戦後一貫して地方の過疎化、都市の過密化が進む中で、政治が有効な手を打ってこなかったのは事実です。それを助長してきた面さえあります。手を打とうとしたけれども、「都会へ、都会へ」という社会の流れ、国民のエネルギーの前に、政治は無力だったというべきかもしれません。

田中角栄首相の「列島改造論」はその流れに歯止めをかけ、地方の活性化を目指したものでしたが、地価を狂乱させた挙げ句、オイル・ショックで挫折を余儀なくされました。また、大平正芳首相の「田園都市構想」も都市の過密化にブレーキをかけ、地方を復興する構想でしたが、未完に終わっています。竹下登首相の「ふるさと創生」政策もその延長線上に出てきたものですが、過疎解消の切り札にはなり得なかったようです。最近では、小渕首相の「富国有徳」論に基づいて、都市の住民も地方に家を持てるようにする狙いで「優良田園住宅構想」が打ち出され、法案も成立しましたが、その法案成立に尽力した桜井新議員は前回の選挙で落選しました。優良田園住宅構想がどこまで推進されるか、まだ未知数です。

私は、自民党が都市の有権者にソッポを向かれた原因の一つに、地方の過疎化、都市の過密化に有効な手を打てなかったことがあるのではないかと感じています。地方に公共事業の大判振る舞いをし、道路を良くし、立派な美術館やホールを作っても、地方は一段と過疎化し、東京一極集中が進みました。これは何を物語っているのでしょうか。従来の手法では過疎・過密の問題は解決できないということです。

日本の大都市の住民はもともとそこに住んでいたのではありません。東京では昔から、三代続けて東京に住んでいないと本物の江戸っ子ではないといわれています。その意味では本物の江戸っ子は多くはないでしょう。その他の東京人は、それぞれ田舎を持っており、お盆や年末年始には故郷に帰り、先祖の墓参りをすると同時に、親・兄弟との一時の再会を楽しんでいるわけです。過密都市に暮らしながら、故郷への断ち難い思いを抱いて人生を送っている人は少なくないと思います。

私は常々、私たちは私たちの根っこである先祖を大切にしないと、幸せにはなれないと説いています。先祖を大事にするということは、故郷を大事にするということでもあります。故郷への断ち難い思いを抱きながら大都市に暮らしている人たちは、おそらくそのことを無意識のうちに感じているのだと思います。そしてその多くの人たちが、「この国のかたち」が変革され、東京一極集中型社会から地方分散型社会に変わり、故郷に近いところで仕事ができ、そこで老後をすごすことができるようになることを望んでいるのではないでしょうか。

そうであるならば、地方に根っこを持ちながら大都市に暮らしている住民にとって、地方の過疎化、大都市の過密化が一向に解消されない現在の状況は、トンネルの出口が見えない閉塞状況といえるでしょう。そこへさらにグローバリズムという巨大な波が押し寄せてきており、都市住民はますますトンネルの出口が見えなくなっている状況です。私には、大都市部の有権者の自民党に対する批判票の背後に、その閉塞感・焦燥感があるような気がしてならないのです。

地方出身者の「声なき声」を掬え

ここで私が強調したいのは、過疎・過密問題に対する閉塞感が、底流では日本人のアイデンティティの喪失の問題や教育崩壊の問題と結びついているのではないかという点です。地方に根っこを持ちながら、過密都市で閉塞感・焦燥感を持って生きている人たちは、心ならずも次第に故郷を喪失し、日本人としてのアイデンティティを失いつつあるのではないか、と私は危惧するのです。

私は、政治指導者が二十一世紀に日本を新生させるためには、過疎・過密問題を解決する抜本的な政策を打ち出すとともに、日本古来の伝統精神を見直しながら、教育改革を含めて日本人のアイデンティティを再構築する政策を推進する必要があると思います。それが田原総一朗さんの言う「大都市の有権者に対する有効なメッセージ」になり得ると、私は確信しています。

これは「国家百年の大計」です。過疎・過密問題の解消や、教育改革、日本人のアイデンティティの再構築の問題が「国家百年の大計」と申しますのは、それらが過去五十年、百年かかって作られた桎梏だからです。それを断行しようとすれば、少なからぬ抵抗もあるでしょう。特に、伝統精神を踏まえつつ日本人のアイデンティティを再構築するとなると、おそらく森首相の「神の国」発言に見られたように、マスコミから反発の大合唱が沸き上がるでしょう。

しかし、マスコミはオールマイティではありません。必ずしも民意を代表しているわけでもありません。マスコミの反発を乗り超えなければ、「国家百年の大計」は成し遂げられないのです。二十一世紀の日本新生のために、マスコミの反発を受けても、毅然とした態度でそれをやり遂げる覚悟が政治リーダーには必要です。

東京一極集中の解消、過密・過疎の解決のために、首都移転構想が出され、すでに移転候補地も決まっています。しかし、本当に実現するのか、いまだに疑問視する声も強いようです。石原慎太郎都知事などは、「首都移転は壮大な無駄だ」と一刀両断に斬り捨てています。私も首都移転の必要性はあまり感じないのですが、ただ過密・過疎は戦後日本の構造的な問題であり、ここにも構造改革のメスを入れる必要があると考えています。過密に悩む都市住民の生活基盤を整備することも大切ですが、根本的により大事なことは、都市に集中している人を故郷に戻すための長期的な戦略ではないかと思うのです。

戦前、岩手県から東京に出てきて極貧生活を送っていた石川啄木は、「ふるさとの訛りなつかし停車場の人ごみの中にそを聴きにゆく」という短歌を詠んでいます。上野駅の人ごみの中に懐かしい故郷の訛りを聴きにいった石川啄木の心情は、平成の今、地方から出てきて過密都市・東京で奮闘している人たちの心にも、切々と訴えるものがあるのではないでしょうか。

つまり、現在、東京をはじめとする大都市に生活している地方出身者の多くは、故郷にそれなりの仕事場があり、生活基盤が充実していれば、故郷で暮らしてもいいと考えているのではないか、と私は思うのです。地方分権ということがいわれますが、私は地方分権を実のあるものにするためには、大都市に暮らす地方出身者の、できれば故郷で働き、故郷に貢献したいという「声なき声」をくみ取る必要があるのではないかという感じがしています。

明治維新により、近代的な国民国家・日本ができるまでは、日本は藩を一つの行政単位とする地方分権が確立されていました。もちろん、徳川幕府の威光は全国津々浦々にまで達していましたが、各藩は独自の知恵を絞りながら政治を行っていたのです。教育にしても、各藩が独自に藩校を作ったり、さらに個人が私塾を作ったりして、割合自由な雰囲気の教育が行われていたようです。

私は、二十一世紀の地方分権は、江戸時代の藩による地方分権を参考にしながら、東京一極集中、過密・過疎を解消するという強い目的意識を持って断行しなければならないと思っています。国のため、世界のために仕事をしたいと大志を抱いて故郷を飛び出す人がいても、それはそれで素晴らしいことです。しかし、故郷に残り、故郷に貢献したいというのも、立派な志であります。私は、地方にそういう環境が整い、優秀な人材が自分の故郷にとどまって尽くすようになったとき、日本社会の荒廃に歯止めがかかるのではないかと思っています。

小泉内閣になってから、閣僚が地方に出かけてタウンミーティングを行っていますが、青森で行われたタウンミーティングで、女性が「青森を一流の田舎にしたい」と発言したそうです。小泉首相はその発言が気に入ったようで、「田舎の人がみんな都市を目指すのではなく、一流の田舎を目指すのもいい。田舎者が遅れていて、シティボーイが進んでいるという考えは、間違っている。田舎者はダサくはない。都市と田舎は共存するものだ」という感想を述べたということです。薩摩・鹿児島に根っこを持つ小泉首相は、過密・過疎の構造改革、東京一極集中を糺す意識改革の必要性を強く認識されているようです。

七　武士道精神は世界に通ず

西郷隆盛は「武士の鑑」

バブル崩壊後の日本を「第二の敗戦」状況と指摘し、日本経済のみならず日本という国が亡国の淵に立たされていると警鐘を鳴らして逝かれたのは、文芸評論家の故江藤淳さんです。その江藤さんが最晩年に書かれたのが、『南洲残影』という本でした。「南洲」とは言うまでもなく西郷隆盛のことです。江藤さんは、明治維新以降の日本とその文化の辿った道は、成熟しながらも「母なる日本」を喪失していったプロセスであり、明治維新は実は夜明けではなく、哀しい黄昏だったと位置づけ、この「第二の敗戦」の非常時に、かつてあった「母なる日本」の象徴として西郷隆盛に光を当てられたわけです。要するに、江藤さんは日本人本来のリーダーとして西郷隆盛を取り上げ、現代のリーダーがこの難局を乗り切るには西郷隆盛に学ぶべきだとおっしゃったのです。

先年、ある雑誌が識者に対して、「歴史上の人物で現代の日本を率いるにふさわしい人物は誰か」というアンケートを取ったところ、トップは西郷隆盛でした。また、韓国の金大中大統領が就任した当時、西郷隆盛の「敬天愛人」をモットーとされていることがテレビで報じられました。西郷の「敬天愛人」には世界に通用する、この人間社会の真理が込められています。だからこそ、西郷は今もなお多くの人々に親しまれているのでしょう。その意味では、「敬天愛人」こそグローバル・スタンダードなのです。

最近、政治家や官僚の堕落が問題になっていますが、西郷隆盛は「命もいらず、名もいらず、官位も金もいらぬ人は始末に困るものなり。この始末に困る人ならでは、艱難を共にして国家の大業は成し得られぬなり」という有名な言葉を残しています。この言葉は政治家や官僚の理想の姿を語る言葉としてよく引用されますが、これを実践する政治家や官僚がほとんどいなくなりました。要するに、腹を据えて国家・国民のために仕事をする人物がいなくなりました。いずれにしても、希望に満ちた二十一世紀の日本を拓くには、西郷のような腹の据わったリーダーが求められています。では、西郷のようなリーダーとは、どういう人格、資質を持った人のことを指すのでしょうか。

キリスト教徒の内村鑑三が英語で書いた『代表的日本人』という本の中には、上杉鷹山・二宮尊徳・中江藤樹らと並んで、その筆頭に西郷隆盛が取り上げられ、「武士の最大なるもの、また最後のもの」と最大の賛辞が贈られています。内村鑑三は、「子孫のために美田を買わず」と言い、武士道の極地ともいうべき無私無欲の精神で生きた西郷を「武士の鑑」と見ていました。内村鑑三にとって、西郷は武士道精神の最大かつ最後の体現者だったのです。故江藤淳さんが西郷に「母なる日本」の残影を求められた理由も、そこにあったと思われます。

英語で書かれた新渡戸稲造の『武士道』

内村鑑三とほぼ同世代で、同時代を生きたキリスト者に、新渡戸稲造という人がいます。ちなみに二人は「少年よ、大志をいだけ」で有名なクラーク博士が創設した札幌農学校の卒業生です。新渡戸稲造は現在の五千円札の肖像になっていますが、戦前、国際連盟の事務次長を務め、「我、太平洋の架け橋とならん」と、日米友好関係の維持に奔走した人です。彼は国際連盟の活動を通じて欧米各国から信頼され、「ミスター・ニイトベ」と親しみを込めて呼ばれていました。

その新渡戸稲造がやはり英語で『武士道』という本を書いています。新渡戸はその中で、武士道精神は仏教・神道・儒教の思想が混合して形成されたものだと説いています。仏教の影響については、「仏教は武士道に、運命に対する安らかな信頼の感覚、不可避なものへの静かな服従、危険や災難を目前にしたときの禁欲的な平静さ、生への侮辱、死への親近感などをもたらした」と書き、神道については、「他のいかなる信条によっても教わることのなかった主君に対する忠誠、先祖への崇敬、さらには孝心などが神道の教義によって教えられた。そのためサムライの傲岸な性格に忍耐心がつけ加えられた」と書いています。

さらに儒教の影響については、「道徳的な教義に関しては、孔子の教えが武士道のもっとも豊かな源泉となった。孔子が述べた五つの倫理的な関係、すなわち、君臣、父子、夫婦、兄弟、朋友の関係は、彼の書物が中国からもたらされるはるか以前から、日本人の本能が認知していたことの確認にすぎない。冷静、温和にして世才のある孔子の政治道徳の格言の数々は、支配階級であった武士にとってとくにふさわしいものであった。孔子についで孟子が武士道に大きな権威をおよぼした。彼の力のこもった、時にははなはだしく人民主権的な理論は、思いやりのある性質を持った人びとにはことのほか好まれた」と解説しています。

つまり新渡戸稲造は、武士道は日本人の精神の源流だった仏教・神道・儒教をうまくミックスさせ、昇華させた崇高な精神であると欧米人に説いたわけです。

新渡戸がなぜ欧米人向けに『武士道』という本を書かなければならなかったのかといえば、直接の動機は、外国留学中に著名な法学者から「日本には宗教教育がないようだが、道徳教育はどのように授けられているのか」と質問され、自分に善悪の観念を吹き込んだのが武士道だったことに気がついたからです。

しかし、『武士道』が出版されたのが日清戦争と日露戦争の中間の明治三十二年だったことを考えますと、新渡戸の中には、崇高な日本精神を世界の人に知ってもらうことによって、国際社会に乗り出していこうとしている祖国が国際的に少しでも好感を持って迎えられたら、という配慮があったと思われます。同時にまた、新渡戸には武士道が世界に通用する、グローバル・スタンダードになり得る道徳原理だという確信があったと思われます。

新渡戸稲造は明治維新の六年前、今の岩手県盛岡市の武士の家に生まれ、明治八年、十四歳で上京して英語学校で英語を勉強した後、十六歳のときクラーク博士の札幌農学校に二期生として入学しました。ちなみに同期の内村鑑三も群馬県高崎市の武家の子弟です。札幌農学校の教育は、専門の農業に関する学問よりプロテスタントとしての人格形成に重点が置かれていました。武士道精神によって育てられた新渡戸や内村が、プロテスタント精神に基づく教育が行われていた北の果ての札幌農学校に入学し、キリスト教に入信までしたというのは、ちょっと不思議な感じもします。

しかし、武士道精神の中には仏教精神が取り込まれています。仏教とキリスト教はまったく異なる宗教だとはいえ、多くの人に信仰され、多くの人を救済してきた点で、宗教として共通する考え方も少なくありません。そのことを思えば、新渡戸や内村が札幌農学校の教育に魅了されたとしても不思議ではありません。また、実はプロテスタント精神というのは、質素倹約を重視し、自ら律する自律、自ら助ける自助、勤勉、正直をモットーにしている点で、武士道精神と相通じる部分があったのです。新渡戸稲造はそのことを明確に認識した上で、『武士道』を世界に紹介したわけです。

新渡戸の意図は当たりました。そして、日露戦争で日本が超大国ロシアをやぶった頃には、国際的に日本への関心が急速に高まり、新渡戸の『武士道』は英語以外にもドイツ語・ポーランド語・フランス語などに翻訳されました。日露戦争の戦後処理を決めたポーツマス条約で、日露の間の仲介をしたアメリカの第二十六代大統領セオドア・ルーズベルトは、『武士道』を読んで大いに感動し、友人たちに配ったそうです。

西郷隆盛を「武士の鑑」と賞賛した内村鑑三は、「自分の場合、武士道という精神的土壌が接木における台木となり、その台木にキリスト教が接木されたにすぎない」と自己分析していますが、おそらく新渡戸稲造の人格も同じだったことでしょう。武士道精神を根底に持ち、その上にプロテスタント精神を兼ね備えていたからこそ、新渡戸は国際人として活躍でき、外国人からも「ミスター・ニイトベ」と慕われたのです。

新渡戸は昭和八年に会議のために訪れていたカナダで病に倒れましたが、晩年は国際的に孤立する日本を破局から救うために、日米関係の修復に全精力を注ぎました。そして国内では国際的に孤立することの愚かさを説きながら、軍国主義を批判する一方、海外では日本精神の崇高さを説きながら、日本の政治的立場への理解を求めたのです。結局、新渡戸の努力は徒労に終わりました。しかし、戦前の日本には、新渡戸のように武士道精神を体現し、国際社会で尊敬を集めた国際人がいたことだけは確かです。

武士道精神は永遠

『武士道』の冒頭には次のように書かれています。

武士道はその表徴たる桜花と同じく、日本の土地に固有の花である。……それは今なお我々の間における力と美との活ける対象である。それはなんら手に触れうべき形態を取らないけれども、それにかかわらず道徳的雰囲気を香らせ、我々をして今なおその力強き支配のもとにあるを自覚せしめる。それを生みかつ育てた社会状態は消え失せて既に久しい。しかし、昔あって今はあらざる遠き星がなお我々の上にその光を投げているように、封建制度の子たる武士道の光はその母たる制度の死にし後にも生き残って、今なお我々の道徳の道を照らしている。

つまり、武士道は日本固有の道徳体系であり、それを生み出した封建制度が崩壊した今もなお、その光は日本人を照らしている、というわけです。当時の日本は「脱亜入欧」路線をひた走り、欧米列強に対抗してアジアへの侵略を始めようとしていた時期でした。その国家の路線は新渡戸稲造の理想とは大きくかけ離れていたに違いありませんが、博士はその路線が日本の本質ではないことを世界に訴えようとしたのです。また、明治三十年代の日本には、新渡戸自身を含めて、武士道をバックボーンとした道徳的雰囲気を香らせて国際的に尊敬を集めるリーダーたちが、まだ多く存在していたことも事実でしょう。

新渡戸は「義」「勇・敢為堅忍の精神」「仁・惻隠の心」「礼」「誠」「名誉」「忠義」など、武士道精神のポイントを列挙しながら、武士道精神の崇高さを説いています。例えば、「義」については、「義は武士の掟中最も厳格なる教訓である。武士にとりて卑劣なる行動、曲りたる振舞いほど忌むべきものはない」と言い、幕末の尊王攘夷派の志士・真木和泉の「節義は例えていわば人の体に骨あるがごとし。骨なければ首も正しく上にあることを得ず、手も動くを得ず、足も立つを得ず。されば人は才能ありとても、学問ありとても、節義なければ世に立つことを得ず。節義あれば、不骨不調法にても、士たるだけのこと欠かぬなり」という言葉や、孟子の「仁は人の心なり、義は人の路なり」という言葉を引用しながら、「義」の大切さを説いています。

また「勇」については、「勇とは義しき事をなすことなり」と言い、武士道では死に値しないことのために猪突猛進的に飛び込んで死ぬのは「犬死」と軽蔑されたことが紹介されています。そして、博士は「勇気が人の魂に宿れる姿は、平静すなわち心の落ち着きとして現れる」として、次のように書いています。

平静は静止的状態における勇気である。……真に勇敢なる人は常に沈着である。彼は決して驚愕に襲われず、何ものも彼の精神の平静を紊さない。……危険もしくは死の脅威に面しても沈着を失わざる者、例えば差し迫る危険のもとに詩を誦み、死に直面して歌を吟ずる者、かかる人は真に偉大なる人物として吾人の賞賛するところであり、その筆蹟もしくは声音従容としてなんら平生と異なるところなきは、心の大なることの何よりの証拠である。

新渡戸はまた、「刀・武士の魂」の章では、刀は武士道の力と勇気の表徴であると同時に、武士に自尊心と責任感を与えるものだったと書いています。そして、刀鍛冶は単なる職人ではなく、霊感を受けた芸術家であり、その職場は神聖な場所とされていたこと、そして刀は完璧な芸術品であり、無分別な濫用は慎むように指導されていたことを紹介しながら、「武士道の究極の理想は結局平和であった」と説いています。

『武士道』を改めて読みますと、刊行された当時のセオドア・ルーズベルト大統領や、後のケネディ大統領がこの本を読んで感動し、日本に大いなる関心を抱いたのがわかるような気がします。キリスト者であった新渡戸だったからこそ武士道を欧米人の琴線に触れるかたちで紹介できたのだと思いますが、それにしても戦後、新渡戸のように日本精神を海外に紹介する知識人も、日本精神を体現するリーダーもほとんどいなくなってきたことは、残念だと言うしかありません。

新渡戸は『武士道』の最後で、社会の環境が武士道と敵対的にさえなり、武士の徳、武士の誇りが消えつつあることを憂いつつ、しかし、武士道は徳として生き残ると、こう記しています。

「武士道は一の独立せる倫理の掟としては消ゆるかも知れない。しかしその力は地上より滅びないであろう。その武勇および文徳の教訓は体系としては毀れるかも知れない。しかしその光明その栄光は、これらの廃址を越えて長く活くるであろう。その象徴とする花のごとく、四方の風に散りたる後もなおその香気をもって人生を豊富にし、人類を祝福するであろう。百世の後その習慣が葬られ、その名さえ忘らるる日到るとも、その香は、路辺に立ちて眺めやれば、遠き彼方の見えざる丘から風に漂うて来るであろう」と。

つまり、新渡戸は、百世の後には武士道という名前は忘れられ、その武勇・道徳としての体系は壊れるかもしれないが、その輝きと栄光は桜の花の香りのように丘の上から風に乗って漂ってくるだろうと、武士道精神の永遠性を確信しているのです。

私は、この宇宙空間には先人、先徳の智慧が遍満しており、日頃から世のため人のために一つのことに集中して努力している人が、先徳の智慧をいただけるのだと考えています。新渡戸が言っているのは、そういう意味ではないかと思います。武士道精神はこの日本各地の野辺や丘に今も遍満しており、武士道精神が二十一世紀の指導的理念になると確信し、一生懸命その実践に努めている人に、その馥郁たる香りが届いているはずだと思うのです。

武士道の極致を説いた『葉隠聞書』

私は二十一世紀に国際化が進めば進むほど、日本のリーダーに求められるのは、英語力よりむしろ仏教の心、儒教の心、武士道の心といった、伝統的な日本精神だと思っています。「古武士の風格を持った人」でないと、国際化の荒波の中で毅然たる態度を貫くことができないと思うのです。

武士道の極致を著した『葉隠聞書』という有名な書物があります。江戸時代初期に佐賀・鍋島藩の武士で晩年は出家した、山本常朝が語った武士の在り方を聞き書きしたものです。その冒頭近くの、「武士道と云ふは、死ぬ事と見付けたり」という一節はあまりにも有名ですが、その一節の後に次のようなことが語られています。

生か死かの選択を迫られたとき、一刻も早く死を選ぶだけである。別に、とりわけて理由があるわけではない。決断して前進するだけである。……生か死かという二者択一の場に立って、その場にふさわしい決断に思いをめぐらすことなど不必要なことである。……毎朝毎夕、いくたびも死を覚悟し、常住坐臥つねに死の覚悟ができているならば、武道における自由自在な境地が体得され、一生の間なんの落ち度もなく、武士としての職分を果たすことができる。

つまり、山本常朝は、常に死を覚悟し、生か死かの場面では死に向かって直進するのが武士であり、その覚悟さえできていれば、自由自在の境地が得られ、武士としての一生を全うできる、と言っているのです。この覚悟を読むと、武士という立場にいかに厳しさが求められていたかがわかります。今の日本は平和な世の中ですから、リーダーが日頃から死を覚悟するということはないのかもしれませんが、私は、必死の覚悟で仕事に取り組まなければならないのは、昔の武士階級もいまの政・財・官界のリーダーたちも同じだと思います。

『葉隠聞書』は出だしは高尚な武士道の真髄を説く内容になっていますが、中身は武士の身の処し方がかなり具体的に書かれています。例えば、「己れ一人だけの狭い知恵で身を処すると、私心にわざわいされて天の道理に背くことになるから、知恵のある人に相談したり、古人のすぐれた言行を繙くのが良い」とか、「主君のために一命を捧げる覚悟を積み、主君と一心同体になっている家来が二、三人もいれば、その家の基礎は盤石である」とか、「正義を貫くことを最上至極と考え、ひたすら正義を押し通すのはかえって誤りが多い。正義より上に道というものがあり、道を見つけるのは難しい。これがわかるのは、賢知の最高の境地においてである。ただ、道からはずれない方法はある。人と相談したり、読書をして古人のすぐれた思慮にならうことである」といったことが説かれています。

武士道の真髄は決して難解なものではありません。「武士道とは死ぬ事と見つけたり」という冒頭の言葉がいかにも哲学的なために、『葉隠』自体を難解な武士道論だと思っている人が少なくないようですが、中身はごく当たり前の武士のあるべき姿を説いているのです。わかりやすいからこそ、『葉隠』が佐賀藩に普及していたともいえるでしょう。

いずれにしても、江戸時代までの武士階級が身につけていた日本精神は、考えてみれば非常にシンプルなものでした。死の覚悟を持って仕事に当たる。神仏や天に恥じない行いをする。お家すなわち国を大事にする。先祖を敬い親孝行をする。礼節を重んじる。廉恥心を持つ――。日本人はこの百年で経済大国にはなったものの、このようなシンプルな精神を失い、外国からもあなどられるようになったのです。

私は、前近代的な封建社会として見過ごされてきた江戸時代を見直し、武士社会の基本精神を掘り起こすことが二十一世紀の日本新生につながる、と確信しています。

武士の基本は質素・素朴

江戸時代中期に室鳩巣という儒者がいます。八代将軍徳川吉宗のブレーンで、享保の改革の文教面を担当した学者です。その室鳩巣が加賀百万石の前田藩に仕えていたとき、「今は世も末となって人の心も素直でなく、風俗も日ましに卑しくなっている。これを改めるには、それにふさわしい君主が出られて戒めていただかぬことには、われわれ下々の者の力の及ぶことではない」として、『明君家訓』という教訓書を書き残しています。この場合の「明君」は、具体的に楠木正成をイメージして書かれたようで、楠木正成が家来に言って聞かせた教訓書というかたちをとっています。

そこには「悪い点は遠慮なく注意してくれるように」「何度でも懲りずに諫めてくれるように」「気のついたことはすみやかに報告すること」「本物の学問をしてこそ生きがいがある」「学問とは心がけと行いを正す修業のことだ」といった三十項目の教訓が説かれていますが、指導者つまり武士の心構えを説いた項目も少なくありません。

例えば、第十一項では、「昨今の武士の風俗は、質素で素朴な傾向が少なく、外見を飾り、わが身を裕福そうに見せかけている。自分と同じ位の者、あるいは身分の下の者に対しては、特別に高慢に振る舞ってみせ、まるで飾りたてた木の人形のように見えるということを聞き及んでいる。……武士というものはその身分よりへりくだって、万事につけてやり方が無造作で、外見をつくろい自分を飾る気持ちのないことこそが本来のあり方である」と、指導者は質素・素朴を旨とすべきことを説いています。

その他、「指導者は情実縁故を求めず公明正大であること」「公務者は人と会うときは礼儀正しくすること」「人に施しをして貧しいのは武士の本望であること」「道理をただすことが武士の職であること」「武士の姿をして町人の所業に及ぶべからず」など、武士の心構えが切々と説かれています。

室鳩巣は指導者・武士に対して外見より心の充実を求めました。第十五項では、「武士の心がけというものは、心にあるのであって、形にあるのではない。だから、よい武士というものはその姿・形や話し方が逆にやわらかく、わずかなことにこだわって争うこともなく、たいていはもっぱら我慢しているため、一見、臆病なように見える。しかし、一たび戦場に臨めば、血気にはやる者に少しも遅れをとることはない」と、心構えの大切さを書いています。

私たちが室鳩巣の『明君家訓』から学ばねばならないことは、指導者にとって理念・志・心構えがいかに大切かということです。確固たる理念・志・心構えを持ち、「身口意」をフル回転させて物事に当たれば、その姿勢は必ず多くの人々の共感を得、多くの人々を救うことにつながるのです。

身を敬する「義の政治家」

江戸時代を代表するドラマの一つがいわゆる『忠臣蔵』ですが、赤穂浪士が吉良邸に討ち入る際、大石内蔵助が打ち鳴らしたといわれるのが山鹿流の陣太鼓です。この山鹿流の山鹿とは赤穂藩に仕えていた兵学者・山鹿素行のことです。兵学というのは武士のための戦の学問ですが、山鹿素行の兵学は武士の存在意義を追求するもので、人々の暮らしを安定させ、良好な社会秩序を維持するために、武士はいかにあるべきかを説いたものでした。その意味では、山鹿素行の兵学は経世済民の学問でした。

山鹿素行の代表的著作の中に『山鹿語類』という本があります。弟子が素行の談話筆記に著述を加えて整理編集した本です。その中にこんな一節があります。

天地は人の父母なる事は古よりの掟なり。中に付きても人君は天地に代りて万民をめぐみ国土を正すの人なれば、まさしく天子と号し奉りて天地の命を司るの職なり。

「天地は人の父母」というのは、真言密教でいう「人間をはじめすべての生きとし生けるものは大宇宙・大生命体である大日如来から生み出されている」ということと同じ意味です。つまり、素行は「人間が天地すなわち大自然・大宇宙から生まれているというのは昔からの法則であり、君主は天地の代理として人民に恵みを与え、国土を正しく守る人であるから、天子と呼ばれ、天地の命令を司ることを職業としているのだ」と説いているわけです。

要するに、これは君主をはじめとする武士の社会的責務を説いたものです。現代に当てはめれば、政治家や官僚は天に成り代わって政治や行政を行っているのであり、天の命に背いてはならないということです。これは西郷隆盛の「敬天愛人」思想にも通じる考え方です。

山鹿素行はまた、「君臣・父子《ふうし》・夫婦・兄弟《けいてい》・朋友の五つの倫理は、すべての人がわきまえなければならない人倫である。しかし農・工・商に携わる人々は仕事に忙しくその道を究めることがなかなかできない。したがって、武士がその道を究めることに専念し、農・工・商に携わる人々の模範にならなくてはならない」と言い、そのためには「武士は文武両面において徳と知恵を備えなければならない」と指摘しています。

ここには、国の経済を支えているのは農・工・商に携わる人民であり、武士ではない、という素行の考え方が表れています。武士は直接経済活動に従事しているわけではないから、毎日経済活動に励んで忙しい人民に代わって人倫の道に専心し、徳と知恵でもって人民を善導しなければならないというのです。

江戸時代は士農工商の身分制度がはっきりとしていた時代で、武士はいわば特権階級でしたが、その身分制度が成り立つためには、武士が経済活動に従事する農・工・商に尊敬されなくてはならないことを、素行は見抜いていたのです。

現代は身分制度の時代ではありませんが、人それぞれに立場・職分というものがあります。そして政治家や官僚は、基本的には江戸時代の武士と同じ立場で、国民の経済活動の上に成り立っているわけです。その意味では、現代の政治家や官僚も天の命をわきまえ、人倫の道を体現しなければならないわけです。それが経世済民すなわち経済の本質だということです。

山鹿素行は上に立つ者の資質についていろいろ指摘していますが、その中の一つに「義と利をわきまえること」を挙げています。素行は政治の仕方には、王道と覇道があると言います。王道とは、仁義の徳を身につけた為政者が、人民の経済的な安定を図った上に、道徳を説いて国家の安泰を図るやり方のことです。覇道は逆に、表面的には道徳を体現しているように見せて、実は力でもって国家を治めるやり方です。この王道と覇道の対比は『孟子』が説いたものですが、素行は王道が義の政治、覇道が利の政治だと言うのです。

そして素行は、義とは「内に省みて恥じ畏れる心があり、物事を実行した後に自らへりくだること」だと言い、利とは「内に欲にまかせて恥じ畏れる心なく、外に現れる行為としては身の安逸に従うこと」だと言っています。

要するに、山鹿素行は「利の政治家」では覇道の政治しかできない、王道の政治を行うには「義の政治家」が必要だ、と言っているわけです。現在の日本の政治は果たして王道を歩んでいるのでしょうか。私にはとてもそうは見えないのです。

素行はまた、為政者の資質の一つとして「身を敬する」ことの重要さを説いています。「敬する」は、ここでは「慎む」という意味です。そして、身を敬するためには、まず威儀を正すことが肝心だと言っています。威儀を正すということは、礼節にかなった振る舞いをするということです。威儀を正し、礼節にかなった振る舞いをすれば、心は一になり、心が一であるときは決して間違いは起こさない、というのです。

そして素行は、孔子の「君子は衣冠を正しくして、目の配り方を重々しくする」という言葉を引用しながら、こう説いています。

外面において威儀が正しければ、内面の徳も正しい。外面が乱れれば、内面も必ず乱れる。外面の威儀をつまびらかに究明し、天の法則に合うように身を守れば、心構えの要点はおのずから明らかになる。威儀は礼節の形であり、礼節は敬することを根本とする。威儀に志を立てている人々は、平生から敬することを工夫すれば、道は少しも遠くはなく、むしろ近くにある。

つまり素行は、外見は内面の鏡であり、為政者が身を慎み、威儀を正せば、おのずからそこに徳が生まれ、天の道にかなった政治が行える、と説いているのです。

その国の政治はその国民のレベルに応じた姿になっているとよくいわれますが、その逆に、政治家が威儀を正して天の道にかなった政治を行えば、それを鏡として国民も身を敬するという面もあると思います。威儀に志を立てる政治家・官僚・経済人が少なくなったことが、今日の日本を歪め、乱しているのではないでしょうか。

士気は廉恥の心から生じる

江戸時代には貝原益軒の『文武訓』、山本常朝の『葉隠聞書』、山鹿素行の『士道』など、多くの「武士道」論が説かれていますが、江戸末期に伊勢の儒者・斎藤拙堂が説いた士道理論書『士道要論』という本があります。

江戸末期の十九世紀中頃になると、武士道精神は江戸初期のような緊張感がなくなり、武士階級も退廃的な気分を強めていたようです。士農工商のいちばん末席にランクづけられていた商人が商品経済の拡大に伴って力を持ち、武士が商人に借金をする時代でしたから、プライドの高い武士たちが荒んだ気分になったのもやむを得ない面があります。戦後の高度成長により企業社会が急速に潤い、企業人の収入が官僚の収入をはるかに超えていったことが、官僚が企業にたかるのは当然という風潮が醸成された一つの要因だという見方があります。その意味では、昨今の官僚は江戸末期の武士たちと似た精神構造に陥っているのかもしれません。

斎藤拙堂は、武士が退廃的で爛熟した町人文化に毒され、中には一部の特権商人と組んで私腹を肥やす者まで現れた状況を見て、士道の衰退に危機感を持ち、士道の再建を目指して『士道要論』を書いたといわれています。

『士道要論』は『論語』『孟子』『春秋左氏伝』などの中国の書、『日本書紀』『古事記』『万葉集』などの日本の古典、そして楠木正成・武田信玄・上杉謙信・徳川家康・新井白石らのエピソードなどを紹介しながら、士道の要点をわかりやすく説いています。武士の原点を説く「原士」の章から始まり、以下「士風」「士気」「士節」「士心」「士道」と、全体は六つの章で構成されています。

「原士」の章では、武士たる者は職務にさまざまな違いはあっても、その根本は「武」であることが強調されています。これは武士の成り立ちからして当然の原点を確認したものです。現代の政治家や官僚の心構えとして通用するのは、「士風」から「士道」に至る五つの要点です。

「士風」の章では、「武士は士農工商の第一に位置し、上に向かっては主君に仕え、下には農工商の民衆を取り仕切る役割を負っているから、武士たる者の気風は正しくなくてはならない。正しい気風とは、礼儀を重んじ、心清らかで私欲をむさぼらず、恥を知ることである。その上、質実素朴で、心の強くしっかりとした精神が、武士の特色である」と書いています。

また「士気」の章では、『孟子』の「志のある士は、義を守って常に貧窮に陥りがちであるから、死んで溝や谷間に棄てられるようなことがあっても恨まない。また勇士は、自分の命を鴻《おおとり》の羽毛の軽いのになぞらえている者だから、その首をいつ失っても惜しくないと覚悟している」という意味の「志士は溝壑《こうかく》に在るを忘れず、勇士は其の元《くび》を喪うを忘れず」という言葉を引用しながら、士気は恥を知り欲を忘れる「廉恥の心」を持つことから生じると説いています。

さらに「士節」の章では、武士としての節操がなくては利益に目がくらんで失敗するから、「子としては孝に死し、臣としては忠に死す」という節操を守らなくてはならないといい、「士心」の章では、その節操を守るためには、私心、私の心がなく、正道を目指す「道に志す心」が肝心だと力説しています。そして最後の「士道」の章では、正道を目指す「道心」は聖人の道を求める心であり、聖人の道を明らかにして、正義を求め実践するのが真の士道だと結論づけています。

要するに斎藤拙堂は、武士たる者は、道心を自覚し、忠孝の節操を保ち、廉恥の精神で士気を高め、質実素朴で強い気風を持って、聖人の道を求め、正義を実践しなければならない、と説いたわけです。この幕末の滅びゆく武士に向けた斎藤拙堂の心からの叫びは、百六十年の時を超えて、現代の日本の政治家や官僚にも鋭く訴えかけてきます。政治家や官僚のみならず、物事の本質を見失っている平成日本の各界のリーダーに対して、斎藤拙堂の叫びは痛切な響きをもって迫ってくるのではないかと思います。

武家政治の指導理念「御成敗式目」

現代は新しい千年紀と新しい世紀が重なってスタートした、大きな区切りの時代です。日本の今から千年前といえば、平安時代の中頃です。平安時代は西暦七九四年から一一九二年まで、約四百年間も続いていますが、西暦一〇〇〇年頃には社会に大きな地殻変動が起きようとしていました。それは、藤原不比等以来、栄華を誇ってきた藤原氏による貴族政治が頂点に達する一方で、新しい武士の時代が始まろうとしていたということです。

藤原氏による貴族政治の頂点は十一世紀初め、「この世をばわが世とぞ思う望月の欠けたることもなしと思えば」という得意絶頂の歌を詠んだ藤原道長の時代です。しかし、当時すでに全国各地で農民が反乱を起こしたり、南都北嶺すなわち興福寺・延暦寺の僧徒が強訴に及ぶなど、荘園制度を基本とする社会の矛盾が噴出し、社会不安は増大していました。そこに武士という新しい階級が台頭するわけです。藤原道長の時代は藤原氏による摂関政治の最後に咲いた徒花だったといっていいでしょう。

そして、藤原道長の死後百七十年ほどの間に、貴族の藤原氏に代わり武士の平氏・源氏が政治の実権を握り、一一九二年に源頼朝が鎌倉幕府を創設したことによって、武家政治の時代が始まりました。昔は時間の流れが緩やかですから、藤原道長の時代から始まった社会の地殻変動が、約二百年かけて終わったわけです。そして武家政治の時代はいくつかの政権交代はありましたが、明治維新まで六百五十年以上も続くことになります。

米ソ冷戦が終焉した頃、国際的な政治の枠組みが劇的に変わったことを指して、「パラダイム転換」という言葉が盛んに使われました。平安時代から鎌倉時代に至る過程でも劇的なパラダイム転換が起きたわけです。そこで私が注目するのは、源頼朝以降六百五十年以上も続いた武家政治の指導理念とはどのようなものだったのかという点です。

源頼朝によって創設された鎌倉幕府でしたが、源氏による政権は三代将軍・源実朝が鶴岡八幡宮で暗殺された時点で終わり、その後は北条氏が執権として実権を握っています。つまり、武家政治がスタートした鎌倉時代初期には、将軍暗殺というかたちで源氏から北条氏への政権交代が行われるなど、まだ社会秩序が混沌とした状態だったのです。

そこで時の執権・北条泰時が武家政治の指導理念として編纂したのが「御成敗式目」です。御成敗式目は鎌倉幕府以後の室町幕府においても、江戸幕府においても武家が守るべき重要な指針として尊重され、その精神は六百年以上にわたって武家社会を貫いています。

御成敗式目には、守護・地頭の職務の違いや所領に関する規定、さらに裁判制度の仕組みや刑罰の内容などが、五十一カ条にわたって事細かに定められていますが、そこに通底する精神は「道理の順守」ということでした。北条泰時は「道理」によって新しい時代の秩序を構築しようとしたのです。

そして、御成敗式目の第一条には「神社を修理し、祭祀を専らにすべき事」として、「神は人が敬うことによってその威光を増すものであり、人は神の徳によって運が開けてくるものである。それゆえに、年中恒例の祭祀をすたれないようにし、供え物もおろそかにしてはならない」と書かれています。

また第二条には「寺塔を修造し仏事等を勤行すべき事」として、「寺と神社は違うが、敬わなければならないという点では同じである。だから、寺の建造物を修理したり、年中恒例の仏教儀式を行うことは、第一条と同様に大切にすべきである」と定められています。

武家の憲法ともいうべき御成敗式目の第一条・第二条に神仏の尊重が謳われていることは、北条泰時が武家政治の根底には神仏に対する崇敬の念が不可欠だと考えていたことを示しています。そしてそれは、聖徳太子の「憲法十七条」の第二条に「篤く三宝を敬え」、つまり仏像・仏の教え・僧侶の三つの宝を敬えと説かれていたことを想起させます。要するに、古来、日本の政治の指導理念には、最重要テーマとして神仏への敬愛の念が強く説かれていたわけです。

北条泰時は、政治を執り行う武士たちに神仏への敬愛の気持ちを大前提にした「道理の順守」を訴え、それによって新しい社会秩序を形成することに成功したのです。

北条泰時の弟に北条重時という人がいます。京都の守護・六波羅探題を十八年間も務めたほか、執権の補佐役・連署や信濃・若狭・和泉・讃岐などの守護を務めるなど、北条政権の確立に大きく貢献した人です。

この北条重時は晩年出家し、観覚と名乗ったことからもわかるように、熱心な仏教信者でした。重時が当時社会事業を行っていた名僧・忍性を開山として招いて、鎌倉に創建したのが極楽寺で、重時は通称「極楽寺殿」と呼ばれていました。

重時が家訓として遺した『極楽寺殿御消息』という格調高い文章があります。そこには武家のあるべき姿が諄々と説かれていますが、「まず心にかけ、実践すべきこと」として「朝夕必ず神仏を拝礼し、信心の心を持つこと」を挙げています。兄・泰時が編纂した御成敗式目と共通する理念です。そして重時はこんなことも言っています。

「仏法を尊び、心を正直に持つ人は、今生も平和に暮らし、死後も極楽へ行くことができる。立派な親の子どもが天下の重要な地位に用いられるようなものだ。それは自分だけの力ではなく、神仏のご加護を受けているからである。弓矢を取る武士がすべてに優り、名を挙げ徳をあらわすには、正直の心を基本とするほかにない。正直な親の子どもは、その親のおかげで人にもよく言われ、多くの人から親切にされるのである。それゆえ、子孫はますます繁栄することとなる。」

神仏の心すなわち正直の心が一族を繁栄させ、ひいては社会を平和にするのだ――北条重時はそう考えていたのです。北条泰時にしても、北条重時にしても、武家政治という新しいパラダイムを定着させる指導理念として、神仏の心をベースにおいたわけです。武家政治が六百年以上も続いた根底には、その草創期に神仏の心をベースにした指導理念を構築した北条泰時や重時といった人物の苦闘があったといってもいいと思います。

現在の日本は、二十一世紀に向けた新しい国づくりの「産みの苦しみ」を味わっている段階です。いま必要なのは、今後百年、二百年と通用する指導理念です。私はそれは北条泰時や重時が求めたように、仏教の心、御仏の心の中にあると信じています。

武士に敬意を払う欧米人

「週刊新潮」のグラビアページに、「夏彦の写真コラム」というページがありました。評論家の故山本夏彦さんが、写真に添えて辛口のコラムを書かれている名物ページでした。数年前になりますが、そのコラムにこんな内容のことが書かれていました。

《「明治の人」は昭和の人とちがって立派だったという定評は誤りである。明治の人は私たちの父祖であり、近衛文麿、東条英機、みなわが国を破滅に導いた人たちだ。マッカーサー元帥は若い頃、日露戦争に従軍し、児玉源太郎、乃木希典大将以下の将軍を目の当たりに見ている。後に東京裁判で日本の将軍たちを見て、日露戦争のときの将軍とあまりに違うので、これが同一国民かと疑ったという。日露戦争時代の将軍は明治の人ではない。封建時代の人で、幼いときから四書五経の素読で育った人であった。

幕末の頃の遣欧米使節も儒教育ちである。アメリカに使節として行った芥舟木村摂津守一行は、英語を話せなかったし、理解もできなかったが、アメリカ人から違う文化圏に属する教養ある紳士たちだと受けとめられた。そして、連日連夜宴会ぜめにあったが、彼らの挙措進退は毅然として、少しも臆するところがなかった。彼らの面影が日露戦争の将軍にはそっくり残っていたのである。

夏目漱石はイギリス留学から帰って小説家として大成功したが、漱石の弟子で漱石の英文学を継いだ者はあっても、漢詩文を継いだ者はいない。漱石の弟子たちは、西洋の古典を学んでわがものにすれば西洋人になれると思って、東洋の古典を捨てた。そして結局、にせの西洋人というより、にせの日本人になった。漱石以後、洋行する者はおびただしくあったが、遣欧米使節のように日本人として行く者はなかった。みな、にせの日本人として洋行し、現地であなどられたのである。》

つまり、山本夏彦さんは、明治人が偉かったというのは明治生まれの人が偉かったという意味ではなく、明治時代に生きた江戸時代生まれの人たちが偉かったのであり、そのバックボーンには四書五経などの素読で培われた儒教精神があったというのです。そして、明治維新以降、日本は欧米のものまねを始めてから、日本人は毅然とした態度を失い、「にせの日本人」になってしまったというわけです。

山本さんはこのエッセーの最後で、駅前の英語塾の繁盛や、小学生から英会話を教えようとしている文部省の方針を嗤いながら、「学問と知識と、何よりバックボーンなしで何をしゃべるのか。ただ軽侮を招くだけである」と書いています。

ある財界人がイギリスへ行ったとき、現地の財界人が歌舞伎について自分より詳しかったことに驚くと同時に、自分がシェークスピアについてほとんど何も話せないことを恥ずかしく思った、という話を聞いたことがありますが、ただ英語さえ話せれば国際人だという風潮は考えものだと思います。

藤岡弘さんという俳優がいます。一九七〇年代にテレビの仮面ライダー役で子供たちのアイドルになった人です。最近はテレビゲーム機やオートレースのテレビコマーシャルで脚光を浴びています。実は、この藤岡さんの家系は、愛媛県で先祖代々古武術を継承してきた家系だそうです。藤岡さんは子供の頃、お父さんから古武術を厳しく教え込まれ、それが嫌で嫌でたまらなかったといいます。そして、長い間、武術のことは忘れていたそうです。

ところが藤岡さんは、俳優になってしばらくしてから俳優業には武道の素養が必要だと考え、いろんな武道の道場に入門するわけです。すると、各道場の師範が藤岡さんの身のこなしを見て、「どこで身につけたのか」と聞いたといいます。そこで藤岡さんは自分の体内に武道家のＤＮＡが流れていることを再認識し、師範たちの「古武術は日本古来の財産の一つであり、後世に伝えるべきだ」とのアドバイスを受け入れ、俳優の傍ら武道家としての活動も始めたわけです。

現在、藤岡さんは自宅の一階に個人的な道場を作り、毎日朝晩身を清め、ロウソクを立ててお祈りをし、しばらく瞑想した後、真剣の素振りを何百回と繰り返しているということです。これはまさに、私たち行者が実践している行そのものです。私の家も六百年続く行者の家系ですから、藤岡さんのいう武道家のＤＮＡが流れているという感覚はよく理解できるのです。

藤岡さんのところに、映画「ランボー」「ロッキー」シリーズで有名な俳優シルベスタ・スタローンや、「タイタニック」のジェームズ・キャメロン監督など、ハリウッドの大物たちがプライベートで訪ねてくるそうです。ハリウッドでは「日本にサムライが一人生きている。藤岡に会えばサムライの真実の話が聞ける」と、藤岡さんの評判が口コミで伝わっているわけです。ハリウッドの大物たちは、藤岡さんの家で日本料理をご馳走になり、古武術を間近で見せられ、武士道精神を説かれると、非常に感動し、藤岡さんに心から敬意を表するのだそうです。

そうした経験を通して、藤岡さんは日本の伝統的な武士道精神には世界に誇れる崇高な精神性があり、二十一世紀の新しい世界の指導理念になり得ると確信したといいます。藤岡さんが古武術とその背景にある武士道精神に抱く思いは、私が行とその背景にある仏教精神に抱く思いと相通じるものがあります。

西郷遺訓のモデル・山岡鉄舟

西郷隆盛の『西郷南洲遺訓』の中に、「命もいらず、名もいらず、官位も金もいらぬ人は、始末に困るものなり。この始末に困る人ならでは、艱難をともにして国家の大業は成し得られぬなり」という言葉があります。つまり西郷は、「命も名誉も金も捨てて政治に奔走する人でないと、国家的な大仕事はできない」と言っているのです。

私は、政治家という仕事は、本来、そうした覚悟がなければ務まらない仕事だと考えております。貴乃花がたしか横綱になるとき、「不惜身命」という言葉を使って、その地位を務める覚悟を表したことがあります。この「不惜身命」という言葉は、鎌倉武士の「身体と命を惜しまず」という心構えを表した言葉ですが、もともとは「仏法のために命を惜しまずに捧げる」という意味です。いずれにしても、「不惜身命」は古来、日本のリーダーが持つべき心構えの一つでした。

西郷はそれを噛み砕いて遺訓として遺したわけです。ただ、西郷の言葉に関して忘れてならないことは、その言葉には具体的なモデルが存在したということです。そのモデルとなった人物とは、山岡鉄舟という人です。

山岡鉄舟（本名・山岡鉄太郎）は徳川の幕臣の家に生まれ、若いときに千葉周作に剣を教わっています。そして千葉周作の推薦により幕府の武芸練習所である講武所の世話役となるとともに、自ら無刀流を創始し、数千人の門人を擁する春風館道場を開いた剣の達人です。

明治維新の六年前、幕府は尊王攘夷派に対抗するために、剣に自信のある浪士を募集して、新選組の前身である新徴組を結成しましたが、山岡は新徴組の取締役に任ぜられています。その後、徳川幕府最後の時点では、山岡は十五代将軍徳川慶喜の身辺を護衛する精鋭隊頭になるとともに、大目付を兼務し、幕府方のリーダーの一人として頭角を現しています。

西郷よりいち早く、山岡鉄舟が「不惜身命」の人であることを見抜いていたのは、幕府方の最高指導者だった勝海舟です。明治維新の年の三月、官軍を率いた西郷は静岡まで進軍していました。官軍がそのまま江戸に進軍し総攻撃を開始したら、江戸が火の海になることは明らかです。そこで、勝海舟は幕府側の恭順の意を示した西郷宛の自分の手紙を山岡に持たせて、静岡の西郷のもとに向かわせたのです。

当時、官軍と幕府軍は戦争状態にあり、江戸から静岡までの東海道周辺はほぼ官軍の制圧下にありました。その中を密命を帯びて、幕臣が単身、静岡に向かうというのは、敵中を横断するようなもので、よほど腹が据わっていないとできない命懸けの仕事です。勝海舟は山岡鉄舟と初対面の日の日記に、「旗本山岡鉄太郎に逢う。一見その人となりに感ず」と書いていますが、自分が人物と見込んだ山岡なら命懸けの大役を果たすことができる、と直感したわけです。

ただ、勝海舟が偉かったのは、山岡鉄舟に薩摩藩士・益満休之助を同行させたことです。益満は西郷の部下で、西郷の命令を受けて江戸で倒幕運動の画策をしていた男です。しかし、幕府が薩摩藩の三田藩邸を攻撃した際、捕らえられ、身柄を拘束されていました。勝海舟はその益満の身柄をもらい受け、山岡の静岡行きに同行させたのです。二人は道中、官軍の陣営を通過するたびに、益満が「おいは薩摩藩士でごわす」と言って、無事、静岡の西郷のもとに辿り着いたのです。

西郷の部下の益満が同行していたとはいえ、単身で敵の総大将の西郷のもとに乗り込んだ山岡は、勝海舟になり代わって徳川家の恭順の意を伝え、事実上、江戸城総攻撃の中止と江戸の無血開城を取り決めました。一般的に、明治維新の際、江戸が火の海にならずに済んだのは西郷と勝海舟のおかげだといわれていますが、山岡鉄舟という「不惜身命」の人物の存在も忘れてはならないと思います。

西郷は、静岡まで単身乗り込んできた山岡鉄舟の胆力と腹の据わった至誠の言動に感心し、あとで勝海舟に、「あんな命も金も名誉もいらぬ人間は始末に困る。しかし、始末に困る人でなければ、天下の大事を語ることはできない」と、しみじみと述懐したのです。

山岡鉄舟の『修身二十則』

初対面で西郷や勝海舟の信頼を勝ち得た山岡鉄舟という人物の器は、どこに由来していたのでしょうか。彼が剣の達人であったことも無視できませんが、それよりも山岡自身が、日本古来の伝統精神を織り込んだ武士道の体現者であったことが大きかったように思います。

山岡鉄舟は幕臣の家に生まれていますが、数えで十五歳になった折、つまり元服の折に、自らの戒めの言葉として書き記した『修身二十則』という文章があります。数えで十五歳といえば今では中学三年生に当たりますが、人間の歩むべき道が簡潔な文章で見事に表されていて、江戸時代の武士の子弟の見識の高さ、道徳観の深さに改めて感心させられます。

『修身二十則』の本文は、「可からず候」とか「可く候」といった箇条書きの候文になっていますが、現代語訳で紹介します。

一、嘘をついてはならない。
二、君主の恩は忘れてはならない。
三、父母の恩は忘れてはならない。
四、先生の恩は忘れてはならない。
五、人々の恩は忘れてはならない。
六、神仏、ならびに目上の人を粗末にしてはならない。

七、幼い者をあなどってはならない。
八、自分にとって快くないことは、他の人にもそれを求めてはならない。
九、腹を立てることは、人の道ではない。
十、何ごとについても、人の不幸を喜ぶようなことをしてはならない。
十一、自分の力の及ぶ限り、善いことに力を尽くすべきである。
十二、他人のことは顧みないで、自分の都合の良いことばかりしてはならない。
十三、物を食べるたびに、それを作った人の苦労を思いやるべきである。また、草や木や土や石も粗末にしてはならない。
十四、ことさら着物を着かざったり、うわべをつくろったりする者は、心に濁りがあるものだということを心得ておくべきだ。
十五、礼儀を大切にして、それを乱してはならない。
十六、どんなときでも、どんな人に接するときでも、お客さまに接するように心掛けるべきである。
十七、自分が知らないことは、どんな人についても、よく習うべきである。
十八、自分の名誉や利益だけのために、学問や技芸を習ってはならない。
十九、人にはすべて、得意、不得意がある。したがって、不得意なことだけをもってその人を非難したり、笑ったりしてはならない。

二十、自分の善行を誇らしげに人に自慢してはならない。何ごとも自分の心に恥じないようにつとめるべきである。

一見、当たり前の戒めのように感じられますが、現代の中学生がこの二十則のうち、どれだけ守っているかを考えてみると、江戸時代の武士の子弟の人間的なレベルの高さを感じざるを得ません。江戸時代は士農工商の身分制度が歴然とした封建社会だったと批判する見方がありますが、指導層を形成していた武士の社会には、子供の頃から厳しい掟が課されており、リーダーシップという面では、現代より優れた土壌があったような気がします。

それはともかく、山岡鉄舟は子供の頃から、武家社会に清冽な地下水として流れていた、武士道の徹底的な実践を目指していたのです。それが「不惜身命」の行動になって現れ、西郷や勝海舟を引きつけたのです。

山岡鉄舟は明治二十一年に五十三歳で亡くなりますが、晩年、支持者を相手に山岡流の「武士道」を説いています。山岡の「武士道」の大きな特徴は、仏教がバックボーンになっているという点です。山岡自身、「拙者の武士道は仏教の理より汲んだことである」と明言しています。

山岡鉄舟は、「日本国民である以上、上は大臣首相から、下は山里の乙女や童児に至るまで、誰でも武士道を心得ねばならない」としながら、武士道の要素・淵源として「四つの恩」を挙げています。その「四つの恩」とは「父母の恩」「衆生の恩」「国王の恩」「三宝（仏・法・僧）の恩」のことです。

つまり、山岡鉄舟は、下には父母、親類、その他一切衆生の恩を受けていること、上には国王の宏恩によってこの世に存在することを認識しつつ、内に生まれながらにもった仏性を開発することこそが武士道の淵源だというのです。

私は日頃から密教の教えに基づいて、私たちの根である祖先を大事にする必要があること、また、大宇宙・大生命体である大日如来から仏性を持った存在として生み出される、この宇宙の生きとし生けるものすべてを大事にする必要があることを説いていますが、山岡の「武士道」論を読んで、武士道の中に仏教の本質が色濃く採り入れられているという確信を持ちました。

その意味では、武士道は日本古来の神道・仏教・儒教などの真髄を採り入れながら、日本人の生き方の精華を示したものといえるでしょう。そして、それは人間の生き方の指針として、グローバル・スタンダードになり得るものでした。だからこそ、後に新渡戸稲造博士が英語で『武士道』を著したとき、欧米人に感動を巻き起こしたのであり、いまもなお欧米人は武士に共感を覚えるのです。

明治維新の際、幕臣として江戸の無血開城に尽力した山岡鉄舟は、明治新政府のもとでは、一転、西郷や勝海舟の推薦により、明治天皇の侍従番長として貢献しました。旧幕臣の中には、山岡が明治天皇の侍従番長になったことを「変節」と非難する人もあったようですが、山岡はその批判を「仏教の小乗を知って、大乗を知らぬ人の言い分」だと一蹴し、最後まで国家・国民のために「不惜身命」の生き方を貫きました。

晩年、山岡鉄舟は維新の戦争で亡くなった武士を弔うために、東京・谷中に全生庵を建立しています。この全生庵は、中曽根さんが総理時代に座禅に通ったお寺ですが、山岡の非業の死を遂げた戦死者に対する至誠の気持ちが、彼の死後も多くの愛国者たちに支持され、評価されてきたことは、周知の事実です。


『佐久間艇長の遺言』


平成十三年春、時の森総理に決定的なダメージを与えたのは、米国の原子力潜水艦による「えひめ丸」沈没事件でした。また、前年にはロシアで原子力潜水艦が水没し、乗組員全員が死亡する惨事がありました。事故の形は違いますが、二つの原子力潜水艦が絡む事故の遠因は、どうやら米ソ冷戦の終焉による士気の低下、気の緩みにあったようです。

「えひめ丸」沈没事件と前後して、『佐久間艇長の遺言』という百ページにも満たない薄い本が出版されました。私はこの本で初めて、日本でも明治時代に、ロシアの原潜と同じような潜水艇の沈没事故があったことを知りました。佐久間艇長というのは、その沈没潜水艇の艇長です。佐久間艇長は、酸素が薄くなり意識が朦朧とする艇内で、沈着冷静に実に見事な遺言を書き残しました。

佐久間艇長ら十四名の乗組員を乗せたまま、第六号潜水艇が深さ約十六メートルの瀬戸内の海底に沈んだのは、明治四十三年四月十五日のことです。明治四十三年といえば、日露戦争が終わって五年後で、ちょうど日本が国際社会に認知されようとしていた頃です。

当時、日本海軍は九隻の潜水艇を持っていましたが、そのうち七隻はアメリカ・イギリス製、六号艇は国産第一号の潜水艇で、性能は貧弱だったようです。その日、六号艇が潜水を始めると、突然、通風筒から海水が入ってきて、配電盤がショートし、艇は真っ暗になったまま深さ十六メートルの海底に沈んだのです。乗組員は艇長の指揮のもとにできる限りの手段を講じますが、艇は浮上せず万事休しました。そして、艇長は最後の任務として、呼吸が苦しくなっていく中で、黒表紙の手帳に鉛筆で遺言をしたためたのです。

潜水艇が引き揚げられたのは、沈没から二日後のことです。直属の上官がハッチを開くと、そこには一人の乗組員の姿もなかったといいます。当時、欧米においても潜水艇の事故が何回か起きていましたが、引き揚げ後ハッチを開くと、われ先に逃げようと、乗組員が出口に殺到して息絶えていた例が多かったそうです。しかし、六号艇の場合は、佐久間艇長以下全員がそれぞれの持ち場で息絶えていたのです。

乗組員の立派な死に様が報じられると、国民の間に大きな感動を呼びました。さらにその後、佐久間艇長の遺言が発見され公表されると、その感動は国際的なものになりました。夏目漱石も感動した一人で、佐久間艇長の遺言に触発されて、「文藝とヒロイック」という一文を残しています。

また、与謝野晶子は「海底の　水の明かりにしたためし　永き別れの　ますら男の文」という歌など、十首あまりの挽歌を詠んでいます。さらに、アメリカの国会議事堂の大広間のガラス戸棚には、佐久間艇長の遺言のコピーが英訳を添えて陳列されたということです。
さてその遺言ですが、とても死を目前にした三十歳の人の文章とは思えないほど冷静、簡潔で、立派な文章に息を飲む思いがします。遺言は漢字とカタカナで書かれており、こんな文章で始まっています。

小官ノ不注意ニヨリ　陛下ノ艇ヲ沈メ　部下ヲ殺ス、　誠ニ申訳無シ、　サレド艇員一同、　死ニ至ルマデ　皆ヨクソノ職ヲ守リ　沈着ニ事ヲ処セリ……

佐久間艇長はこのあと、この事故によって潜水艇の発展に打撃が与えられることがあってはならない、ますます潜水艇の発展研究に全力が尽くされれば、自分たちは死んでもいささかも遺憾には思わないと書いています。そして、沈没の原因、沈没後の状況などを克明に綴ったあと、「公の遺言」としてこう書いています。

謹ンデ　陛下ニ白ス　我部下ノ遺族ヲシテ　窮スルモノ無カラシメ給ハラン事ヲ　我ガ念頭ニ懸ルモノ之レアルノミ……

つまり、佐久間艇長は意識が朦朧とする中で、この事故で殉職する部下の家族が生活に窮することがないように配慮していただきたいと、天皇陛下に申し出ているのです。私は、この思いやりの深さに仏教の大いなる慈悲の心を感じ、一潜水艇の艇長という、小さなリーダーにも大きなリーダーシップが備わっていた、明治という時代の奥深さを感じるのです。

さらに、佐久間艇長はこの遺言の中で、「自分は常に、家を出れば死を覚悟していた。だから、家族に宛てた遺言状はすでに母艦・韓崎の引き出しの中にある」と明かしています。

この遺言状には、財産の相続のことなどが事細かに書かれていますが、その文章には古武士のような凛とした香りが漂っています。

諸行無常ノ世ニ処スル人生ノ　明日ヲモ計リ知ルベカラザル、実ニ朝露ノ如シ、サレバ人タルモノ予メ生前ニオイテ　死後ノ善策ヲ講ジ置カザレバ、一朝無常ノ嵐ニ誘ハルルニ際シ、遺族ヲシテ徒ラニ路頭ニ迷ハシメ、或ハ骨肉ヲシテ不義ノ争ヒヲ醸サシムルニ至ルコトアラン。

この世は諸行無常であり、明日のことは誰にもわからない。したがって、人は生前において自分の死後の善策を決めておかなければ、いったん自分の身に何か起こったとき、遺族が路頭に迷ったり、骨肉の争いをすることになる――。この覚悟の持ち方こそ、日本人の伝統精神であり、日本のリーダーの心構えです。

この家族に宛てた遺言の最後で、佐久間艇長は特に末弟と満一歳の娘さんに宛てた文章を書いています。ちなみに奥さんは娘さんを出産したその日に亡くなっています。佐久間艇長は結婚一年で奥さんを亡くし、生まれたばかりの娘さんを里子に出して、潜水艇の艇長に任命されたのです。艇長は遺書の中で、「自分が死んだら、遺骨は郷里の妻と一緒の墓に埋葬してくれ」と書いており、実際にそのように埋葬されたということです。

佐久間艇長が特に末弟と娘さんに対して書いたのは、次のような文章です。

健康ハ人生ノ活動ノ要素ナリ。各自健康ヲ第一トシ、正心誠意、熱心以テ己ガ職務ニ尽粋スベシ。高潔ノ精神ト清廉ノ行トヲ以テ自ラ任ジ、人生ノ義務ヲ全フスベシ。自営自活ハ独立男子ノ本文ナリ、女子ノ本文ナリ、寸毛モ卑劣ノ依頼心ヲ起スナカレ。

こうした「誠心誠意、熱心に自分の職務に尽くせ」「高潔の精神と清廉の行いを忘れるな」「少しでも卑劣な依頼心を起こすな」といった佐久間艇長の子女に対する遺言は、まさに古来、日本人の行動の規範となってきた精神です。

潜水艇の艇長というリーダーの立場にあったとはいえ、三十歳の若き海軍大尉がそういう遺言を残すことができたのは、大木が大地に広く深く根を下ろしているように、当時の社会にそうした伝統精神がしっかりと根づいていたからです。

東郷元帥と井上海軍大将

佐久間艇長は、海軍兵学校を卒業後、海軍少尉として日露戦争に従軍し、海軍中尉として日本海海戦にも参加しています。日本海海戦といえば、ロシアのバルチック艦隊を撃破して日本を日露戦争という国難から救い、「軍神」として東郷神社に祀られた、鹿児島出身の東郷平八郎元帥を想起します。

東郷は日本海海戦の華々しい戦績とはほど遠い、「沈黙の提督」といわれるほど物静かな人だったようです。東郷自身、日頃から、「人間に一番大切なのは真面目ということである。少し利口な奴はすぐに横着心を起こし、不真面目になり、努力を嫌う。そうなると人の信用を失う。少しばかりの才気など、何の役にも立たないものだ。たとえ愚直とそしられても、結局は真面目な者が勝利をおさめるのだ」と語っていたようです。

東郷は西郷隆盛や大久保利通と子供の頃から顔なじみだった人ですが、意外に長生きされて、亡くなられたのは昭和九年のことです。親子ほども年が違う岡田啓介海軍大将が、当時の新聞に、東郷の追悼談話を寄せています。この岡田大将は後に首相になり、二・二六事件の時、間一髪で難を逃れた人であります。岡田大将は東郷の人柄を次のように振り返っています。

「いわゆる豪傑という型は少しもない人である。……尽くすべきことを尽くし、研究すべきところを研究し、あくまで緻密に物事を運ぶ艦長であった。それでいて、いざとなると固く腹を決めて動かない。すなわち熟慮断行の人である。私は艦長が大声をあげて笑ったことも聞かないし、また叱りつける声を聞いたことがない。

月並みな言葉だが、喜怒を色に現さない。至って無口な人である。戦争中も日常とあまり変わらない静けさで、ことさら芝居をやって士気を鼓舞するなどということはない。……東郷さんは腹から出る本物の落ち着いた勇気を好まれたようであった。……日清戦争中、東郷艦長はいつでもきちんと軍服を着ておられた。それは真夜中でもそうだった。東郷さんは義務とか職務を厳格に守る人で、奇行など一つもなかった。……謹厳、精励な艦長全体の印象は、非常にはっきり私の目に残っている。」

日本海海戦の英雄、東郷元帥も武士道精神を受け継ぐ人格高潔、清廉潔白の人だったのです。そして、東郷は好んで「仁、儀、礼、智、信」という言葉を用いたといわれるように、日本の伝統精神の体現者でした。そして、「武人の一生は平素の練磨が大事であり、戦時であれ平時であれ、その責務に軽重はない」という東郷の言葉には、私は「日々是道場」の仏教精神を感じるのです。

「武士は食わねど高楊枝」という言葉がありますが、武士は貧乏で食事ができないときでもがつがつしてはならず、さも十分食べたように楊枝を使うものだ、という意味です。これは武士のやせ我慢を皮肉った言葉でもありますが、武士の矜持、廉恥心が背景にあってはじめて成り立つ言葉です。昔の武士はみな廉恥心を持っており、破廉恥な行為をして周りから「恥を知れ」と批判されることを、自ら戒めていました。

その心の持ちようは戦前の軍人にも受け継がれていました。作家の阿川弘之さんが伝記を書いた、最後の海軍大将である井上成美という人がいます。井上は海軍随一のリベラリストといわれ、戦争反対の急先鋒でした。戦時中、山本五十六元帥から海軍兵学校の校長になるようにいわれた井上は、敗戦を見通し、兵学校の生徒が敗戦後の日本の再建に活躍できるよう、敵性語である英語を教え続けるとともに、軍事学より一般教養を重視したカリキュラムを組んだといいます。

そして井上は、敗戦が決まると自分の人生にけじめをつけ、一切の公職を辞し、元海軍大将として静かに罪を償う生活を送りました。当時の皇太子、すなわち現在の天皇陛下の教育係にという話も辞退したといいます。井上が戦争反対論者だったことは海軍内部でよく知られており、そのことを主張すれば陸軍参謀だった瀬島龍三さんのような生き方もできたはずですが、井上は自らに戦争責任を課して隠棲生活を送ったわけです。

その隠棲生活の中で唯一井上が情熱を注いだのは、近所の子供たちに英語を教えることでした。もちろん、これからの日本を担う世代には英語が欠かせない、という信念からでした。井上はギターを弾きながら、子供たちに英語の歌を教えたといいます。

井上が亡くなったのは昭和五十年暮れですが、井上の愛読書だった、海軍ＯＢの伊藤正徳が書いた『連合艦隊の最後』という本には、「戦争を決めた少数の犯人は万死に価する」という箇所に赤い傍線が引かれていたそうです。そして、通夜には教え子たちが英語で「庭の千草」を涙ながらに歌ったということです。井上の戦後の生き方は、まさに廉恥心を持った生き方だったと思います。

最近はあまり聞かれなくなりましたが、「古武士のような風格がある人」という表現があります。

この場合の「古武士」とは「信義を重んじ、質実剛健だった昔の武士」という意味です。おそらく戦後の井上も、隠棲はしていたものの、古武士のような風格を漂わせていたことでしょう。戦前までは、武士に対する憧れ、一種の尊敬の気持ちが残っていました。それは士農工商という身分制度の名残でもあったのでしょうが、実際に江戸時代までは廉恥心を持った信義に厚い武士が圧倒的に多かったからでもあると思います。今の世の中、古武士のような人が少なくなりました。

八　清貧の思想と経営道

倹約こそ国の安定を図る道

日本は戦後、高度経済成長を遂げた結果、モノがあふれるほど豊かになり、飽食の時代を迎えました。もはや「もったいない」という言葉は死語になりつつあります。しかし、この状態は「節約」を旨としてきた日本本来の経済の本質からはかけ離れています。

江戸時代の儒者で歴史家の頼山陽は、『日本政記』という著書の中で、「民を保《やす》んぜんと欲する者は、必ず自ら倹す。特《ただ》に自ら倹するのみならざるなり。これを以て人を率ゐるは、上下倶に給する所以なり」と書いています。「倹す」は倹約すること、「給する」は充足することで、「政治・経済を行う者は倹約を実践しなければならない、そしてそれを民にまで広げれば、上も下も、国全体が平和で安定する」というわけです。

バブルの時代、日本には株や土地の投機によるあぶく銭が氾濫しました。それを日本人は上も下も「日本は世界一の金持ち国になった」と錯覚し、倹約を忘れ、贅沢に流れたのです。結局、その繁栄は一場の夢にすぎませんでした。頼山陽の言うように、節約こそが国の安定を図る道だとすれば、日本は従来の経済に対する考え方を一八〇度転換しなければなりません。そして、それは確かに環境問題やゴミ問題の改善にも通じるのです。

節約といえば、私たちの世代は二宮尊徳を思い浮かべます。最近はどうか知りませんが、昔はどの小学校にも、薪を背負いながら本を読む二宮尊徳の像があったものです。ちなみに、二宮尊徳と頼山陽は江戸時代末期に生きた同時代人です。

二宮尊徳の哲学で有名なのが、「勤倹・分度・推譲」の教えです。「勤倹」は文字どおり一生懸命働き倹約すること、「分度」は分をわきまえて節度ある生活をすること、そして「推譲」というのは勤倹、分度で得た成果を他人に譲るということです。二宮尊徳はこの哲学を実践し、尊徳を信じた農民たちとともに、各地で荒れ果てた農地を肥沃の土地に蘇らせたのです。戦前までは、この二宮尊徳が勧めた三つの美徳は日本の社会に色濃く残っていました。しかし、戦後の経済発展の間にすっかり忘れ去られてしまいました。

新文明の原理は「清貧の思想」

バブル崩壊直後の一九九二年に、『清貧の思想』という本が発売されました。作家の中野孝次さんが、清貧に生きた日本の先達の系譜をたどりながら、バブル崩壊後の日本人が目指すべき生き方は清貧な生き方だと説いた本で、堅い内容にもかかわらず、当時ベストセラーになりました。

しかし、当時はバブルが崩壊してまだ間もない頃で、日本人の多くはバブル時代の繁栄が遠からず再来すると楽観していました。少なくともバブル崩壊に端を発した不況がここまで長期化、深刻化するとは、誰一人として予想していませんでした。したがって、『清貧の思想』を真摯な気持ちで受け止めた人がいた一方、清貧の思想などは時代遅れの古い発想であり、これからは清く富む「清富の思想」で行くべきだと『清貧の思想』を茶化す人たちもいました。「清富」などという造語が出てきたところに、当時の日本がいかに「富」に執着していたかがうかがえます。

『清貧の思想』が出版されてから十年以上が経ちます。日本経済は当時より一段と深刻化し、なかなかトンネルの出口が見えない状況に追い込まれています。私は、そういう状況だからこそ、いま『清貧の思想』という本はいっそう輝きを増していると思います。

中野さんは『清貧の思想』で、二十歳から八十歳まで、終生下男一人、飯炊き一人と質素に暮らした茶人の本阿弥光悦、「それ三界はただ心一つなり」と悟り、晩年を方丈の庵、つまり一丈四方の庵で暮らしながら『方丈記』を著した鴨長明、頭陀袋には三升の米、炉端には一束の薪しかない草庵に住まい、乞食をして暮らした良寛、市井の中に身を置き、名誉や利益を求めず、心だけは俗を離れた高い境地に遊んだ与謝蕪村といった先達の生き方を紹介しながら、次のように説いています。

日本には、現世での生存は能うかぎり簡素にして、心を風雅の世界に遊ばせることを、人間の最も高尚な生き方とする文化の伝統があった。私はそれこそが日本の最も誇りうる文化であると信じる。今もこの清貧を尊ぶ思想はわれわれの中にあって、物質万能の風潮に対抗している。……大量消費社会の出現や資源の浪費など、別の文明によって現在の地球破壊が起ったのなら、それに対する新しい文明社会の原理は、われわれの先祖の作り上げたこの文化――清貧の思想の中から生まれるだろう、という思いさえ私にはある。

つまり、中野さんは日本人の中に流れる伝統的な清貧の思想こそ、行き詰まりを見せている西欧的な物質文明に代わる、新しい文明社会の原理になる思想だと主張されたのです。特別に世捨て人のような生活をしろというのではなく、清貧を尊ぶ生き方をすることが新しい文明の構築につながるというわけです。この中野さんのメッセージは、日本の国民に対する励ましであると同時に、二十一世紀の日本のリーダーたちに対する檄でもあります。

戦後の日本人は経済成長を至上命題にしてきました。国が富み、個人が富むことが、国家・国民が幸せになることだと信じ切っていました。しかし、国が世界に冠たる経済大国となり、国民の大半が中流意識を持てるようになっても、日本の社会は必ずしも幸福にはなれなかったのです。むしろバブル崩壊を経て、日本社会の精神的荒廃が明らかになってきています。これは「富」に執着してきたツケが回ってきたということです。

『清貧の思想』の中に「足ることを知らば貧といへども富と名づくべし、財ありとも欲多ければこれを貧と名づく」という言葉が引用されています。これは平安中期の天台宗の僧・源信が『往生要集』の中で使った言葉で、貧乏でも足りるということを知っている人は富者であり、財産があってもまだ欲の多い人は貧者である、という意味です。貧富は心の持ち方で決まるのです。

『清貧の思想』には吉田兼好の『徒然草』の次の一節も紹介されています。

名利に使われて、閑かなる暇なく、一生苦しむるこそ、愚かなれ。……大きなる車、肥えたる馬、金玉《きんぎょく》の飾りも、心あらん人は、うたて、愚かなりとぞ見るべき。金《こがね》は山に棄て、玉は淵に投ぐべし。利に惑ふは、すぐれて愚かなる人なり。

つまり、兼好法師は「名声や利益に気を取られて、静かな時を持つこともなく、一生あくせくするのは愚かなことだ。大きな馬車や立派な馬、金色に輝く宝石も、心ある人には必要ないものだ。黄金は山に棄て、宝石は川に投げよ。利益に惑わされるのは、愚かな人がやることである」と言っているのです。

そして中野さんは、日本古来の清貧の思想は古代インドの仏教思想と通底するとして、こう書いています。

かれら（註・古代インド人）もまた所有が人間を制限する、所有欲にとらわれていては所有の狭い壁に閉じこめられて精神の門は開かれない、と考えていたのです。小さな我執を捨て去って初めて宇宙の光に浴することが可能になることを知っていたのです。松も竹も、花も果物も、山も川も、この地上にあるものすべてに宇宙の原理が顕現していると悟っていたからこそ、小我を捨てて天地と合体する大道を選んだのです。かれらが地上での生をミニマムにまで縮小し、物欲を捨て、清貧を愛したのは、そういう積極的な理由があったからでした。

私は、バブル崩壊後の日本経済の混迷の先に、また同時多発テロで見直しを迫られたアメリカのグローバリズムの先に、新たに模索される新しい経済理念は、そうした東洋の叡智、日本古来の清貧の思想と共鳴するものになると思っています。その意味では、日本の構造改革の先にも、ただ単に日本経済を再び成長路線に乗せるというだけでない、伝統的な清貧の思想に共鳴する新しい経済理念の展望が欠かせないと思うのです。

最後の清貧のリーダー・土光敏夫

古来、富貴に対する戒めの言葉はたくさんあります。例えば鎌倉後期の臨済宗の僧・無住は『沙石集』という著書の中で、貧富について次のようないくつかの言葉を残しています。無住はよほど貧富についての考え方が重要だと考えていたのでしょう。

たとひ身貴くとも心苦しくは由無し。身貧しくとも心安くは楽しみなるべし。

富貴にしてもまた苦あり、苦は心の危憂にあり。貧賤にまた楽あり、楽は身の自由にあり。人の貧しきは常の事なり。さればとて諂い、つたなき振舞をば、すまじきものなり。富むとも、いつもかかるべきと思わざれ。

日本人は伝統的にこうした戒めをよく心得ていたはずですが、戦後の経済成長至上主義の中で忘れてしまったのです。それは国民のみならず、政界や財界のリーダーも同じでした。政界では汚職で逮捕される政治家は増えましたが、政治で家屋敷を失う井戸塀政治家はいなくなりました。また財界ではバブル時代に土地投機や株式投機など財テクに走って企業を破綻させた経営者が続出しています。

しかし、振り返ってみれば、少し前までは、背筋を伸ばして凛とした生き方をしたリーダーがいました。例えば、経団連会長を務めた土光敏夫さんです。

土光さんが経団連会長に就任したのは七十八歳のときですから、決して若くはありませんでした。しかしその後、土光さんは三期六年にわたり経団連会長を務めました。そして八十四歳で経団連会長を退くと、すぐに第二臨調の会長に引っぱり出され、行革審の会長時代も含めて五年間、行革のために尽力されました。土光さんが九十一歳で亡くなられたのは行革審の会長から解放されて二年後ですから、晩年はほとんどお国のために奉公されたわけです。

財界や政府が高齢の土光さんを表舞台に立たせ続けたのは、土光さんの人柄や生活態度が当時の財政再建、行政改革路線にマッチしていたことと、国民の支持が高かったからです。あえて言えば、土光さんが清貧の人であったことが、土光人気の秘密でした。

財界総理といわれる経団連会長時代でも、土光さんは夜の宴会を一切断って早めに帰宅し、夫人とともに質素な夕食を摂った後、毎晩読書に励んだということです。また、休日には小さな家庭菜園を楽しんだり、オンボロになった家の修理をしたりしたといいます。そして、朝晩必ず『法華経』を唱え、毎日自分の行いを反省しながら、新しい気持ちで電車で出勤されたそうです。電車で通勤した経団連会長は土光さんぐらいのものでしょう。

私は真言密教の行者の一人として、土光さんが『法華経』の熱心な信者で、毎朝毎晩、読経を欠かさなかったという点に強い同感を覚えます。私には、土光さんのその行者のような資質が、清貧な生活を送らせていたように思えます。いずれにしても土光さんが清貧な生活の実践者であったことが、土光さんのリーダーシップの源泉になっていたことは確かです。

ひるがえって現在の財界を見渡すと、土光さんのような存在は見当たりません。それどころか、バブル崩壊後、銀行・証券界をはじめ、日本の大企業では不祥事や経営不振の責任を取って辞任する経営者が後を絶ちません。

考えてみると、土光さんが亡くなったのは、事実上昭和最後の年となった昭和六十三年です。翌年の新年に昭和天皇が崩御され、平成がスタートしました。そして、その年の暮、東京株式市場は三万九千円台のピークを付け、翌平成二年からバブル崩壊が始まりました。土光さんはバブルの絶頂期からバブル崩壊への分水嶺で亡くなられたわけです。その意味では、明治生まれの土光さんは、清貧という日本人の伝統的美徳を体現した最後の財界リーダーだったといえましょう。

二〇〇二年一月五日付の朝日新聞では、ダグラス・ラミスさんという政治学者が、「ガラクタ経済から脱却を」という主張を展開していました。ラミスさんの主張を要約すると、次のようになります。

不況が続く中で、もっとモノを買わなければ不景気は直らないという意見があるが、これは間違いである。経済制度は私たちに生活の必要品を提供するためにあるはずなのに、経済制度を機能させるために私たちは欲しくもないガラクタを買わなければならない、というのはおかしい。問題は、より質素な消費文化になっても崩れない経済制度に変えることだ。日本経済はマイナス成長になっているが、これは歴史的なチャンスでもある。発展が止まったと考えるのではなく、従来の消費優先の産業社会に対抗する新たな発展が始まったととらえるべきである――。

ラミスさんは、まさしく経済成長一辺倒できた従来の日本経済の在り方を見直すべきだと説かれているのです。そしてラミスさんは、新たな発展のキーポイントは、「日本列島に住んでいた人々の本来の考え方、感じ方、付き合い方、楽しみ方、価値観」の中にあることを示唆されています。

私は二十一世紀の日本のリーダーに、ことさら清貧の生活を強いるつもりはありません。ただ、清貧の思想の背後に流れる、名利にとらわれず心を大切にする生き方、自然との共生の考え方、無駄を排する思想などの重要性は、しっかりと認識してほしいと思うのです。政治の混乱、官僚の腐敗、経済界の衰退、教育現場の退廃、社会不安の増大など、日本社会の荒廃はそうした清貧の思想の背後に流れる思想や考え方を軽視したところに原因があるのです。

『万民徳用』と「住友家法」

かつて日本企業の底流には、清貧の思想に通じるスピリットが滔々と流れていました。江戸時代初期に鈴木正三《しょうさん》という禅宗の僧がいます。正三は徳川家康直参の三河武士でしたが、四十歳をすぎて出家してからも俗名正三を名乗り、天草の乱の後、天草へ赴き、キリシタンを仏教徒に改宗させる活動をするなど、全国を修行して歩いた人です。

その鈴木正三が士農工商それぞれの立場の人たちに向けて、自分の職分を精一杯尽くすことが仏行であることを説いた『万民徳用』という本があります。正三はその中で、すべての職業には「仏性」があり、世の中に有用でない職業はないとしながら、「同じ人間であるのに、商人に生まれたばかりに、常に利益を追いかける気持ちを持ち続けなければならず、菩薩に進むことができないのは無念のいたりです。どうすればいいのでしょう」と問いかける商人に向かって、こう諭しています。

売買をする人は、まず得利の益すべき心づかいを修行すべし。その心づかいと言うのは他のことにもあらず。身命を天道になげうちて、一筋に正直の道を学ぶべし。正直の人には諸天の恵みが深く、仏陀神明の加護がありて、災難を除き、自然に福をまし、衆人の愛敬が浅からずして、万事が心に叶うべし。私欲をもっぱらとして、自他をへだてて、人を抜きて得利を思う人には、天道のたたりありて、禍いをまし、万民のにくしみをうけ、衆人の愛敬なくして、万事が心に叶わざるべし。

つまり、「商人は利益を出すような商売をしなければならないが、それには秘訣がある。それは正直をモットーとした商売に徹することだ。そうすれば仏陀神明のご加護があり、取引相手もお客もその商人との取引を喜び、商売は繁盛する」というわけです。そして正三は、「そういう正直な商いをやっておれば、その商人は福徳が充満する人となり、行住坐臥すなわち日常の生活がそのまま禅定となって、自然に菩提心が成就する」と書いています。いずれにしても、鈴木正三は仏の道に関連づけて商売のあり方を説いたわけです。

鈴木正三とほぼ同時代に、住友家の「家祖」と呼ばれる住友政友という人がいますが、政友も武士の家に生まれながら涅槃宗の僧侶として人生を送っています。僧侶の政友がなぜ住友家の「家祖」と呼ばれているのかといえば、住友グループの事業をはじめ、住友の「業祖」といわれる蘇我理右衛門の長男を娘婿に迎え、住友友以として住友家の事業を継承させたからです。

政友が子孫に遺した訓戒があります。政友はその中で仏や神を信心する心の大切さに触れながら、「謀計とは謀りごとをめぐらし、人の心をかすめ、筋なき金銀を取ること也。それは目の前にては利潤、徳と思えども、終には神明の御罰に当たるなり。正直は一旦の依怙にあらずといえども、終には日月の憐れみを被るなり」と、正直な商売の重要性を説いています。

また、政友が子孫に当てた手紙では、商売の心得が箇条書きにされていますが、その第一に「何にても、つねの相場よりやすき物、持ち来たり候えども、根本をしらぬものに候わば、少しも買い申すまじく候。左様の物は盗物と心得うべく候」と書かれています。相場より安い品物を持ってこられても、その背景がはっきりしないものは盗品の可能性もあるから決して買ってはならない、というわけです。要するに、商売は慎重かつ堅実に行うべしという教えです。

こうした政友の教えは、明治二十四年に制定された「住友家法」に受け継がれています。「住友家法」の「第一章、営業要旨」の冒頭の第一条・第二条には、次のように書かれています。

第一条、我が営業は、信用を重んじ、確実を旨とし、以て一家の鞏固、隆盛を期す。

第二条、我が営業は、時勢の変遷、理財の得失を計り、弛張、興廃することあるべしと雖も、苟も浮利に趨り、軽進すべからず。

要するに、信用・確実が商売を繁栄させるのであり、決して浮ついた利益を追ってはならない、ということを説いているのです。この「浮利を追わず」は長年、住友グループの経営理念として定着してきましたが、先のバブル景気の際、住友銀行（現三井住友銀行）が地上げなどによって浮利を追いかけ、さまざまな事件に関与したことによって、住友グループの堅実なイメージは地に落ちてしまいました。住友グループはいま一度、「家祖」住友政友の訓戒に思いを致し、「浮利を追わず」の精神を取り戻す必要があるのではないかと思います。

江戸時代後半の近江商人に、松居遊見という人がいます。近江商人は、昔から裸一貫から行商で身を起こし、質素・勤勉を実践して成功する人が多いといわれますが、松居遊見はそういう近江商人の三代目として生まれ、行商で生計を立てていました。松居家は、天秤棒に朝夕の星が二つデザインされた商標を使っていましたが、これは早朝から深夜まで天秤棒をかついで働き通すという意気込みを表したものです。そして、その星と初代の松居久右衛門の「久」から、「星久」という屋号で親しまれていました。ちなみに現在京都で、八代目が「星久」の屋号を守っておられるそうです。

松居遊見は「人は、三度の食事と風雨寒暑をしのぐのに不自由がなければ事たりる」といって、ふだんは手織木綿以外は身につけず、外へ出るときも下駄や雪駄ではなく草鞋で通すという徹底した質素倹約を実践しました。しかし、生活に困った隣人には積極的に支援し、年貢を納められない人がいれば、代わりに納めたりしたといいます。困った人を助けるのは松居家の伝統で、遊見の父・行願は臨終の際、遊見に「村方の難渋人を救済するために、毎年百両ずつ積み立てよ」という遺言を遺しています。

なぜそのような社会貢献ができたかといえば、松居家が代々、暇さえあれば「正信偈」を唱える、熱心な真宗門徒だったことが背景にあります。つまり、松居遊見の慈悲心は仏教の心に裏打ちされていたわけです。

遊見の信心深さを伝えるエピソードがあります。一つは、遊見の家に忍び込もうとした泥棒が、いつも念仏の声が聞こえてきて、遂にあきらめたという話です。もう一つは、泥棒を見つけた遊見が、「どこの人か知らないが、このような悪事を働くには、さぞかし理由があることだろう。しかし、悪事は命を断つ刃に等しい。早く正しい道を歩く人になりなさい」と言って、お金を恵んだという話です。

「天下の三菱」のルーツ

私は日頃から、私たちの想念の中には先祖の思いが詰まっているということを申し上げています。それは遺伝子のことを考えてみれば、明らかです。私たちは先祖の思いや念に影響されながら生きているのです。そして、先祖の霊に安らいでもらい、私たちを守り正しく導いてもらうために、さまざまな供養をしています。

私は企業にも、そうした人間の想念にも似た思いが流れているように思います。最近はすっかり評価を落としましたが、野村証券の戦後の歴代社長は、常に「野村証券には創業者・野村徳七以来の清冽な地下水が流れている」と言っていました。「清冽な地下水」とは、野村徳七の掲げた「信用を重んじ、お客さまを大事にする商売」という企業理念のことです。野村証券はバブルの時代、その「清冽な地下水」を忘れたために、今日、厳しい経営を迫られているわけです。

企業が営々と存続していくためには、「清冽な地下水」にたとえられる企業理念が欠かせないのです。それは企業風土と言ってもいいでしょう。百年、二百年と続いてきた企業には、確固たる企業理念・企業風土があります。それは一朝一夕に根づくものではありませんが、私が大事だと思うのは、その企業の草創期の経営者の資質です。草創期に偉大な経営者に導かれた企業には、その経営者を水源とする「清冽な地下水」が滔々と流れるのです。

不良債権処理のために大手銀行が相次いで公的資金を受け入れた中で、ただ一行だけ、東京三菱銀行が公的資金を受け入れなかったことがありました。東京三菱銀行は東京駅の側にそびえる本店を同じ三菱グループ企業に売却し、賃貸で借り受けるかたちにして、不良債権を処理する資金を捻出したといいます。体力に余裕があったからこそ、そのような荒療治ができたのでしょうが、「天下の三菱」の矜持、プライドがあったのも事実でしょう。この数年の金融不安やペイオフ問題の中で、東京三菱銀行に大量の預金が預け替えられたというのも、理由のない話ではないのです。

昭和二年の金融恐慌当時にも、似たような話があります。金融恐慌は東京渡辺銀行が支払いを停止したことに端を発し、その直後に鈴木商店が倒産し、鈴木商店の主力銀行だった台湾銀行も休業に追い込まれたことによって、金融不安が一気に高まり金融恐慌となったわけです。そして、庶民は先を競って預金を有力銀行へ預け替える動きに出ました。そのとき預金を伸ばしたのが、三井・三菱・住友・第一・安田の五大銀行でした。

中でも、鈴木商店や台湾銀行に融資していなかった三菱銀行の健全さは高く評価され、三菱銀行はそれまで二億三千万円だった預金残高を、一年で一億円も増やしています。当時、三菱銀行の窓口の預金係は、預け入れに殺到する預金者への対応で、昼食を食べる暇もなかったといいます。ライバル銀行だった三井銀行常務の池田成彬も、「鈴木商店や台湾銀行のようなところにはカネを貸さないのがバンカーの本道だ」と言って、三菱銀行を褒めています。

当時、三菱銀行の会長だったのが、三菱財閥の中核会社である三菱合資の社長だった岩崎小弥太です。三菱グループの創始者は、幕末に土佐藩から出て、海運業を足掛かりに一代で財閥を築き上げた岩崎弥太郎という人ですが、小弥太は弥太郎から数えて四代目の岩崎家当主に当たります。

創業者の岩崎弥太郎は佐賀の乱・台湾出兵・西南戦争などで、政府側の軍需輸送を一手に引き受け、アッという間に政商としてのし上がった風雲児でした。「海上王」と賞賛される一方、浅黒く頑強な顔つきから「海坊主」ともあだ名され、まさに巨大財閥の創業者にふさわしい、バイタリティあふれる人物だったようです。事業を拡大する過程では、渋沢栄一と喧嘩したこともあったようです。

創業者の弥太郎を補佐し、二代目当主を継いだのが弥太郎の弟の岩崎弥之助です。弥之助は明治の元勲・後藤象二郎の娘・早苗と結婚していますが、その間に生まれたのが小弥太です。弥之助は三菱グループの多角化に手腕を発揮していますが、政府が払い下げようとして買い手が付かなかった丸の内の土地を買い取り、そこに現在「三菱村」といわれるイギリス風のオフィス街を作る決断をくだしたのが、弥之助でした。また、弥之助の慎重な銀行経営の姿勢が信用力を高め、それが三菱銀行の行風ともなって、発展の原動力になったといわれています。

弥之助の後、弥太郎の長男である岩崎久弥が三代目当主に就いています。久弥は三菱合資の初代社長でもあります。そして、久弥の後に四代目当主、三菱合資の二代目社長に就任したのが、岩崎小弥太でした。小弥太は大正五年に三十八歳の若さで三菱財閥のリーダーになり、終戦後、三菱財閥が解体されるまで、三十年間にわたって三菱グループをリードしています。したがって、小弥太自身は昭和二十年暮れに亡くなっていますが、戦後の三菱グループに影響を与えたという点では、小弥太が一番です。

岩崎家では子弟を欧米の大学に留学させ、国際的に一流の教育を受けさせる習慣があり、弥之助、久弥はアメリカの大学に留学しています。小弥太が学んだのは、イギリスの名門大学・ケンブリッジ大学でした。ケンブリッジを推薦したのは弥太郎の女婿で、後に総理大臣になる加藤高明だったそうです。

小弥太がケンブリッジ大学で教わった教授の中に、アルフレッド・マーシャルという経済学の大家がいました。ロンドンの労働者階級の出身であるマーシャル教授は、社会的貧困と不平等を是正するために、富める者は貧しい者に対して援助すべきだ、と「経済騎士道」を提唱していました。イギリスにはもともと、身分の高い者は当然、勇気・慈悲・高潔といった高い徳を備えなければならないという「ノブレス・オブリージュ」という考え方がありますが、マーシャル教授はそれを経済社会にも適用すべきだと説いたのです。

岩崎小弥太の経営理念は、まさにイギリス仕込みの「ノブレス・オブリージュ」に基づいたものでした。そして社員に対しては、実業人としての心構えとして、人格を高め、協同一致の精神を養い、公明正大の心、真正の努力が必要だと訴えました。

「世界から笑われない国を」

そして、小弥太が三菱財閥の総帥として事業を推進する上で最も心掛けたことは、事業は単に利潤追求を目的とするのではなく、国家・国民のために貢献することが最終の目的だという点でした。

小弥太が三菱合資の社長に就任した二年後の大正七年には三菱商事が設立されていますが、その年は第一次世界大戦が終わり、「戦時バブル」に沸いた日本経済に不況の波が押し寄せようとしていました。しかし、翌年、戦後復興ブームで一時的に輸出が伸び、熱狂的な投機ブームが起きました。一種の「戦後バブル」が起きたのです。バブルは長続きせず、十カ月足らずで崩壊、当時の井上準之助日本銀行総裁が「富士山の頂から琵琶湖の湖底まで墜落したようだ」と評した不況が到来し、大型倒産が続出しました。

その投機ブームが起きる直前、小弥太は三菱商事の幹部たちに手紙を書き、その中で「戦時バブル」の風潮が残っていることに注意を喚起しながら、「浮華放漫の弊を去り質実堅忍の風を振興して人心を緊張せしむること」の必要性を強調しています。つまり、「戦時バブル」当時の浮ついた華美な気持ちを捨て、質実堅忍の気持ちを浸透させて、社員の気持ちの引き締めを図れ、と要請したわけです。小弥太はイギリス仕込みの洞察力で、「戦後バブル」の到来と、その崩壊をいち早く予知していたのです。

平成のバブル崩壊に関して、いち早く警鐘を鳴らした財界リーダーがいたという話は、寡聞にして聞いたことがありません。三菱グループのリーダーの中にも、小弥太のような洞察力を持った人はいなかったようです。しかし、東京三菱銀行が大手銀行の中では不良債権の額が相対的に少なかった底流には、「浮華放漫の弊」を厳しく戒めた小弥太の訓戒が「清冽な地下水」として流れていたといえるでしょう。

そして小弥太は、「戦後バブル」崩壊後の不況の中で、三菱商事の社員に対して、次のような内容の訓示をしています。

「我々は大いに競争すべきである。フェアな競争なら、どこまでも争うべきである。しかし、それは量の競争ではなく、質の競争であるべきだ。もし数字上の成績を上げることに必死になるあまり、手段を選ばないという状況になっては、我が社の伝統に照らして遺憾であり、すこぶる危険なことである。今や世の中は射利投機に走りつつあるが、我々はこの風潮に倣ってはならない。」

三菱商事には、岩崎小弥太の訓示を要約した社是があります。これは「三綱領」と呼ばれ、小弥太の揮毫による三綱領が、現在でも三菱商事の役員会議室に掲げられているそうです。そこに書かれている言葉は「所期奉公・処事光明・立業貿易」の三つです。

「所期奉公」は三菱創業の理念である「国家・社会の公益を図ること」です。「処事光明」は取り引きのやり方を示す言葉で、「公正な取り引きを行い、利潤のために手段を選ばないような取り引きは行わない」という意味です。「立業貿易」は三菱商事の事業の根本は外国との貿易にあることを再確認する言葉です。「立業貿易」は三菱商事向けの社是ですが、「所期奉公」「処事光明」の理念は、いつの時代の企業にも当てはまるのではないでしょうか。

太平洋戦争勃発の二日後、小弥太が三菱協議会で表明した開戦に関する所感は、非常に洞察に富んだ、視野の広い内容で、敬服に値します。小弥太はその中で、開戦となった以上、三菱は産業報国の使命を達成するために全力を挙げると決意を披瀝し、三菱の社員も三菱伝統の精神をもって、時局の変転に惑わされることなく、冷静沈着に常に百年の大計を立てて事に当たって欲しいとしながら、これまで提携して事業を進めてきた英米の企業に対する心得として、こんな内容の話をしているのです。

「これまで三菱と提携して事業を行ってきた多くの英米人がいるが、今や不幸にして戦火を交えることになった。国家が彼らの事業や資産に対して合法的措置をとるのは当然だが、我々がこれまでに培った友情は失ってはならない。国法の許す限り、彼らの身辺と権益を擁護すべきことは、道義に立脚する我ら日本人の情義であり、責務である。将来、平和回復の日が来たら、彼らは過去において忠実なる伴侶であったように、将来においても忠実な盟友であり得るだろう。両者が相提携して再び世界の平和、人類の福祉に貢献する機会が到来して欲しい。」

いかに三菱の内輪の集まりだったとはいえ、太平洋戦争の開戦二日後に、三菱財閥の総帥としてこれだけのことが言える胆力・洞察力・分析力には脱帽するしかありません。これだけの大局観を持った財界リーダーが、はたして今日の日本にいるでしょうか。

そして小弥太は、敗戦の二日後、「諸君が国家に献身せられた功績は、終戦を迎えても、いささかも滅却せらるるものではない。この混乱動揺の時にあたって、諸君はさらに平和存養の力を振るい、自若として任務の遂行に努力せられ、平和産業への切り換えを適切に行うよう希望する」と、社員を鼓舞する指示を出しています。

また同じ頃、三菱の幹部に対して、小弥太は「戦も遂に負けた。しかし日本国民の全部が愚を悟らねばならぬときは今だ。今にして悟れば、本来日本人は平和を愛好できる国民であるから、将来、禍を転じて福となすことができよう。神国と言うからには、まず世界のどこからも笑われることのない国にせねばならぬ」と、真情を吐露しています。

敗戦から三カ月半後、三菱の総帥・岩崎小弥太は「世界のどこからも笑われることのない国」を夢見て、他界しました。戦後の日本人ははたして、天国の岩崎小弥太に向かって、「世界のどこからも笑われることのない国をつくった」と、胸を張って言うことができるでしょうか。

日本的経営は人本主義

二〇〇二年に経団連と日経連が合併して、日本経済団体連合会（日本経団連）がスタートし、それまで日経連の会長を務めていたトヨタ自動車会長の奥田碩さんが初代会長に就任しました。奥田さんはかねてより、株式市場や為替市場などマーケットを重視した欧米流資本主義の行き過ぎに対して警告を発してこられました。また月刊『文藝春秋』誌上に「経営者よ、クビ切りするなら切腹せよ」という勇ましい論文を発表されたこともあります。いま企業社会ではリストラが大きなうねりになっていますが、奥田さんはリストラの風潮に真っ向から反発されたのです。経済団体の長が、経済界の流れにこれほど強く反対した例はかつてなかったといわれました。

奥田さんは、「グローバル・スタンダードという掛け声に振り回されて、日本企業が欧米企業の真似をしても、うまくいく保証はどこにもない」と、昨今の欧米式の国際基準に合わせようとする風潮に警鐘を鳴らしながら、従来の日本式経営の核であった終身雇用制のメリットを次のように指摘しています。

「長期雇用は、安定とチームプレイを重視する日本人の国民性にもマッチしています。また長い間、日本の企業は事実上、解雇権を行使してきませんでした。それが産業界の安定と労使協調による生産性向上への取り組みをもたらしてきたのです。……世界一賃金水準の高い我が国が国際競争に勝ち残るためには、安定した労使関係が不可欠です。」

そして奥田さんは、「リストラをすれば企業の競争力が上がる」という考え方は、人間をマネーの下僕とみなしており、「人間尊重」の精神に反すると言い、「人間尊重」は「市場原理主義」よりはるかに普遍的な考え方のはずだと言っています。さらに、企業にとっては「長期的な視野に立った経営」が重要であり、「市場原理主義」による一時的な配当を求めて人材を削減するのはメリットがない、と指摘しています。

トヨタ自動車も、創業者の豊田佐吉が苦心惨憺して自動織機を開発し、家族的経営を始めたところからスタートしています。松下電器産業もソニーもホンダも、今日国際企業として世界にはばたいている日本企業は、いずれもそこからスタートしています。言ってみれば、日本企業の遺伝子の中には「日本的家族経営」が刷り込まれているのです。そのことを忘れて、リストラや構造改革の名のもとに、無批判に欧米式資本主義を受け入れることは、先祖の供養もせず、先祖の思いや念をないがしろにしているのと同じことだと私は思うのです。

一橋大学の伊丹敬之教授は、山一証券・北海道拓殖銀行の破綻をきっかけに、日本人が日本型の経営原理まで疑い始めたことは問題だと指摘し、「雇用を守り、従業員の熟練形成、働きがいということを考える経営原理は変えない方がいい」と主張されています。伊丹さんは日本経済がバブル絶頂期に入ろうとしていた一九八七年に、『人本主義企業』という著書を出されています。その本で伊丹さんは、日本企業の中に「アメリカ的規範」を無意識のうちに規範とする傾向が出てきていることを指摘しつつ、「もっと冷静に、戦後の日本企業が達成してきた成果の背後に何があったのかを十分に考えつつ、新しい日本企業のビジョンを構想すべきではないか。変化の時代だからこそ、もっと原理にさかのぼって一度考えてみる必要があるのではないか」と問題提起し、「人本主義企業」を提案されました。

「人本主義」を『広辞苑』で引くと、「ヒューマニズム」とあります。伊丹さんは、「人本主義企業」とは「ヒトというものを単に労働力を提供する資源とだけとらえず、感情もあれば頭脳も持つ存在、自分個人の主張をしたいと考えると同時に、集団の中での調和も自然に考える存在、そんなヒトの集団として企業をとらえる考え方」と定義し、「当たり前のその考え方を企業システムの基本に置くことによって、戦後の日本の企業社会はこれまでの先進国の資本主義的な企業社会とは一風変わった生き物になった。非階層化された、民主化された企業社会をつくりだした。それゆえに成功した。それがこれからも日本企業の理念であり続けるべきではないか。それによって、日本企業は時代を越え、国境を越えられるのではないか。……原理は変わる必要はない。変えない方がいい」と主張されたのです。

しかし、残念ながらバブル狂乱の中で、伊丹さんの「人本主義企業」という提言は脇に追いやられ、企業も国民も「一億総マネーゲーム」に狂奔しました。その間に日本企業、経営者のモラルは一気に地に堕ちました。その堕落の象徴が、不良債権を隠して巨額の公的資金を導入した揚げ句、経営破綻した大銀行であり、その責任を取ろうとしなかった経営陣です。

バブル崩壊から十年、大銀行・大企業が相次いで破綻し、構造改革・リストラが声高に叫ばれる中で、伊丹さんがバブルの最中に唱えた「人本主義企業」の必要性を再び唱えなければならないというのは、皮肉といえば皮肉です。しかし、奥田さんや伊丹さんが、日本式経営の中に継承すべき大事なものがあると主張されるのを読むと、日頃からこの国難の時を乗り超えるには仏教的な精神や儒教的な精神など日本人の伝統的な精神を取り戻す必要があると考えている私は、内心ホッとしました。私は、日本式経営の真髄は必ず日本の伝統的な精神とつながっていると考えています。

経団連会長を務められた東京電力の平岩外四さんは、会長時代、「共生」という理念を説かれました。当時、「経済の世界で共生するということは、談合をすることではないか」という的はずれな批判もありましたが、平岩さんが説かれたのは、経済活動と地球環境との共生、先進国と発展途上国との共生、企業と地域社会との共生、経営者と従業員との共生といったことであったと思います。

二十一世紀に入ったいま、私は改めて平岩さんが説かれた「共生」の意味を再認識する必要があるように思います。私の言葉で言えば、自然や人間を抑圧する妖怪のような経済活動ではなく、自然や人間と共生する御仏の心を持った経済活動が求められているのです。日本は構造改革の行く先に、御仏の心を持った経済活動を行う国を構築しなければならないと思います。

正しい商売が天下太平につながる

江戸時代中期の学者に石田梅岩という人がいます。丹波、今の京都府亀山市の農家に生まれ、京都の商家に奉公しながら常に書物を懐にし、暇あるごとに書物を読みふけり、独学で仏教・神道・儒教を融合した心を修養する学問、すなわち石田心学を開いた人です。

徳川吉宗の「享保の改革」が行われていた頃の一七二九年、石田梅岩は京都の自宅で、出入り自由、聴講料無料の講義を始め、石田心学を広めていくのですが、江戸末期には、石田心学の継承者たちが、全国六十五カ国、百五十カ所近い講舎で講義を行っていたそうです。石田心学は日本における社会教育の草分けといわれています。

石田心学の最大の特徴は、仏教・神道・儒教を取り入れながら、当時、士農工商という身分制度で卑しめられていた商人を、市井の臣と位置づけ、社会的な役割としては商人も武士に劣らないと主張するとともに、商人に反省を求め、商道徳の確立を説いた点にあります。

江戸中期以降は、商品経済が急速に拡大し、士農工商の最下位にランクされていた商人が力を持つようになった時代ですが、だからこそ商人の役割を評価し、かつ商人に道徳を求めた石田心学が全国に広まっていったようです。江戸時代の商人は商売を行うにあたって、自ら厳しい商道徳を課したのです。

石田梅岩の著書に『都鄙問答』という書物があります。石田梅岩が開いていた毎月の例会での問答を中心に、心学講義を一冊に編纂したもので、石田梅岩の思想が集約された本です。一八三九年に刊行されていますが、この本も江戸時代を通じて多くの人に読まれ、明治になってからも版を重ねたそうです。現在でも隠れた人気があり、岩波文庫からリクエスト復刊されています。

この『都鄙問答』の冒頭部分に、「商人の道を問うの段」という項があります。ある商人が「売買を日々の仕事としているが、どういう売買が商人の道にかなうのかよくわからない。いかなる理念をもって商売をしたらいいのか」と問うと、石田梅岩は次のように答えています。

「商人はもともと、余っているものを不足しているものに替えるところに成り立つ仕事である。そして、商人は細かく勘定をすることによって、生活をしているのであるから、一銭といえども軽んじてはならない。その一銭を積み重ねて富を成すのは、商人の道である。しかし、その富のもとは天下の人々である。人々の心も我々と同じく、一銭を惜しむ心を持っている。だからしっかりとした良い商品を売れば、買う人もお金を使うことを惜しいと思わなくなる。そうすれば、天下にお金や物が流通して、万民の心が安まる。それは天地が常に変化して万物を養っていることと同じである。それによって大金持ちになったとしても、それは決して欲心から出たものではない。要するに、商人が欲心をなくして一銭を大事にすれば、天下の倹約にもかなない、天命にも合うことだから、福を得るのは当然のことだ。商人が福を得ることが万民の心を安んずることにつながるならば、商人が仕事に励むことは、常に天下太平を祈ることと同じである。その上に、法を守り、身を慎むことが大切だ。ただ、商人といえども、聖人の道を知らなくては、同じお金でも不義のお金を儲けて、子孫に災いをもたらす。子孫を愛するなら、聖人の道を学んで富を成すべきである。」

物やお金の流れをきちんと把握しながら、商人が富を成すことを認めた上で、商人が正しい商売を行うことが天命に合うことであり、天下太平につながるのだ、と石田梅岩は説いたのです。石田梅岩からそう説かれた商人たちは、仏教や儒教の背後にある大聖人の道を一生懸命学び、いよいよ正直を旨とした堅実経営を実践していったのです。

石田梅岩はまた、「ある学者、商人の学問をそしるの段」で、「貪欲な商人に無欲の教えを説くのは、猫に鰹の番をさせるようなものだ。商人は学問をする必要はない」という学者に対して、「道を知らない商人は、貪ることに努めて家を亡ぼす。学問によって商人の道を知れば、欲心を離れ仁心を以て商売に努めるから、道にかなって栄える。それが学問の徳である」と反論しながら、こんなことも言っています。

「商人が商売をやめ、皆農工になったら、物やお金を流通させる者がいなくなり、万民が苦労する。士農工商がそろって、天下が治まる助けになるのだ。その四民の一つでも欠けたら、天下が治まる助けにはならない。四民を治めるのは君主の務めであり、君主を助けるのは四民の職分である。士はもとより位のある家臣だが、農民は草莽の家臣であり、商工は市井の家臣である。家臣として君主を助けるのは家臣の道であり、商人が売買するのも、天下の助けになっている。商人が売買で得る利益は、天下の認める俸禄である。士の道も君主から俸禄をもらわなければ勤まらない。商人も同じである。それを商人が売買で利益を得ることを欲心と言い、商人は学問をしなくてもいいと言うのは、とんでもないことだ。私は、商人には商人として身につけなければならない道があることを教えているのだ。」

石田梅岩の商人擁護論は、あくまでも天下国家の安泰を第一義に考えたものであり、だからこそ商人たちに武士と同じように厳しい商道徳を求めたのです。

平成日本の経済界を眺めてみますと、「雇用は企業の社会的責任ではない」と公言する経営者がいることに象徴されるように、日本の商道徳は地に堕ちています。これは、戦後の高度経済成長のもとで、日本企業が天下国家の安泰よりむしろ、企業の収益を第一に考えてきた結果です。私は、日本経済が構造改革を成し遂げて再生するためには、日本の企業社会がバブル崩壊後に陥ったモラル・ハザード状況を克服することが不可欠だと考えています。その意味では、かつての日本の経済社会にあった、石田心学に連なる商道徳、企業倫理を検証する必要があると思っています。

経済人は大欲に生きよ

私は以前『日本人の甘えに喝ッ』という著書で、「小我・少欲を捨て、大我・大欲に生きよ！」と訴えたことがありますが、最近、実業之日本社から『喝！日本人』という本が出ました。著者は「電力の鬼」と言われた故松永安左ヱ門さんです。昭和三十年代に出された本を再編集して出したものですが、さすがに戦後の混乱期に電力の再編成を成し遂げた人だけに、平成の今日にも通じることが書かれています。

例えば「気力で生きよ日本人」という章では、「われわれの周囲に、金が足らんのじゃない。知力が足らんのじゃない。人手も資材も有り余っている。足らんのは〝ようし、いっちょうやってやろう〟という気力だけである。それも無くて出さないのではない。出せるのを出さんでいるから、足りないのだ。……戦後戦後といっても、その戦後がもう十何年もすぎているではないか。ここでみんなが本来の気力を盛り返すなら、戦争のことなんか、とうの昔にケロリと忘れ去って、どこのどんな奴らにも、負けちゃいないというまでに、大いに働けているはずである」と書かれています。

この松永さんの発言の「戦後」という言葉を「バブル崩壊」という言葉に置き換えてみると、この発言はとたんに今日的な意味合いを持ってきます。つまり、「バブル崩壊、バブル崩壊といっても、もう十何年もすぎているではないか。気力が足りんのだ」ということになります。

バブル崩壊後の国難状況を「第二の敗戦」と言う人もいますが、「第一の敗戦」と「第二の敗戦」の深刻度を比較してみると、「第一の敗戦」の深刻さは「第二の敗戦」の比ではありません。その深刻な国難状況の中で、「国民よ、気力を出せ」と訴える財界リーダーがいたのです。

バブル崩壊後の「失われた十年」の間に、「国民よ、気力を出せ」と鼓舞した経済界のリーダーがいたでしょうか。私たちはバブル崩壊後、不祥事や経営破綻で頭を下げる経営者の姿は嫌というほど見てきましたが、国民を鼓舞する経営者は一人として目にしませんでした。

松永さんはまた、「気力は生活の節度から生まれる」として、「すべての職業人が、常にワサワサ、クルクルとせわし気に走りまわるだけで、それでいっぱし大いに働いたつもりになっていて、そのじつはあまり実効があがっちゃいない。ぼくのいう気力といったものは、まずこういう点から反省した節度から生まれるのだ」と、節度ある生活、節度ある仕事の重要性を説かれています。

さらに、松永さんの「日本人よ、気力を持て」というメッセージは、青年に向けられたものでした。

「気力は青年であろうと、老人であろうと、人間という人間のすべてに持たれなければならぬものので、老人さえあれだけの気力を持つ、まして、いわんやというので、青年がこぞって振るい立つことにでもなれば、老人どもが青年にご無礼しての気力を持つことも結構である。事実また、気力の伝染性は、青年より老人へといった場合より、むしろ老人より青年へといった場合の方が、はるかに多いのである。」

つまり、松永さんは自らの気力を奮い立たせながら、青年を筆頭とする国民に「気力を持て」と訴えたのです。まさに松永さんは自ら日本再建をリードしようとした、大欲の人でした。高齢化社会が進展する今日、この松永さんの態度はいよいよ輝きを増してくるのではないでしょうか。

『喝！・日本人』の冒頭に、松永さんのアップの顔写真が掲載されています。白い髪の毛に、白く長い眉毛、一文字に結んだ唇と、鷹のような鋭い眼光――その細おもての引き締まった表情は、まさに昔の剣豪を彷彿させ、「古武士然」という言葉を想起させます。

「まえがき」を書かれた平岩外四さんは、「鋭い眼光を放って心のうちまで見透かされているような感じでしたが……若者でも思わず引き込まれていくような話題を取り上げ、上手に私どもの発言を促されました」と偲んでおられます。

松永さんはまた、三井財閥の大御所だった益田鈍翁や、横浜の三渓園を造営した実業家・原三渓を師とする茶人で、「論語」の「六十で耳順う」からとった「耳庵」という号を持っていました。

いずれにしても、松永安左ヱ門さんは日本の伝統精神を体現する骨太のリーダーとして、戦後日本の再建の一翼を担われたのです。「第三の開国」が「第三の敗戦」を招かないためには、松永さんのような厳しさの中に優しさをたたえた、大欲に生きる指導者が必要です。

九　教育改革は国家百年の計

素読を重視した寺子屋教育

最近、大学生の基礎学力の低下が話題になっています。京都大学の西村和雄教授が全国の五千人の大学生を対象に小学校レベルの数学テストを行ったところ、全問正解できない大学生が少なくなかったそうです。経済企画庁長官を務めた堺屋太一さんによれば、大学生の学力低下は数学のみならず、国語や英語にも及んでいるそうです。以前の日本は識字率や教育水準が高く、真面目で勤勉である国民性が世界から高く評価されていたのですが、その基礎的条件が崩れつつあるのです。

ひと頃、受験一辺倒の偏差値教育は好ましくないといわれ、いわゆる受験勉強が否定され、人間的な感性や独創性を養う「ゆとり教育」の必要性が叫ばれました。しかし、その結果は、感性に溢れ、独創性に富んだ若者を生み出さなかったばかりか、基礎学力のない大学生を大量に送り出したのです。そして、その一方では、相変わらずいじめの問題があり、学級崩壊は小学校にまで及んでいます。

私は、ここまで教育が行き詰まった以上、もはや戦後半世紀にわたって行われてきた教育は、根本的に見直す段階にきていると思います。その場合、基礎学力を身につけさせる知育も必要ですが、日本人が伝統的に持っていた神仏に対する敬虔な気持ちや、仕事に対する誠実な気持ち、国や地域や家族に対する深い思いやりの気持ち、自然に対する崇敬の気持ちなどの美徳を、改めて二十一世紀の日本人に身につけてもらう教育、すなわち徳育が欠かせないと思います。

また、現在の全国一律の学校制度は、明治五年に制定された学制から始まっており、たかだか百三十年足らずの歴史しかありません。そして、明治以降の学校で行われてきた教育の本質は、欧米文化の移入であり、いわゆる「洋才」を主に教えてきたわけです。したがって、日本人の中に伝統的に流れている美徳は、明治以後の教育の中で育まれたのではなく、明治以前に行われていた教育や躾の中に、その美徳を磨くエッセンスがあったということができます。

明治以前、すなわち江戸時代の教育機関としてすぐに想起されるのが、藩校であり寺子屋です。藩校は江戸時代を通じてみると、全国に約二百八十校もあったといいます。わが薩摩藩には、島津重豪公の時代に創設された「造士館」という藩校があり、四書五経など儒学を中心とした文武両道の教育が行われていました。また、島津斉彬公の時代には、元服を過ぎた二才が元服前の稚児をしつけ、指導する郷中教育が盛んに行われていました。その教育の中から、西郷隆盛や大久保利通という明治維新の卓越したリーダーが生まれたのです。

つまり、藩校や寺子屋で授けられた教育が、立派な武士を育成し、明治維新のリーダーたちを生み出したと言っても過言ではありません。そこで私が注目するのは、藩校や寺子屋で行われていた儒教的な教育の中身もさることながら、むしろその教育システムです。

京都大学で日本教育史を専攻しておられる辻本雅史教授が、数年前、『「学び」の復権』という本を出されました。その本には江戸時代に寺子屋でどのような教育が行われていたかが解説され、明治以後に始まった学校教育との違いが明確にされています。

辻本教授の分析によると、明治以降の学校教育が上から「教え込む」教育であったのに対して、寺子屋は一種の手習い塾であり、そこでの学習は個別の学習と指導、すなわち自学自習が基本でした。そして、教師と子どもの関係は制度上の関係ではなく、信頼や尊敬によって成り立つ、人格的で個人的な関係だったのです。

寺子屋は基本的に登校時間は自由で、机の配列も決まっておらず、生徒の間に競争原理が作用することはない、きわめて融通性に富んだ学校でした。生徒は都合の良い時間に登校し、自由に机を並べて、自分の学習の進捗状況に合わせながら勉強をしたのです。先生は生徒一人ひとりに模倣すべき手本を指示し、生徒がその手本から逸脱したときにそれを指摘し修正してやればよかったのです。

要するに、先生と生徒が人格的な信頼関係で結びついていた寺子屋では、明治以後の学校のような「教え込む」教育ではなく、一種の「滲み込み」型の教育が行われていたということです。寺子屋で学ぶ子供たちは、親から自然に躾を教え込まれるように、四書五経から倫理観や道徳観を身体に滲み込ませていったわけです。

そして私が面白いと思ったのは、寺子屋では四書五経の素読が重視されていたという指摘です。江戸時代の思想家で『和俗童子訓』という教育書を著した貝原益軒は、その本の中で「書をよみ、学問する法、年わかく記憶つよき時、四書五経をつねに熟読し、遍数をいかほども多くかさねて、記誦すべし」と書いています。

つまり貝原益軒は、記憶力が強い子供の時代に、四書五経を声を出して読むことをひたすら繰り返すことで、その全文を暗誦してしまうことが大切だと言っているのです。素読とはまさにそのことで、寺子屋では生徒が七、八歳で入学してくると、四書五経の内容を理解する前に、まず素読を繰り返すことによって暗誦させたのです。

これは私が日頃から、「お経は意味がわからなくても、一心不乱にお唱えすることが大切だ」と言っていることに通じます。お経にしても、四書五経にしても、そこにはこの宇宙の、あるいはこの人間社会の真理が謳い込まれています。それはその内容を左脳で理詰めに理解するより、声を出して何回も繰り返すことによって、右脳で大摑みすることの方が先決なのです。

四書五経のエッセンスは、今日の高校教育の中でも教えられていますが、ほとんどがその解釈にとどまり、授業の中で素読が行われているという話は寡聞にして聞いたことはありません。江戸時代には小学一、二年生の年頃の生徒が大声で四書五経を素読し、暗誦していたのです。この差が、江戸時代のリーダーと昨今のリーダーとのスケールの違いに現れていないはずはない、と思うのです。

いずれにしても私が言いたいことは、金属疲労で「タガがゆるんだ」日本社会を根本的に立て直すには教育の見直しが不可欠であり、新しい教育のヒントは江戸時代の藩校や寺子屋にもあるということです。少なくとも、先生と生徒が人格的な信頼関係で結ばれ、日本人の伝統的な美徳を継承する教育が行われることを、願わずにはいられません。

創刊が明治三十年という古い歴史を誇る仏教系の『中外日報』という新聞に、財団法人・全国青少年教化協議会組織課長の神仁さんという人が、全国十余万人の不登校児のために、企業や行政の資金援助を得ながら全国のお寺に既存の教育システムにとらわれない教育の場を作ろう、という提案をされていました。まさに現代の寺子屋です。私は、仏教者の一人として、お寺を一つの教育の場とする新しい試みに関心を持つと同時に、世界に恥じないリーダーを育成するためには、教育の中に仏教的理念を採り入れることの必要性を、これからも強く訴えていくつもりです。

英語より和魂の教育を

日本新生に向けてさまざまな改革が掲げられていますが、私が最も大事だと考えるのは教育改革です。しかし、国際化時代に対応するために英語を第二公用語にするべきだとか、小学校から英語を教えるべきだといった考え方では、真の教育改革はできないと思います。また最近、義務教育期間中の生徒の負担を軽くするために、学校を週休二日制にしたり、教育の内容を簡単にすることも考えられています。その中で円周率πを「3・14」から「3」にするという話も出ています。私にはどうも教育改革のピントが外れているような気がしてなりません。

二十一世紀という新しい世紀を迎え、教育改革を行わなければならないのはなぜか、という最も基本的な点が忘れられているような気がします。教育改革が求められているのは、国際化時代に英語の話せる日本人を作るためでも、子供たちの負担を減らすためでもありません。私は、戦後五十数年の間に進んだ日本人の精神的荒廃に歯止めをかけ、二十一世紀の国際化時代に「この国のかたち」を世界に恥じないものに再生することが、教育改革の最大の目的ではないかと考えています。

私は日頃から、弟子たちに「根っこを大事にせよ」と言い聞かせています。物ごとにはまず根があります。根があってはじめて幹があり、枝があり、葉があり、花が咲き、実がなるのです。国も同じです。戦後五十数年、国の根っこを大事にしない教育が行われてきました。その結果、日本は精神的荒廃が進み、国難のときを迎えているのです。したがって、教育改革は改めてこの国の根っこに光を当て、日本人のアイデンティティを再構築するものでなければなりません。

評論家の加藤周一さんが、朝日新聞夕刊の「夕陽妄語」という連載コラムで、英語教育についてこんなことを書かれています。

「今日天下の大勢は、経済活動の世界化と技術移転の普及に向かっている。その大勢は同時に国際語の流通を強化し、地方語とそれに結びつく歴史的文化の個性を弱めるように働く。もし世界の文化の多様性を維持することが望ましいとすれば、そのために必要なことは、国際語と国際文化を教育に浸透させせることではなく、地方語（日本語）と地方文化の教育を徹底させることにちがいない。前者は国民の文化的自覚の根拠を脅かし、後者は逆に自覚の根拠を強める。国語を英語にして得るところは、商取引がいくらか便利になることである。失うところは、国民の矜持であろう。」

つまり加藤さんは、英語を公用語にすれば国際的な商売は便利になるだろうが、日本国民の矜持は失われると、英語を公用語とすることに反対されているわけです。

さらに、加藤さんは、一般国民は日本語と数学が出きればほとんどの情報を手に入れることができるとして、英語は教育のどの段階でも選択科目とすべきだ、と主張されています。選択科目にすれば、英語の習得に意欲を持った生徒・学生が英語を学び、マスターすることになり、その方が実質的に英語の話せる日本人を多く輩出するだろうというわけです。

そして、加藤さんはそのコラムの最後で、「昔中江兆民は仏学塾を作ったときに漢学をすべての学生の必修科目とした。自国の文化を知らぬ人が外国の文化を解することはない。もし兆民をして今日に存らしめば、小学校から英語を始めるよりは、『論語』の素読を始めることを考えるのではなかろうか」と書かれています。

明治時代に日本に民権思想を導入し、フランスの学問を広めようとした中江兆民も、学生にはまず四書五経などの漢学の素養を求めていたのです。これはまさに日本の歴史・文化の根っこを大事にする考え方です。「和魂洋才」という言葉があったように、明治の人たちは、西洋から新しい学問を取り入れても、大和魂・武士道精神といった日本人の魂は堅持しようという気概を持っていました。昨今の教育改革論議に欠けているのは、その「和魂」に対する真摯な思いです。

明治天皇の教育に関する二つの心配

戦前の教育の基本に「教育勅語」があったことは周知の事実です。しかし「教育勅語」がどういう経緯で作られ、どういう内容であったかを知る人は少なくなりました。

明治時代の前半、全国を巡幸された明治天皇は、その途次、各地の学校を視察され、学校教育に関して二つのことを心配されました。一つは、学問の基本である道徳教育が軽視されていたことです。明治天皇は「今の学校はあまりにも西洋風に偏り、東洋的な倫理、すなわち慈しみの心や人を敬う精神が忘れられている。幼少のうちから仁義・忠孝の道を教えなければならない」と感じられたのです。

この明治天皇の懸念は、西郷隆盛も共有したものでした。西郷は西洋文明に疑念を抱いていました。そして、「文明とは『道』が広く行われることであり、宮殿の荘厳さや衣服の美麗さや、外観の浮華をいうのではない」と言い、侵略的な植民地政策を行った西洋の「道」なき文明を批判しながら、こう言っています。

「いま、いたずらに洋風を真似たり取り入れようとする風潮がしきりだが、これは考えものだ。……日本のよさを本体に据えて、その後、しずかに欧米のいいところを取り入れるべきだ。ただいたずらに欧米風に日本のすべてを変えてしまえば、肝心な日本の本体まで見失ってしまう。ついには、列強の言うがままになってしまうだろう。」

西郷や大久保らとともに明治維新を成し遂げた薩摩藩士の一人に、海江田信義という人がいます。

旧名を有村俊斎といい、有村次左衛門、雄助の二人の弟は、井伊大老を暗殺した桜田門外の変に参加し、次左衛門は現場で死亡、雄助は切腹に処せられています。海江田はその後、薩摩藩士が英国人を殺害した生麦事件の現場で、苦しむ英国人にとどめを差す役割を果たしたほか、薩英戦争では英国側との交渉役を務めたり、戊辰戦争では江戸無血開城の際の受け取りの責任者にもなっています。

明治維新後の海江田は、一時、奈良県知事を務めたあと、左院の議官や元老院の議官を務め、明治三十九年、七十五歳まで生きていますが、明治二十年にヨーロッパを視察しています。その折、海江田は伊藤博文総理の勧めでオーストリアの政治学者であるスタイン博士のもとで学んでいますが、博士は海江田にこう言ったそうです。

「貴国の人は、なぜみだりに他国を羨望するのか。英米で学んだ者は英米を慕い、独仏に学んだ者はこれにならい、自国の本質を見失っている。現に、前年、訪問してきた日本のある勅任官は『わが国は野蛮なので先生の開導を請う』と言ったが、自ら野蛮国と称するのは、自国の本質をわきまえぬ俗吏である。帰朝したらこの種の人たちを戒めるべきである。」

海江田が訪欧した明治二十年は、西郷が亡くなった明治十年から十年後、帝国議会が始まり、「教育勅語」が発布される明治二十三年の、わずか三年前です。明治天皇が欧化主義の行き過ぎによる日本の美徳の喪失に心を痛められていた時期と一致します。明治天皇にしてもスタイン博士にしても、心ある人たちは欧化主義一辺倒に陥った明治国家の行く末を真剣に案じておられたのです。

明治天皇のもう一つのご心配は、当時の学校教育が実社会に役立つものになっていないことでした。明治天皇は側近に、「例えば、農業や商店を営む家庭の子弟であっても、その説くところは高尚なものが多く、実際の生活に役立つことが少ない。高尚の弁舌や単に物知りになっても、知識を自慢して目上の者を侮り、社会の風潮を悪くしてしまうだろう」と言われ、「農業・商業の学科を設け、理論に偏らず実用的な方面を重視し、卒業後に家業を継いだときには、学んだことを活かしてますますその分野を発展させるように教則を改めなければならない」と指示されたということです。

つまり、明治天皇は明治前半の時点で、西欧風を尊重するあまり伝統の道徳教育がなおざりにされている点、高尚な知識偏重教育が行われるあまり実学が軽視されている点の二点で、教育の現状を心配されたわけです。この明治天皇の教育に対する憂いは、そのまま今日の日本にも当てはまるような気がします。

この明治天皇の憂いを受けて、知識偏重教育を糺すために全国各地に農業・商業・工業の実業学校が設立されました。一方、道徳教育の再生を図るために作られたのが「教育勅語」でした。

明治天皇の意向を受けて、「教育勅語」作りに深く関わったのが、天皇に『論語』などの講義をした侍講で、明治天皇の信任が厚かった元田永孚《もとだながざね》という儒学者です。「教育勅語」を作るに先立って元田が明治天皇から命じられたのは、日本の児童に日本の伝統的倫理精神を教育することを目的とした、道徳教育の入門書「幼学綱要」の編集でした。元田は日本や中国の古典に題材を求め、児童に教えるべき次のような二十の徳目を掲げています。

孝行（親の恩に感謝すること）
忠節（国家に忠誠を尽くすこと）
和順（夫婦は仲むつまじくすること）
友愛（兄弟姉妹は仲良くすること）
信義（友人は助け合うこと）
勤学（一心に勉強すること）
立志（志を立てること）
誠実（正直で真面目なこと）
仁慈（思いやりの心を持つこと）
礼譲（礼儀正しいこと）
倹素（無駄遣いを慎むこと）
忍耐（我慢して忍ぶこと）
貞操（女子として操を守ること）
廉潔（心や行いをきれいにすること）
敏智（機敏に知恵を出すこと）

剛勇（不動心を養うこと）
公平（えこひいきをしないこと）
度量（心を大きく持つこと）
識断（正しく判断すること）
勉職（真面目に仕事をすること）

以上の二十です。いずれも人間として欠くべからざる徳目ばかりです。はたして、現代の小・中学校でこうした徳目は教えられているでしょうか。また、現在の日本社会にこうした徳目は生きながらえているのでしょうか。私は、こうした基本的な徳目を喪失したところに、現在の亡国現象が起きているような気がしてなりません。

明治天皇はこの「幼学綱要」を大変気に入られ、これをさらに発展させた一般国民の守るべき教えとしての「教育勅語」の発布を命じられたのです。

「教育勅語」の大いなる志

「教育勅語」が発布されたのは明治二十三年のことです。同じ年に第一帝国議会が始まり、その前年には大日本帝国憲法が公布されています。つまり、「教育勅語」は日本が近代国家としてのかたちを整えると同時に発布されており、戦前の日本人のバックボーンになってきたのです。

戦前の教育を受けられた方は、おそらく「教育勅語」を暗唱されていることでしょう。また、「教育勅語」を教わったことのない人でも、そのはじめの文句は一、二度は聴いたことがあるのではないでしょうか。

朕惟フニ、我カ皇祖皇宗、國ヲ肇ムルコト宏遠ニ、徳ヲ樹ツルコト深厚ナリ。
我カ臣民、克ク忠ニ、克ク孝ニ、億兆心ヲ一ニシテ、世世厥ノ美ヲ濟セルハ、此レ我カ國體ノ精華ニシテ、教育ノ淵源亦實ニ此ニ存ス。

この冒頭部分は、「日本は遠い昔に国を開いて以来、徳を重んじてきた。国民は心を一つにして忠孝に励んできた。その美風は世界に誇ることができる国の精華であり、わが国の教育の基本もここにある」という意味です。

「教育勅語」はそのあと、「幼学綱要」に掲げられた徳目の必要性を謳い、最後に「このような国の歩むべき道は、祖先の教訓として、子孫が守っていかなければならないことであり、昔も今も変わらぬ正しい道である。また、これは外国においても同じように間違いのない道であるから、私も国民とともに、父祖の教訓を胸に抱いて、その道を守り実践していくことを願っている」という意味の言葉で締められています。

「教育勅語」に謳われた日本古来の徳目は古今東西に通用する正しい道である、と断言しているところに、明治天皇をはじめ元田永孚ら「教育勅語」の制定に関わった明治人の、大いなる志を感じないわけにはいきません。明治維新の開国により西洋の新しい文明や学問、すなわち「洋才」が怒濤のように押し寄せる中にあって、明治の人たちは日本精神、すなわち「和魂」に絶対の自信を持っていたのです。戦後の日本人から見事に欠落しているのが、この伝統精神に対する自信ではないでしょうか。

明治天皇が遺された「教育勅語」にまつわる歌があります。

世の中の　まことの道の　ひとすぢに
　わが国民を　をしへてしがな
いかならむ　時にあふとも　人はみな
　まことの道を　ふめとをしへよ

つまり「教育勅語」には、国民に「世の中のまことの道」を歩ませたいという明治天皇の切なる思いが込められていたのです。その「教育勅語」を戦争に連なった戦前の悪しき思想だと排撃するのは、あまりにも一方的な見方と言わざるを得ません。私は、その一方的な見方を無批判に受け入れてきたところに、戦後日本の大きな誤りがあったという感じがしています。

漢文の一貫教育を

戦後教育の見直し、すなわち知育に偏重し徳育をおろそかにしてきた教育内容の見直しの必要性が指摘されています。仏教者の立場から申し上げれば、かつての日本には伝統的に、あらゆる生命を大切にし、自然と共生し、他人のために尽くすといった仏教の心が根づいていました。しかし、戦後、教育基本法で特定の宗教に根ざした教育が否定されたために、義務教育の中で仏教の心を教えることもタブーとされてきました。昨今、凶悪犯罪が激増しているのは、そのことと無縁ではないと思います。

私たち仏教者は、教育の中に仏教の心を説く時間を作ってほしいと願っています。しかし、それを実践するのは容易なことではありません。知育偏重教育を受け、仏教の心を教わってこなかった戦後生まれの先生に、御仏の心など教えられるはずはありません。まずは志を持った仏教者が、講師として複数の学校を掛け持ちして、生徒と接するところからスタートする必要があるでしょう。そして、生徒が少しでも御仏の心に触れ、その中から仏教の心を体現する教師が現れ、次の世代の生徒に影響力を及ぼすようになるまでには、少なくとも数十年はかかるでしょう。本当に気の遠くなる話でありますが、「国家百年の計」とはそういうことをいうのではないでしょうか。

また、日本人が本来のアイデンティティを取り戻すには、戦前までの日本人のバックボーンにあった儒教的精神の再評価も必要でしょう。江戸時代の武士が矜持を保つことができた源泉は、子供の頃から四書五経を学んでいたことにあります。四書五経に代表される中国の古典には、為政者の歩むべき王道や、為政者の心構えをはじめ、人間として守るべき徳目が説かれていますが、それは日本人の伝統精神として長い間受け継がれてきたのです。

しかし、戦後教育の中で漢文は次第に脇に追いやられ、最近では漢文を教えることができる先生も減り、受験科目から省かれたために漢文を教えない高校もあるということです。

大阪大学名誉教授で文学博士の加地伸行さんは、小渕内閣のもとで英語を国際共通語として重視し、「日本人は英語の実用能力を身につけることが不可欠である」と提言した「二十一世紀日本の構想」懇談会の答申に疑問を呈しつつ、「下手くそな英語会話の学習をするよりも、漢文による古典学習をした人材を世に出す方が、日本の文系大学としての誇りとなるであろう」と直言されています。そして、「国策として、高校の三年間、大学文系学生に二年間、計五年間の、漢文の一貫教育のカリキュラムを作り実行することができれば、日本の教育に、ひいては日本の社会に、根本的な貢献をなすであろう」と提案されています。

加地さんはまた、『〈教養〉は死んだか』という本の中でこう書いておられます。

「儒教では、理想的人間として聖賢という最高者を作り出し、それを自己実現の目標とした。すなわち、人間は努力することによって、誰でも聖賢に成れるとした。……聖人とは道徳的理想像、賢人とは知性の理想像と言ってよい。徳育の目標は聖人となることであり、知育の目標は賢人となることであった。つまり、徳育・知育ともに理想とするモデルを示し、そのモデルを目標にして家庭や学校や社会は教育を行い、人々は生涯にわたって学習を続けたのである。」

加地さんは古典学習を通じた人格教育の必要性を主張されつつ、道徳教育・宗教教育の重要性にも言及されていますが、本の中で面白い予言をされています。どういう予言かといえば、あと十年もすれば、団塊の世代が日本回帰・アジア回帰を起こし、漢文の古典をむさぼるように読む時代が来るというのです。私にはそれが「環境の世紀」といわれる二十一世紀における、世界的な東洋精神・仏教精神への関心の高まりとシンクロしてくるように思えてなりません。

戦後、日本人は日本古来の伝統精神を否定し、欧米に追いつき追い越せと経済成長路線をひた走ってきました。それは明治維新のときの欧化路線に似ていますが、明治時代には「和魂洋才」といって、西洋の知識は受け入れても日本の伝統的な魂だけは譲らないというプライドがありました。しかし、戦後の日本は「和魂」を置き去りにして、欧米化路線を走ってきたのです。その結果、今日の国難状況を招来しているのです。

日本には神道・仏教・儒教・武士道などが渾然一体となった、縄文以来の伝統精神が脈々と流れています。先祖を大切にしないで幸せにはなれないように、日本人は日本古来の精神を大切にしないで幸せにはなれないのです。日本ほどの長い歴史を持たない欧米諸国が真に日本という国に畏敬の念を感じるのは、そうした崇高な伝統精神に対してなのです。

「子よ、大いなる人となれ」

先頃、一九九〇年前後に経団連会長を務められた斎藤英四郎さんが亡くなられました。斎藤さんの遺言ともいうべき一文が、二〇〇〇年の『新潮45』十月号に掲載されています。「『明治』からの遺言」という特集の中で、明治生まれの斎藤さんが、「さすが」と思わせることを語っておられました。私が特に「わが意を得たり」と思ったのは、斎藤さんが次のような主張をされていた点です。

《今の日本は何につけても偏り過ぎている。正義を重んずる心、人間に対する愛情、親に対する感謝の念といった、当たり前の考え方が薄れてしまった。大事なのは「中庸」ということで、偏らない当たり前の考え方である。我々明治生まれには、みなそれがある。偏ったものに疑問を持つような教育を受けてきた。「教育勅語」には人間としての常識、まっとうな人の道が説いてあった。それは中庸の教えであり、今、そうした中庸の考え方を取り戻す必要がある。》

つまり、戦後の高度経済成長路線の中で、国や企業のために一生懸命仕事に打ち込み、新日鐵のトップ、さらには経団連会長にまで昇りつめた斎藤さんが、精神的荒廃が進んだ今日の日本社会を見て、「中庸」の考え方を背景に持つ戦前の教育を取り戻す必要があると主張されているのです。

斎藤さんはその主張に続いて、学校の先生に関して、次のような興味深い指摘をされています。

《今は学校の先生を「教師」と一括りにしているが、昔の小学校の先生は「訓導」、中学校は「教諭」、高等学校以上は「教授」と呼ばれていた。小学校の時期は、「そんなことをしたらダメだ。バカたれめ」というくらいの厳しさで訓え導く。中学では、「おまえの考え方はおかしいぞ。こうあるべきじゃないか」と教え諭す。高等学校以上は、教え授けるだけで、あとは本人次第。年齢によって、先生の役割がはっきりと分かれていた。しかし、今はみんな教授みたいになっている。小・

中学校までの大事な時期は、訓え導く、教え諭すでいかなければダメです。》

「訓導」という言葉はもはや死語に近い言葉ですが、『広辞苑』にはちゃんと載っており、「旧制小学校の正規の教員の称。学校教育法により現在は教諭」と解説されています。戦前の教育制度のもとでは、教育の段階によって先生の役割が明確に分けられていたことは、昨今の学校崩壊・学級崩壊への対応策に大きな示唆を与えていると思います。

それにしても、戦前の日本の教育システムの美点を身をもって知っている人は、年を追って数少なくなってきています。斎藤さんのような明治人が健在なうちに、何とか教育の抜本的改革を始めないと、魂の入った教育改革は結局、「百年河清を待つ」状態になりかねません。私は、国家百年の計としての教育改革には、明治世代の助言が欠かせないと思うのです。

斎藤さんはまた、その記事の中で、子供の頃に暗誦したというこんな詩を紹介されています。

広野の果ての白雲は　巨人の如き姿もて　五月の空に現れぬ
われは幼き童の　草にまろびて叙事詩をば　悲しく読みてありけるが
雲の巨人は厳しくも　「子よ、大いなる人となれ」
夕べ野を吹く風ありて　雲の巨人は音もなく　ゆれて崩れて失せしかど
五十路をこゆる今も尚　啓示となりて残るなり

斎藤さんは作者不詳のこの詩の中の、「子よ、大いなる人となれ」という一節が好きで、「明るく、おおらかで、愛を持った人間になりたいと思って、これまで生きてきました」と語っておられました。

私はその「子よ、大いなる人となれ」の一節に、札幌農学校を開設したクラーク博士の「少年よ、大志をいだけ」という言葉を想起しました。札幌農学校は、新渡戸稲造・内村鑑三の両博士をはじめ多くの俊英を輩出し、近代日本の発展に貢献していますが、そのバックボーンには「少年よ、大志をいだけ」というクラーク精神がありました。また、後述しますが、明治時代には札幌農学校を手本にして全国各地に農学校が設立され、その卒業生が日本の発展を底辺から支えたといわれています。その意味では、クラーク精神が近代日本の発展の一つの礎になったということもできるのです。

いずれにしても、「少年よ、大志をいだけ」や「子よ、大いなる人となれ」という言葉に象徴されるように、戦前の教育にはまさしく大きな志がありました。昨今の教育にはたして大いなる志があるでしょうか。

人格的影響力を持った教師を

故小渕総理の肝煎りでスタートした、総理の諮問機関「教育改革国民会議」のメンバーの一人である作家の曾野綾子さんが『文藝春秋』に、同会議の第一分科会の議論をまとめるかたちで、「日本人へ」と題する論文を書いておられます。

曾野さんはまず、「近年、日本の教育の荒廃は、見過ごせないものがある。子どもはひ弱で欲望を抑えきれず、子どもを育てるべき大人自身が、しっかりと地に足を着けて人生を見ることなく、功利的な価値観や単純な正義感、時には虚構の世界（ヴァーチャル・リアリティ）で人生を知っている、と勘違いするようになった」と、日本社会の憂うべき現状を分析するとともに、その背景には、日本が世界でも有数の平和で物質的に豊かな国になったことによって、日本人が「自身で考える力、苦しみに耐える力、人間社会の必然と明暗を、善悪を超えて冷静に正視する力を失った」状況がある、と指摘されています。

そして、人生の最初の教師は父母であり、家庭における躾の大切さを説きながら、普遍性・明快性・単純性を持っている道徳を、学校教育の中で教えることをためらってはならないと力説しつつ、小学校では「道徳」、中学校では「人間科」、高校では「人生科」の授業を設けて、専門の教師だけでなく、経験豊かな社会人も協力して教える仕組みつくることを提言されています。このあたりの曾野さんの提言には、斎藤英四郎さんの主張と明らかに通底するものがあります。

曾野さんは教師に対しても、「教師は、改めて徳と知識の双方を有して欲しい。そのために、教師自身が絶えず勉強を続けることが望まれる。生徒と保護者は、その結果として、教師に人格的権威を自然に感じるようになるのが理想である」と、厳しい注文を出しておられます。

曾野さんと斎藤さんの主張を合わせて、教師の理想像を考えれば、「徳と知識を身につけ、意図せずして人格的権威が滲み出る教師が、小学校においては訓え導き、中学校においては教え諭し、高校以上においては教え授けるのが理想」ということになりましょう。

たしか戦前までは、学校の先生という仕事は聖職と見なされ、周囲から尊敬されたものです。しかし戦後、先生は労働者となり、労働組合を作って労働闘争の一翼を担ってきました。それは一つの時代の流れだったのかもしれませんが、私は根本的に間違っていたと思います。先生が労働者を自認しストライキを行うようなことは、私たち仏教者が労働者を自認しストライキを行うのと同じ程度に理不尽なことではないか、と私は思うのです。

人間にはそれぞれ個性があり、持ち味があります。先生が一つのイデオロギーに固執し画一的になれば、教育も画一化され、生徒も画一化されます。それは子どもたちにとって、非常に息苦しい環境であります。先生が普遍性・明快性・単純性を持つ基本的な道徳をわきまえ、それぞれ自らの個性を生かすかたちで人格を磨き、それぞれの持ち味で生徒に人格的影響を及ぼすことができるような教育環境になれば、子どもたちはもっと伸び伸びと個性的に育つことができるようになるでしょう。

先生は、自分の人格が子どもたちの人格を築き、将来の「この国のかたち」を左右することを心から自覚する必要があると思います。その意味では、子どもたちに対する道徳的な教育が大事であると同時に、子どもたちに人格的影響力を及ぼすことのできる教師づくりも大切です。

河合栄治郎教授の人格的感化

最近の大学教授には、専門的な知識を持った研究者として優秀な人や、弁舌巧みでマスコミ受けする人は多くいますが、学生に人格的影響を及ぼす真の教育者は少なくなったといわれています。大学教授も教育者という面が薄まり、単なる一つの職業になったということでしょうか。

戦前、東京帝国大学の経済学部教授に河合栄治郎という人がおられました。昭和初期から戦中にかけて、社会思想家・経済学者・自由主義者・理想主義者として一世を風靡した有名な学者です。河合教授の門下生の人たちは、河合教授の真骨頂は教育者としての人格にあった、と口を揃えて言っています。

河合教授は明治二十四年、東京に生まれ、昭和十九年に五十三歳で亡くなっています。少年時代の河合教授は、国家主義的なジャーナリスト・徳富蘇峰を愛読し、日露戦争の開戦に熱狂する愛国少年でした。その愛国少年が人格を最も大切にする理想主義者に変身したのは、第一高等学校に入って新渡戸稲造校長の感化を受けたのがきっかけだったようです。

当時の一高はバンカラが幅をきかせ、剛健尚武の気風がモットーとされていました。したがって、キリスト者で理想主義者である新渡戸校長は学生から軟弱だと批判され、論争を挑まれていました。そこで大勢の学生を前にして、新渡戸校長は次のように諄々と説いたそうです。

「自分はあながち一高の伝統的校風を破壊しようとするものではない。本意はただ、人生の目的は単なる立身出世ではなく、金を儲けることでもなく、個々人の人格、すなわち個性の尊厳を認識して、そのすこやかな成長をうながそうとすることにある。諸君よ、はたしてこれが一高の校風と矛盾撞着するだろうか。剛健もよい、尚武もよい。しかし、私の教育の究極のねらいは人格の向上にこそある。」

会場は水を打ったように静まり、泣いている学生もいました。その一人が、若き日の河合教授でした。その後、河合教授は東京帝国大学で労働問題を専攻し、当時の職工・女工すなわち労働者の悲惨な状況を改善するという理想に燃えて農商務省に入ります。しかし、保守的な役所では自分の理想を貫くことはできないと役所に愛想を尽かし、母校の東大経済学部の助教授に転身します。

河合教授は大正の終わりから昭和の初めにかけては、反マルクス主義の理想主義者・自由主義者として、論壇の一方の旗頭として活躍していますが、昭和七年から八年にかけてのドイツ留学を境に、反ファシズムの立場を鮮明にし、当時の読売新聞が「河合教授が論壇を席巻し始めた」と評したほど、新聞・雑誌で反ファシズムの論陣を張っています。

昭和十年前後には、すでに軍部による厳しい言論統制が敷かれ、学者といえども自由に発言するには大変な勇気を必要としました。しかし、昭和十一年に二・二六事件が起きたとき、河合教授は『帝国大学新聞』に生命を賭して痛烈な二・二六事件批判の一文を書いています。

「ファッシストの何よりも非なるは、一部少数のものが暴力を行使して、国民多数の意志を蹂躙するにある。国家に対する忠愛の熱情と国政に対する識見とにおいて、生死を賭して所信を敢行する勇気とにおいて、彼等のみが決して独占的の所有者ではない。……彼等の我々と異なるところは、ただ彼等が暴力を所有し、我々がこれを所有せざることのみある。……我々に代わって社会の安全を保持するために、一部少数のものは武器を持つことを許され、その故に我々は法規によって武器を所有することを禁止されている。しかるに我々が晏如として眠れる間に、武器を持つことそのことの故のみで、我々多数の意志は無の如くに踏み付けられるならば、まずあらゆる民衆に武器を配布して、公平なる暴力を出発点として、我々の勝敗を決せしめるに如くはない。」

まさに「闘う自由主義者」といわれた河合教授を彷彿させる文章ですが、その後、河合教授の著作の多くが発禁処分となり、東大教授の椅子からも追われます。そして昭和十四年に、河合教授はその著作が「安寧秩序ヲ紊ルモノ」として当局から起訴され、長い裁判闘争を闘います。昭和十八年に大審院で有罪が確定し、翌年の二月に亡くなっています。

こうして河合教授の生涯を俯瞰してみると、「闘う自由主義者」の側面は見えてきますが、教育者としての人格は表面に現れてきません。しかし、河合教授の教え子の人たちが残した河合教授の思い出を読みますと、河合教授がいかに優れた教育者であったかがわかります。

河合教授のゼミは教室だけでは終わらず、学生が教授の家に押しかけていくことがよくあったといいます。そして、河合教授と学生が議論を闘わせているいると、知らないうちに教授の独演会となり、古今東西の偉人の人物論に始まり、人生論・恋愛論・時局論に至るまで延々と続いたそうです。終電が終わっても独演会は終わらず、いつしか夜が明けていたということが再三あったそうです。教育に情熱を持ち学生を愛していないと、なかなかそこまではできません。おそらく河合教授の話を徹夜で聞いた学生たちは、人格的感化に心を躍らせていたに違いありません。

河合教授の門下生には、戦後日本の経済成長を支えた人材がキラ星の如く並んでいます。日銀総裁を務めた山際正道・佐々木直・宇佐美洵さんの三人、東京電力の社長・会長を務め、経済同友会の代表幹事として「財界の良心」と評された木川田一隆さん、日本郵船の社長・会長を長く務めた菊地庄次郎さん、京都大学教授から防衛大学校長を務めた猪木正道さん、学者として民社党の綱領づくりに参画し、後に民社党議員になった関嘉彦さん、名前を挙げたらきりがないほどです。

こうした門下生の人々は、社会に出てからも河合教授の薫陶を受けたことを誇りとし、河合教授の名前を汚さぬようにそれぞれの分野で仕事に打ち込み、それが戦後の日本社会の一時の輝きにつながったのです。つまり、河合教授の教育者としての人格が発する光が、門下生の人格を照らし、輝かせ、それが戦後のある時期、日本経済を輝かせたのです。

私は、教育というものはそういうものだと思います。「教育は国家百年の計」という意味はそこにあります。教育を通じて正しい光が全国津々浦々を照らす。二十一世紀の日本の教育は、そういう姿を目指すべきです。

「ボーイズ・ビイ・アンビシャス」

七、八年前、赤坂プリンスホテルの清和会（旧福田派）の一室で、福田赳夫元総理と「中外日報」紙の対談を行ったことがあります。福田さんはたしか現役は退かれていましたが、ＯＢサミットや地球環境問題について熱心にお話いただきました。そのとき、福田さんの椅子の脇に世界人口時計が置かれており、刻々と増える世界の人口を刻んでいたのがとても印象に残っています。福田さんは一線を退いてからも常に世界の平和を考える本物の政治家でした。

その福田さんが清和会の将来のホープとして期待していたのが、現在の小泉総理でした。小泉総理は初めて立候補した昭和四十四年の総選挙で落選した後、次の選挙まで、東京・野沢の福田さんの家で下足番をされたということです。

小泉総理は福田さんの七回忌の集まりで、「四十四年に落選しなければ今日なし。失敗こそ成功の足がかりであり、挫折こそ人間を鍛える。その福田先生の教えに従ってやってきた」と、福田さんの薫陶を受けたことが今日につながったことを述べた後、次のような福田さんにまつわるエピソードを紹介されたそうです。

「六年前、お亡くなりになる正月に、野沢に年賀のご挨拶に行った。お一人で着物姿でおられ、縁側で向かい合った。改まって、君ちょっと座れ、と言われた。君何歳になる。五十三歳です。ボーイズ・ビイ・アンビシャスを知っているか。知っています。これからはア・ボーイ・ビイ・アンビシャスで行け。福田さんにそう言われた。それで福田さんが亡くなった直後、私は自民党総裁選に出た。」

言うまでもなく、「ボーイズ・ビイ・アンビシャス」という言葉は、明治初期に札幌農学校を創設したクラーク博士が明治の新国家建設に燃える若者たちを励ました言葉で、「少年よ、大志をいだけ」という意味です。福田さんは、複数形の「ボーイズ」を単数形の「ア・ボーイ」に言い換えることによって、小泉総理個人に将来、総理・総裁を目指せ、と遺言されたわけです。小泉総理はその福田さんの遺言を胸に秘め、三回目の総裁選挑戦で総理の椅子を射止めたのです。

福田さんは総理時代、自民党総裁選で再選を目指されましたが、田中角栄さんの強力な多数派工作により予備選挙で大平正芳さんに大敗し、「天の声も時には変な声があるなぁ」と無念のコメントを残して大平さんに総理の座を譲られました。その福田さんの弟子の小泉さんが、二〇〇一年の総裁選の予備選挙で優勢を伝えられていた田中派の流れをくむ橋本さんに圧勝し、総理の座に就いたのですから、皮肉な巡り合わせではあります。

福田さんは若い頃から、「党風刷新」を唱えて自民党改革に邁進してきた人でしたが、その福田さんに見込まれた小泉総理がいま自民党の構造改革に取り組んでいるのを見ると、仏教的な立場からは、福田さんの魂が小泉さんを突き動かしているようにも思えるのです。

ところで、私は小泉総理が福田さんの七回忌で、「ボーイズ・ビイ・アンビシャス」のエピソードを紹介されたという話を聞き、改めてクラーク博士の「少年よ、大志をいだけ」という言葉の生命力の強さを知らされました。

福田さんは明治三十八（一九〇五）年生まれでしたが、出身地は群馬県、大学は東京帝国大学で、北海道や札幌農学校、北海道大学とは無縁です。その福田さんが、晩年、将来の総理と見込んだ政治家を、「ボーイズ・ビイ・アンビシャス」という言葉で励ましたということは、戦前の日本社会にいかに「少年よ、大志をいだけ」という言葉が広く知れわたっていたかを証明しています。しかも、その言葉が英語と日本語の両方で伝わっていたことは、注目に値すると思います。

いずれにしても、「ボーイズ・ビイ・アンビシャス」「少年よ、大志をいだけ」という言葉は、「坂の上の雲」を目指す近代日本の青少年たちの魂を揺さぶる言葉であったに違いありません。

人材育成こそ国家発展の基礎

「ボーイズ・ビイ・アンビシャス」という言葉を残したクラーク博士は、実はわずか九カ月間しか札幌農学校にいなかったようです。というのは、クラーク博士は当時、州立マサチューセッツ農科大学の学長で、人望があったために大学の理事会が日本へ行くことをなかなか許可しなかったからです。したがって、クラーク博士はマサチューセッツ農科大学の学長のまま、一年間という期限付きで創設されたばかりの札幌農学校の指導に来たのでした。一年間といっても太平洋を船で往復するのに三カ月かかりますから、実質は九カ月しかおられなかったわけです。

クラーク博士は北海道開拓長官の黒田清隆に対して、教育と産業の関係について次のような考え方を説いています。

「国に人材がいなければ、国はないに等しい。人に精神がなければ、人でないに等しい。精神を修養しなければ、精神はないに等しい。すなわち修業を積んだ精神を持つ人材こそ、その国の国民のもっとも重要な産物である。農園や工場や鉱山の生産物は、学校の生産物に比べれば、価値が乏しいことは明らかだ。もし学校の教育が正しいものであれば、農園や工場や鉱山などは自然に栄えるものだ。学校の教育が軽視されることは、その国民が退廃した証拠である。善政の中心は教育制度にある。国民の熱烈な支持を背景にした青年教育が行われれば、科学・美術・資産・威力など、世間が偉大だと認めるあらゆるものが生まれてくるものだ。」

つまり、クラーク博士は、教育による人材の育成こそ国家が発展する基礎であり、その人材教育は精神の修養を伴わなければならないと説いたわけです。黒田清隆は薩摩出身者で、後に伊藤博文に次いで第二代の総理大臣に就いた人ですが、クラーク博士の主張した英語によるキリスト教的な教育を全面的に受け入れ、札幌農学校を側面から支えたそうです。

クラーク博士は九カ月間という短い期間に、ピューリタン的な禁欲的生活態度、自然科学と技術を尊重する実証的精神、日常的に与えられた課題と勤労への限りない使命感、新しいことに挑戦するフロンティア・スピリット、人間尊重とヒューマニズム、すべてを神に捧げるキリスト教的信仰などを、深い愛に満ちた感化力で札幌農学校の生徒に強烈に植え付けました。

これらのクラーク精神は江戸時代までの日本にはまったくないものであり、新しい国造りの志に燃えていた札幌農学校の学生を完全に魅了しました。そして、その精神は内村鑑三・新渡戸稲造といった、武士道精神の幹にキリスト教精神を接ぎ木した札幌農学校出身の巨人たちによって、明治以降の日本に一つの奔流として流れてきたのです。戦後の平和憲法もその思想的精神的源流をたどっていくと、札幌農学校精神に行き着くと見る学者もいるようです。

私が札幌農学校で注目するのは、内村鑑三・新渡戸稲造といった巨人たちがクラーク博士の精神を受け継いだのみならず、卒業生全員がクラーク精神を受け継ぎ、卒業後、全国津々浦々でクラーク精神を実践したということです。

例えば、明治時代に鹿児島第一中学校校長兼鹿児島造士館長を務めた岩崎行親という人は香川県出身の人ですが、札幌農学校時代は内村鑑三・新渡戸稲造と同期で、卒業後、加納久宜鹿児島県知事の顧問として鹿児島入りし、鹿児島一中の校長を務めたのを皮切りに、川内二中・加治木三中・川辺四中などの中学校を相次いで創設して校長を務めるなど、「鹿児島旧制中学校教育の父」と称えられました。

岩崎は教育の目標として西郷隆盛の「敬天愛人」を掲げ、自ら全寮制の敬天塾を創立し、新教育を導入して異色の英才教育を行ったそうです。岩崎は、国学者の家に生まれた関係で神道崇拝者だったためキリスト教を受け入れなかったようですが、クラーク精神を学んだ岩崎が西郷の「敬天愛人」をモットーとしたことは興味深いことです。クラーク精神と「敬天愛人」精神には共鳴する部分があるということだろうと思います。

岩崎はまた、知事の顧問として鹿児島県の農業振興にも寄与しています。米作改良・排水工事・種苗改良などで貢献していますが、特筆すべきは柑きつの栽培を奨励したことで、これは札幌農学校で受けた実地主義の教育の成果が現れたものといわれています。

岩崎のような札幌農学校の卒業生が全国津々浦々に散っていき、ある人は教育に、ある人は農業に、ある人は酪農に、クラーク精神を発揮していったのです。そして、その卒業生たちを通じて間接的にクラーク博士の感化を受けた人材が、戦前、日本各地に次々と誕生していったわけです。

私は日頃から、どの分野でも、世のため人のために一生懸命努力している人は、いつしか御仏の智慧をいただいて体から光が発するようになり、周りの人に良い影響を及ぼすことができる、と説いていますが、クラーク博士もそういう光を発していたのだと思います。短期間の滞在でありながら、クラーク博士の光は札幌農学校の生徒たちを煌々と照らし、その光を郷里に持ち帰った卒業生たちが全国各地で次の世代を照らしたのです。

そう考えてみると、福田赳夫さんが「ボーイズ・ビイ・アンビシャス」という言葉を使って小泉総理を励まされたのも、まったくの偶然ではないのです。福田さんもまた、間接的にクラーク博士の光に照らされていたに違いありません。だとすれば、小泉総理もまた、クラーク博士の光に照らされていることになります。

クラーク博士が明治初期の日本に残していった精神をよく吟味してみると、そのバックボーンにキリスト教精神があるからでしょうか、仏教の精神と通底する部分があるような感じがします。亡国現象に悩み、構造改革の痛みにおののく現代の日本人に必要なのは、クラーク博士が残した禁欲・勤労・チャレンジなどの精神と、将来を見つめて大いなる志をいだくことではないでしょうか。

十　国家理念と国際社会の眼

横井小楠の『国是三論』

亡国現象にさいなまれるバブル崩壊後の日本を指して、「平成幕末」という言い方があります。現在は幕末に匹敵する大転換期だというわけです。では、黒船の来航で太平の眠りを覚まされ、開国を余儀なくされた幕末の日本において、変革をリードした若きリーダーたちは、どのような理念を持って新しい世の中を模索したのでしょうか。そのことに改めて光を当てれば、平成幕末において二十一世紀の新しい日本を開く理念、二十一世紀の日本のリーダーが持つべき理念が見えてくると思うのです。

幕末当時、肥後熊本藩に横井小楠という思想家がいました。藩校の時習館時代は抜群の成績で、二十代でその学校の塾長に抜擢されています。その後、小楠は江戸に遊学し、熱烈な尊皇攘夷論者で多くの青年に影響を与えた水戸藩の思想家・藤田東湖と親交を結び、藤田から水戸藩に来ないかと誘いを受けるほど、その才能を高く評価されています。

熊本へ戻った小楠は、人民を苦しめている肥後藩の経済政策を批判し、「政府と人民はともに苦しみ、ともに豊かになるべきだ」という経済論『時務策』を著す一方、実際に役立つ学問を志向する「実学党」を旗揚げし、私塾「小楠堂」を開設しました。その門下生の第一号が、明治・大正・昭和の三代にわたりジャーナリズム界に君臨した徳富蘇峰と、小説『不如帰』『自然と人生』で知られる蘇峰の弟・徳冨蘆花です。

この頃の小楠は、その後「松下村塾」を開き、勤王の志士たちに大きな影響を与えた吉田松陰や、尊王攘夷派の理論的指導者だった真木和泉らと親しく交際し、勤王の志士の一人として常に国の在り方を考えていたようです。

晩年、明治維新の十年前、小楠は越前藩主・松平慶永に招かれて、越前藩の政治顧問に就任しました。その翌年には大老・井伊直弼による「安政の大獄」が起き、藩主・慶永は隠居・謹慎処分となり、吉田松陰や越前藩士・橋本左内らが死刑に処せられました。さらにその翌年には「桜田門外の変」が起き、井伊大老が暗殺されています。

そんな疾風怒濤の時代に、小楠が越前藩の政治方針を確定するために著したのが『国是三論』です。ここで言う「国是」の「国」は越前藩のことですが、小楠の視野の中に「日本」という国が収められていたことは、疑う余地はありません。「三論」とは経済・外交・教育にわたる三論のことで、小楠はこれを「天・富国論」「地・強兵論」「人・士道論」の三つに分けて論じています。明治維新以降の日本が「富国強兵」を国是とし、「西洋に追いつき、追い越せ」と「脱亜入欧」路線を突っ走ってきたことは周知の事実ですが、小楠の国是には「富国・強兵」の他に「士道」が入っていたことは注目に値します。賢明な小楠のことですから、「富国・強兵」だけでは国は行き詰まること、日本の伝統的美徳である「士道」の精神を忘れてはならないことを洞察していたのでしょう。

『国是三論』には現代にも通用する考え方がいくつもあります。

まず「天・富国論」では、開国による弊害、鎖国による弊害の双方を示しながら、「歴史の流れ、世界の情勢というものは、個人的な意志ではどうにもならない。日本一国の勝手な都合だけでは鎖国することはもとより、仮に開国するにしても、鎖国の考えのままではどちらの場合にせよ弊害が多くて、今後の安全は期し難い。であるから時代の気運に合わせ、万国の事情を考慮して、『公共の道』を示して天下の政治を行えば、すべての面で障害がうすらぎ、現在憂慮している問題は解決へと向かうであろう」と主張しています。

つまり、「従来の幕府や藩にとらわれた政治を行っていたのでは、鎖国はもちろん開国しても弊害が多く、国の安全は確保できない。従来の政治を改め、国民のための政治を行えば、時代の趨勢に合わせて開国しても障害は薄らぐだろう」というのです。この小楠の議論を現代に当てはめてみれば、国民に軸足を置いた政治を志向すれば、グローバル化が進展する大転換期を乗り切ることができる、ということになるのではないでしょうか。

また「人・士道論」では、「文武の道は武士としての職務上の本分であり、政治上の要点である」としながら、文武はもともと「文」と「武」に分けられるものではないと説いています。文武の語源は中国の『書経』にある昔の皇帝・舜を称える言葉、「乃ち聖、乃ち神、乃ち武、乃ち文」、つまり「徳がすぐれて何事にも詳しく、神秘的で、文武のどちらも兼ね備えている」という文章からきており、皇帝・舜の「おのずと外に滲み出た徳、その思いやりの気持ちや道理、強さ、やさしさ」を指して「文武」といったのです。文武は一つの徳性のことだ、と小楠は主張するのです。そして、当時の教育を「文」と「武」を分けた教育だと批判し、書物の暗記や武芸の修得だけでは文武両道の人材は生まれないと喝破しています。現代の教育においても、有名進学校から東大、大蔵省を目指す偏差値教育では、決して文武両道の人材は生まれないのです。

越前藩で小楠の薫陶を受けた藩士の中に、由利公正という人がいます。由利は『国是三論』の富国論の理論を受けるかたちで、積極的な交易政策を実践し、越前藩の財政を改善しました。また、由利は小楠とともに、明治新政府で大久保利通・木戸孝允らと並んで参与に任命されていますが、「広く会議を興し万機公論に決すべし」で始まる「五箇条の御誓文」を最初に唱えたのは由利だといわれています。

その意味では、「富国・強兵」の理念も含めて、横井小楠の思想は明治維新のバックボーンになっていたと言えるでしょう。しかし、小楠は明治維新の翌年、「外国の賊と心を通じ、キリスト教を広めようとした」として、旧尊王攘夷派の志士に暗殺されました。明治新政府が「士道」を置き去りにして、「富国強兵」路線をひた走ったのは、横井小楠が明治維新直後に暗殺されたことと決して無縁ではないような気がします。

横井小楠はまた、日米和親条約・日米修好通商条約など外国との間に締結された屈辱的な不平等条約を改正するには外国と一戦交える覚悟が必要であり、そのためにはまず外国との交易を盛んにし、軍事力を中心に日本全体の国力の充実を図らねばならない、という「破約必戦論」を提唱していました。それに共鳴したのが坂本龍馬です。

坂本龍馬の「船中八策」

坂本龍馬は明治維新の前年に、京都の醤油商・近江屋に滞在中、幕府の京都見廻組に襲われ命を落としていますが、明治維新に決定的な役割を果たしています。徳川慶喜が大政奉還を決断する最後の土壇場で時局が行き詰まったとき、龍馬が土佐藩の後藤象二郎に示した「船中八策」という八項目の私見が、時局を解きほぐし、結果的に大政奉還の決断に結びついたのです。「船中」というのは、長崎から神戸に向かう船の中で示されたからです。

「船中八策」は龍馬の新国家基本構想とでもいうべきもので、非常に簡潔な内容です。

一、天下の政権を朝廷に奉還せしめ、政令宜しく朝廷より出づべき事。
一、上下議政局を設け、議員を置きて万機を参賛せしめ、万機宜しく公議に決すべき事。
一、有材の公卿・諸侯及び天下の人材を顧問に備え、官爵を賜い、宜しく従来の有名無実の官を除くべき事。

一、外国との交際、広く公議を採り、新たに至当の規約を立つべき事。
一、古来の律令を折衷し、新たに無窮の大典を撰定すべき事。
一、海軍宜しく拡張すべき事。
一、御親兵を置き、帝都を守衛せしむべき事。
一、金銀物価、宜しく外国と平均の法を設くべき事。

天皇制を基本とする政治体制、二院制議会の設立、人材登用、行政改革、外交、憲法制定、国際並みの経済制度の導入など、新しい国家の青写真を見事に提言しています。そして龍馬は、この八策の後にこう付け加えています。

「以上の八策は、ただいまの天下の形勢を察し、これを世界万国に当てはめて考えてみるのに、この方策を別にして、この時局を救う急務が他にあるとは思えない。もしもこの数策を断行するならば、天皇の御運を挽回し、国勢を拡張し、世界の万国と肩を並べることも決してむずかしいことではない。なにとぞ公明正大、天地に恥じざる道理を踏まえ、一大英断をもって天下とともに更始一新するべきである。」

大政奉還後の新国家構想を、これほど簡潔に自信を持って描き得た龍馬の明断な頭脳と洞察力に、改めて驚嘆を禁じ得ません。昨今、日本の政界では、この国際化・情報化の時代にもかかわらず、どの政党も簡潔で明快な国家構想を打ち出せないでいます。これでは坂本龍馬のように新しい時代を切り開くことはできません。

坂本龍馬が来るべき時代を明確に見通すことができたのは、その明晰な頭脳もさることながら、人間としての包容力・受容力が備わっていたからです。龍馬は土佐藩の郷士の家に生まれています。郷士というのは、もともとは荒れ地を開墾した農兵を武士として取り立てる制度ですが、江戸中期には生活苦からその武士の資格である郷士株を売り渡してしまう郷士が現れ、坂本家の先祖も郷士株を買って武士になったのです。龍馬が生まれた頃には、坂本家は郷士としては裕福な家柄になっていました。また、坂本家の本家は質屋や酒造業を営む豪商です。龍馬は経済的に恵まれた環境で、自由闊達に育ちました。

十九歳のとき、龍馬は江戸に出て千葉周作の弟の千葉定吉の道場に入門し、北辰一刀流を学んでいます。ちょうどその頃、ペリーの黒船が浦賀沖に現れたために、江戸の土佐藩邸も沿岸警備を命じられ、龍馬も狩り出されています。おそらくこのときの体験が、龍馬の目を世界に開かせるきっかけになったのだと思います。

それから間もなく、土佐へ帰った龍馬は土佐藩の船役人である河田小竜という人物に出会います。河田は以前、ジョン万次郎を取り調べた役人でした。ジョン万次郎こと中浜万次郎は十五歳のとき、漁船で遭難したところをアメリカの捕鯨船に助けられ、その後十一年間に及ぶアメリカ生活を経て土佐に戻ってきた男です。河田は万次郎からアメリカ事情を聴取したことによって世界に目を開き、薩摩に出掛けて反射炉を視察したり、大砲の鋳造を学んだりしていました。

そして河田は龍馬に、「日本の軍船は外国船に比べると問題にならない。いまわれわれが志すべきことは、外国船を一隻買い入れて、航海術を身につけることだ。島国である日本は、大海原を自由に航海できる鋼鉄船と、それを自由に操ることができる航海術なしには、到底新しく生きる道はない。船によって産業を興すべきだ」と説いたのです。黒船騒動を目の当たりにしてきた龍馬が、河田の言葉に大いに刺激されたことは想像に難くありません。これが後に、龍馬が海援隊を組織することにつながっていくわけです。もし龍馬が未来を見通す洞察力を備えていない男だったら、河田の主張を海援隊の結成に結びつけていくことなど不可能だったでしょう。

その後、龍馬は遠縁に当たる武市半平太が結成した土佐勤王党に加わり、勤王の志士としての活動に奔走することになります。そして武市の使者として長州の尊皇攘夷論者・久坂玄瑞を訪ねた際、久坂から「いまや天下草莽の志士を広く糾合して決起すべきときだ。諸侯頼むに足らず。一藩の興亡など歯牙にかけるほどのことではない」と、藩の枠を超えた連帯を呼びかけられます。龍馬は久坂に共鳴しますが、武市が土佐勤王党に固執したため、武市と袂を分かちます。そして龍馬は土佐藩を脱藩して、まったくフリーな立場で新しい時代を創るコーディネーターとして東奔西走するのです。

その過程で、龍馬は幕府の外国奉行の任にあった開明派の代表的人物で、大政奉還論者の大久保忠寛に気に入られ、大久保から紹介された越前藩主・松平慶永を通して、開国論者の横井小楠・勝海舟と出会うわけです。勝海舟に初対面したのときの龍馬は、まだがちがちの攘夷論者でしたから、ことによったら海舟を斬る覚悟でした。しかし、すでに咸臨丸船長としてアメリカを視察していた海舟は、「攘夷に反対するのではない。外国の理不尽な圧迫に屈するぐらいなら、断固攘夷をやるべきだ。しかし、世界の現実を知ることなくして真の攘夷はできない。とにかく海軍力の育成強化が先決だ」と、諄々と龍馬に説いたのです。龍馬は海舟が「日本第一の人物」であると直感し、その場で弟子入りしています。お互いに第一級の人間同士が初対面で肝胆相照らす仲になった、有名な場面です。

それにしても、龍馬に鋼鉄船とそれを自由に操れる航海術の重要性を説いたのが、中浜万次郎を取り調べた河田小竜であり、海軍力の育成強化が急務であることを説いたのが、中浜万次郎を伴って咸臨丸で訪米した勝海舟であったことに、人間の縁の不思議さを感じます。時代が大きく動いているときには、その方向に一つの求心力が働き、同じ志を持った人材を出会わせるのだという感じがしてなりません。そしてそれがまた、時代を動かすエネルギーにもなるのです。

横井小楠にしろ、坂本龍馬にしろ、決して最初から開国論者だったわけではありません。どちらかと言えば、二人ともむしろ筋金入りのナショナリストだったと言ってもいいでしょう。国家・国民を思うナショナリストであったからこそ、国家百年の計として外国勢力に対抗するには、まず国を開いて国民国家としてのかたちを整える必要があると考えたのです。

勝海舟は「攘夷は興国の基」と言っています。外国の言いなりになってなるものか——その反骨精神が国を興す基本だというのです。横井小楠も坂本龍馬もそのバックボーンを持っていました。

それは日本を愛する心、日本精神を尊重する心と言ってもいいでしょう。それがあったからこそ、彼らの情熱は一つのエネルギーとなって国を動かしたのです。

ひるがえって平成幕末の状況はどうでしょう。バブル崩壊後の長い不況を乗り超えて、二十一世紀という新しい時代にふさわしい国のかたちを創らなければならないときであるにもかかわらず、リーダーたちから創造のエネルギーというものが伝わってきません。それはやはり、京都大学の中西輝政教授が指摘されるように、ナショナリズムが欠落しているからでしょう。国家・国民のためにという姿勢が身体から滲み出るくらいでなければ、時代を動かすことはできないのです。

アインシュタイン博士の日本観

第五章「甦れ、日本人の宗教心」も触れましたが、大正十一年に来日したアインシュタイン博士は、約四十日間日本に滞在した後、次のような言葉で日本を絶賛されました。

「世界は進むだけ進んで、その間、幾度も闘争が繰り返され、最後に闘争に疲れるときが来るだろう。そのとき、世界の人間は必ず真の平和を求めて、世界の盟主をあげねばならぬときが来るに違いない。その世界の盟主は武力や金力ではなく、あらゆる国の歴史を超越した、もっとも古く、かつ尊い家柄でなければならぬ。世界の文化はアジアに始まってアジアに帰り、それはアジアの高峰、日本に立ち戻らねばならぬ。我らは神に感謝する。天が我ら人類に日本という国を造っておいてくれたことを。」

アインシュタイン博士は、単なる社交辞令ではなく、天皇と国民が一体となって「まことの道」を歩もうとする真摯な姿を感じ取って、日本が「戦争の世紀」の後に来る「平和の世紀」に、世界の盟主になり得ると示唆されたのです。

アインシュタイン博士が来日した大正十一年といえば、第一次世界大戦が終結し、パリのヴェルサイユ宮殿で講和会議が開かれた三年後です。この会議では第一次大戦の戦後処理のほかに、当時のウィルソン米国大統領の提案により、国際連盟の創設が決まりました。もう一つ、この会議で注目されたのは、日本政府の代表として出席していた日本政府全権大使の西園寺公望が、人種差別撤廃法案を提案したことです。

当時すでに、アメリカで日本人移民排斥をめぐる対日差別法案が進められていたために、その対抗上、日本が講和会議の席で人種差別撤廃法案を提案したわけです。投票結果は、賛成十七票、反対十一票で、可決される寸前までいきました。しかし、イギリスなどとともに反対に回ったアメリカのウィルソン大統領が、「このような重要案件は全会一致でなければならない」と異議を申し立て、不採決としてしまったのです。後に昭和天皇は、太平洋戦争の遠因として、ヴェルサイユ講和会議における人種差別撤廃法案の不成立と、カリフォルニア州における日本移民拒否の二つを上げられたそうです。

アインシュタイン博士が日本を長期間訪れ、日本を絶賛した背景には、このヴェルサイユ講和会議において人種差別撤廃法案を提案したこともあったのかもしれません。いずれにしても、「天皇と国民が一体感を持ち、八百万の神々を大切にする国」である日本を高く評価するアインシュタイン博士のような外国人は、決して少なくないのです。

「占領政策は誤りだった」

日本でアシストというコンピューターソフト会社を経営しているビル・トッテンさんは、「戦後の日本は愛国心や道徳心を失うよう、アメリカにマインドコントロールされ、日本人としての誇りを失った」と言っていますが、日本が二十一世紀の新しい国づくりの理念を考える場合、外国人の人々が従来の日本のどこに魅力を感じ、評価していたかは、無視できない要素です。私が外国の有識者の日本論・日本人論に触れるたびに思うことは、日本の伝統精神・伝統文化・伝統的な美徳を残す必要があるということです。

一九七〇年代に刊行され、数年前に復刊された『日本人に謝りたい――あるユダヤ人の懺悔』という本があります。著者はモルデカイ・モーゼという、一九〇七年生まれのユダヤ人日本研究家です。モーゼ氏は、戦後日本の高度経済成長に反比例するかたちで進行した精神面の退化現象は、日本の占領政策に携わり日本の伝統文化を破壊したユダヤ人の誤りによるものであり、ユダヤ人は日本人に謝らなければならない、というのです。

モーゼ氏は、ユダヤ人が戦後、日本の伝統文化を徹底的に破壊しようとしたのは、戦前の日本という強力な国家を解体することが目的だったと言います。ユダヤ人は長年、国家を持たず、世界各地で迫害されてきたために、強力な国家に対する憎しみを持っており、日本の占領政策にもその憎しみをぶつけたというわけです。

ところが、日本という国をよくよく研究してみると、戦前の日本にはユダヤ人の理想とする、君主と人民が共に治める「君民共治」の政治が実現されており、世界に例を見ない篤い義理人情に溢れた社会が成立していたことがわかり、戦前の日本を否定し、日本文化を破壊したのは間違いだったことに気づいたと、モーゼ氏は言います。

モーゼ氏はまた、人民を抑圧し、革命によって何回も倒された西洋の君主制や圧制的な西洋の植民地経営と、民衆と融和した日本の万世一系の天皇制や五族協和を唱った日本の満州国建設などの植民地経営を比較しながら、日本文化の方が西洋文化より優れており、日本が「国際化」の名のもとに西洋のペースに適応しようとすることは、むしろ人類の文化の後退を招くものだとまで言っています。

要するに、終戦直後に行われた戦前の日本を否定する占領政策は誤りであり、それが戦後日本の精神的荒廃を生み出したのだ、とモーゼ氏は二十年以上も前に指摘したのです。バブル崩壊という「第二の敗戦」状況に立ちつくし、欧米の突きつけるグローバル・スタンダードを無批判に受け入れることは、モーゼ氏の言う戦後の過ちを重ねることになり、日本の精神的荒廃を一段と加速する恐れがあることを、現在のリーダーたちは真剣に考える必要があります。

外国人識者は日本に何を求めているか

朝日新聞が新世紀の初頭に企画した「新世紀を語る」という連載の中で、マレーシアのマハティール首相は、日本に学ぶ「ルックイースト」政策を導入した理由を語りつつ、「日本はいま、西洋と同じことをするために『ルックウエスト』を試みている。日本が自らの流儀で築いてきた多くの物事を破壊している。多くの過ちを犯している。そのため現在の日本は非力な状態に陥った。私たちが日本を手本にしたいと望んでいるのに、逆に日本は西洋の模倣をしようとしている」と、日本の現状を批判していました。

また、占領が終わった年に来日し、日本に三十年近く滞在して上智大学学長を務めたヨゼフ・ピタウさんは、「独立したばかりの日本で感じたのは、素晴らしい精神力でした。敗戦から立ち直り、新しい社会を造ろうという空気がみなぎっていた。貧しい時代でしたが、教育だけは授けようと、親は食べるものも切り詰めて子どもを学校に行かせた」と、戦後間もない時代の日本を誉めながら、日本の今後について次のように提言しています。

「日本にいたとき、私は世界共通の遺産を巡礼する気持ちで社寺を訪ねた。ご先祖を大切にする。ありがたいという気持ちを持つ。日本はそうした精神の継続性を大切にしてきた。しかも明治初期には、世界に心を開いて西欧の知識を採り入れた。継続性と開かれた心を取り戻せば、日本には希望があると思う」と。

外国の有識者たちが本来の日本社会にあった精神や美徳を高く評価してくれているのに、戦後の経済成長路線の果てに来たバブル崩壊により、日本人自身が精神的に自信喪失し立ち往生しているのです。

同じく朝日新聞の「論壇」の欄に、チベット文化研究所長で岐阜女子大学教授のペマ・ギャルポさんが、「志ある日本人はどこへ行った」という一文を投稿していました。ペマ・ギャルポさんは、ダライ・ラマ一四世がインドに亡命し、チベットが中国の一自治区なった直後に来日して以来、三十年以上日本に滞在する親日派のチベット人ですが、この間の日本社会の変貌に深く失望されています。

ペマ・ギャルポさんは来日当時の日本の印象について、「何よりも日本人の礼儀正しさ、秩序の良さ、そして、安全でドアにかぎをかけなくてもよい社会であることに、驚きを覚えた」と書きつつ、現在の日本は当時からは想像もできない、嘆かわしい国になってしまった、と指摘されています。なぜ日本は嘆かわしい国になってしまったのか。ペマ・ギャルポさんは、次のような点を挙げています。

七〇年代以降、豊かになった日本は金とモノで何でもできると思い込み、良識抜きの知識産業のブームを起こしたこと。

米国ハーバード大学教授エズラ・ボーゲル氏の『ジャパン・アズ・ナンバーワン』以来、自信過剰で傲慢になった日本人や、かつて革命を夢見て騒いでいた机の上の幻想的な革命家たちが、夢やぶれて「デモシカ教師」になったこと。

評論家・文化人・マスコミなどが西洋の文化の表面的なにおいだけを嗅いできて、あたかも本質まで修得したような顔をして無責任な自由をあおり、それまで日本の社会を支えてきたすべての機構や価値観をひたすらぶち壊すことに励んできたこと。

次の選挙しか頭にない政治家が、この風潮に迎合し、民衆のご機嫌取りに走ったこと。

ペマ・ギャルポさんは外国の人ではありますが、チベット仏教の盛んな信仰の国に育った人ですから、日本の荒廃の本質がよく見えているようです。そして、ペマ・ギャルポさんは、現在の日本にとって急務なのは、ルネサンス同様、温故知新、すなわち故きを温ね新しきを知るという姿勢で、日本の伝統的な良いところを取り戻し、教育革命を何よりも優先することだと力説されています。

私は、このペマ・ギャルポさんの主張に、まったく同感です。

また、現代のフランスの代表的作家の一人であるオリビエ・ジェルマントマという人も、『日本待望論』という本で、「先の戦争において神風特攻隊に現れたような世界に類例のない抵抗精神を示した民族が、どうしてこんなに情けない国民になりさがってしまったのか」と慨嘆しながら、次のように日本を激励しています。

「このところ日本は経済危機に見舞われています。この禍を転じて福となしえないものでしょうか。いっそのこと、これを奇貨として、日本の伝統に隠された秘宝が何であるかに、もっと目を向けたらどうでしょう。……日本が本来の日本となるならば、わがフランスにとってもありがたい限りです。なぜなら、日本とフランスとは、自らのアイデンティティと独立を守る上で、他に比類なするあまり、また経済成長路線を優先するあまり、そのリーダー像を見失ってしまったのです。

そこで私は、平成十年から約四年半にわたって、毎月、主に私の支持者の皆さんに時事的な問題に対する私の感想を述べながら、私なりの「二十一世紀に求められるリーダー像」を披瀝してきました。この間、日本再生には日本の伝統精神を体現するリーダーの登場が欠かせないという思いは、強まる一方でした。

本書は、毎月行ってきたその「リーダー像」の話を再構成したものです。毎月、いろいろな人から貴重なご助言・ご示唆をいただきながら、またさまざまな書籍・雑誌・新聞などを参考にしながら、私なりに噛み砕いて展開してきた指導者論ですから、いささか雑駁な部分もあろうかと思いますが、その一方、どこか曼荼羅的な指導者論になったという感じもしています。

なお、総本山智積院化主宮坂宥勝猊下にはたくさんご指導をいただき、心から感謝と御礼を申し上げます。また、ご助言いただいた方々、参考にさせていただいた書籍・雑誌・新聞など資料の詳しい紹介は割愛させていただきますが、この紙面を借りて深く感謝申し上げます。

いずれにしましても、今日の日本は光が感じられない国になっています。各界に日本の伝統精神を体現するリーダーが登場し、有徳の光で国民を善導していただき、日本が光に満ちた国に新生することを願ってやみません。

合掌

平成十五年盛夏

池口恵観（いけぐち　えかん）

1936年鹿児島県に生まれる。行者であった両親の指導を受け、幼少の頃から真言密教・修験道の修行に励む。59年高野山大学密教学科を卒業。現在、高野山真言宗傳燈大阿闍利、百萬枚護摩行者、鹿児島県烏帽子山最福寺住職。医学博士。山口大学医学部、広島大学医学部、金沢大学医学部、岡山大学医学部、大阪大学健康体育部ほかの非常勤講師。日本補完・代替医療学会理事、ロシア連邦ハバロスク医科大学客員教授・名誉医学博士、学校法人高野山学園理事、最福学園理事長、九州三十六不動霊場会会長、西日本学生相撲連盟顧問など多くの役職を務め、世界各地で戦争犠牲者の供養と世界平和祈願の巡礼を行ない精力的に活躍している。
主な著書は、『密教の秘密』（潮文社）、『空海と般若心経の心』（講談社）、『日本宗教鑑定』（徳間書店）、『しあわせをつかむ心得―空海の開運学』（法藏館）など多数。

二十一世紀のリーダー像
―甦れ！日本人のこころ

二〇〇三年八月一五日　初版第一刷発行

著　者　池口恵観
発行者　西村七兵衛
発行所　株式会社　法藏館
六〇〇-八一五三
京都市下京区正面通烏丸東入
電話　〇七五-三四三-〇〇三〇（編集）
　　　〇七五-三四三-五六五六（営業）

印刷・中村印刷㈱　製本・新日本製本㈱

ISBN 4-8318-6358-0 C1014